늘 ——
그랬듯이
길을 찾아낼
것이다

폭력의 시대를 넘는 페미니즘의 응답

늘 그랬듯이 길을 찾아낼 것이다

권김현영 지음

페미니즘 대중화라는 새로운 국면에서

여성을 대상으로 한 폭력의 피해자를 지원하는 곳에서 일하는 사람들은 3년이 지나면 얼굴색이 달라졌다. 나도 딱 3년 차에 그랬다. 사람들 대부분은 믿으려고도 들으려고도 하지 않는 일들을 매일매일 알게 되었지만, 그 이야기를 입 밖으로 꺼내는 순간 고통을 전시하는 포르노가 될 뿐이었다. 고통받는 여성을 보면서 성적 쾌락을 느끼는 것이 포르노의 지배적인 문법이 된 사회에서 여성에게 가해지는 성적 폭력을 재현하는 것은 윤리적으로도 정치적으로도 불가능했고, 현실의 폭력은 늘 상상의 범위를 뛰어넘었다.

"그런 부정의한 일들이 일어나고 있는 것을 알고 난 다음에도 세상이 안 바뀌는데 어떻게 정신건강을 지켜냈어요?"라는 질문을 종종 받는다. 일단 정신건강을 '지켜냈는지'는 모르겠다. 불면의 밤은 아직도 길고, 분노와 슬픔과 환멸과 좌절이 짧은 간격으로 되풀이되기도 한다. 그래서 이 문제로 싸우는 이들에게 나 역시 안부를 묻고 싶다. 생각해보면 '같이' 고통받았기 때문에 견뎌낼 수 있었다. '같이' 고통받았기 때문에 고통에 사로잡히지 않도록 분투할 수 있었고, 그 분투가 만들어낸 영역이 넓어지는 만큼 숨을 쉬기가 편해졌다. 그리고 그 공간만큼 말과 글을 만들어낼 수 있었다.

무엇보다 나는 '괜찮지 않아도 괜찮지' 않았다. 언제나 지금보다는 괜찮아지고 싶었다. 이것을 말할 방법을 찾아내야만 숨을 쉬고 살 수 있겠다고 생각했다. 그래서 시작한 것이 여성학 공부였다. 그리고 또 한 가지, 나쁜 일의 그늘에 사로잡히지 않아야겠다고 결심했다. 가해자는 악마가 아니지만, 보통의 인간을 대표하지도 않는다. 악마화가 가해자를 예외적 존재로 만들고 마치 반영웅이라도 되는 양 묘사하는 문제가 있다면, 평범한 남성이었다는 식의 일반화는 구체적인 잘못을 저지른 개인에게 수치심이 아니라 왜 자신만 벌을 받아야 하냐는 피해 의식을 심어준다. 나는 이들이 누구인지 더 구체적으로 알아야 한다고 생각했다. 알고자 하는 것은 사태를 이해하기 위해서다.

그렇지만 프리모 레비Primo Levi의 말대로 이해한다는 것이 곧 용서한다는 것은 아니다.[1] 기회가 주어졌을 때 나쁜 일을 하는 사람이 있는가 하면 올바른 일을 하려는 사람도 있다. 그런 점을 잊지 말자고 생각했다. 그리고 다행히도 언제나 어렵지 않게 인간에게서 그런 모습을 찾아낼 수 있었다. 이번에도 그랬다. 텔레그램 'N번방' 문제를 잊지 말자는 시위가 온라인과 오프라인에서 매일 열린다. 인류애를 잃어버릴 만큼 충격적인 사건이었지만, 많은 사람이 더는 침묵하지 않겠다는 결심을 실천하고 있다. 이런 사태가 오기까지 자신이 침묵하거나 공모한 일은 없는지 반성하고, 이제 반복은 없다고 다짐하는 사람들이 적지 않다. 그들 덕분에 알게 된, 특히 마음에 새긴 해시태그는 이것이다. "함께 구시대의 마지막 목격자가 됩시다."

이 말은 최근 몇 년간 페미니즘의 대중화라는 새로운 국면이 만들어낸 의미를 함축한다. 페미니즘은 이제 소수의견이 아니라 (구시대를 보내고 도래한) 새로운 시대의 공통상식이 되어야 한다는 요청으로 불려 나왔다. 대중화는 그 자체로 긍정도 부정도 아니다. 긍정적인 면도 크고 부정적인 면도 상당하다. 다만 에너지의 크기가 달라진 상황이다. 오랫동안 교착되어온 문제를 해결하기 위해서는 때로 큰 움직임이 필요하기도 하다. 그런 점에서 우리 앞에는 새로운 가능성과 도전, 자칫하면 길을 잃어버릴 수도 있는 위험과 새로운 길을 찾아낼 것이라는 기대감이 함께 펼쳐져 있다.

이 책에 실린 아홉 편의 글에서 내가 했던 질문은 다음과 같다. 지금 이 시기에 페미니즘이 대중화된 이유는 무엇일까. 왜 극단적으로 유해한 남성들은 '특권층'이 아니라 이 시대의 '억압받는 남자'들을 대변하게 되었는가. '빨간 마후라'에서 '장학썬', 텔레그램 'N번방'까지 여성을 향한 폭력은 어떻게 해서 디지털 사회 초기자본의 축적 수단이자 남성연대의 산물이 되었는가. 관전자들은 이때 어떤 역할을 했나.

왜 여성을 향한 폭력은 여성이 사회·경제적 성취를 거두고 난 다음에도 여전할까. 아니면 지금이야말로 상황이 완전히 바뀌는 변곡점의 시기인가? 여성의 섹슈얼리티는 자원이 되거나 약점으로만 존재해야 할까? 여성이 피해자일 때만 주목받는 현실이 가부장제의 산물이라면, 피해자이면서 동시에 시민이고, 여성이면서 동시에 인간인 상황이 모순이 아니게 될 때는 곧 가부장제가 무너졌을 때일 것이다. 피해당사자가 피해자로서만이 아니라 시민으로서 능동적으로 발화하기 시작하면 어떨까? '미투'가 시작되었을 때 그런 변화가 잠시나마 가능했고, 그런 점에서 미투는 혁명적 순간의 하나였다고 할 만하다. 그렇다면 미투 이후는 어떻게 될까. 미투 이후 본격적으로 대중화된 페미니즘은 구시대를 보내고 난 다음에도 의미 있는 실천이자 사상이 될 수 있을까.

소수자와 함께하는 연대의 정치학으로서의 페미니즘은 어떻게 새로운 보편성의 언어를 만들어낼 수 있을까. 여성의 대표성은 여성으로서 인간을 대표할 때 비로소 작동될 것이다. 그렇다면 여성은 여성으로서, 동시에 인간으로서 대표되어야 한다. 그러기 위해서는 여성의 경험이라고 치부되어왔기 때문에 인간의 조건이라고 인식되지 않았던 경험을 다시 보편성의 언어로, 페미니즘의 언어로 재구성할 필요가 있지 않을까. 이 책에서 나는 폭력의 시대를 넘어서기 위한 나름의 응답을 찾아보고자 했다.

짧은 호흡의 글 60개를 모은 칼럼집을 내고 난 다음, 한 온라인 서점의 독자가 "짧아서 아쉬웠다. 좀 더 학술적인 내용을 기대했다"는 평을 남겼다. 나도 아쉬웠다. 오해를 피하자면 짧은 글이 덜 학술적이고 긴 글이 더 학술적이지는 않다. 하지만 짧은 글에 복잡한 맥락을 모두 담아내기는 어렵다. 복잡한 이야기를 단순하게 만들어서 전달하면, 그 순간에는 소화하기 쉬울지 모르지만 조금만 지나도 아주 손쉽게 폐기된다. 그래서 짧은 글을 쓸 때는 한 문장에 여러 가지 맥락을 압축해놓곤 한다. 그 맥락을 파악한 사람은 더 깊이 이해할 수 있고, 맥락을 다 파악하지 못했더라도 문제없이 읽을 수 있는 방식. 하지만 그런 방식이 언제나 성공하는 것도 아니고, 그런 식으로는 도저히 쓸 수 없는 글도 있다.

현상에 관한 논평 중심의 글이 아니라, 현상의 이면을 살피고 분석하여 기반을 다지고 앞으로 나아가는 글을 쓰려면 좀 더 호흡이 길어야 한다. 더구나 페미니즘이 다루는 이슈 대부분은 복잡한 맥락 안에 숨겨지고 비틀려 있다. 기존 맥락들을 잘라버리지 않고, 새롭게 생겨난 맥락들이 잘 뻗어갈 수 있게 써야만 한다. 나는 이런 작업을 '분갈이'라고 부른다. 화분을 바꿀 때는 뭉쳐 있던 뿌리들이 다치지 않게 조심해서 옮겨야 한다. 뿌리는 좁은 화분에서 살길을 찾기 위해 지희

끼리 단단히 얽혀 있다. 그대로 두어도 죽지는 않지만, 더는 크지 못하다가 결국은 탈이 난다. 섣불리 옮겨심다가 잔뿌리들을 해치거나 포기를 나누다가 뿌리의 심기를 건드리기도 한다. 그러면 신기하게도 백발백중 새로 난 포기는 생명을 이어가지만, 더 오래된 포기는 시들시들하다가 죽어버렸다. 모처럼 분갈이를 한 보람이 없어진다.

공부하는 중간에 아주 오래 헤매면서 아무 글도 쓸 수 없는 시간이 있었다. 그때 내가 했던 가장 큰 실수는 길을 찾기 어렵거나 막다른 골목에 들어섰다고 생각했을 때 그 전의 것을 모두 폐기하고 새로운 것을 찾아 나선 일이다. 어리석은 일이었다. 크리스틴 스탠셀Christine Stansell이 지적한 대로 '여성운동의 역사적 기억상실증' 때문에 우리는 과거의 잘못과 과거의 논쟁, 과거의 딜레마를 강박적으로 반복하고 있다. 애나 러셀Anna Russell은 이를 "한번 발명한 바퀴를 영원히 재발명하는 행위"라고 유머러스하면서도 통렬하게 지적한다.[2] 현상은 크게 달라지지 않았는데 기존의 설명으로는 충분히 해명되지 않을 때는 시대 배경을 비교하고 상수와 변수를 교차해가면서 지금 여기를 구성하는 새로운 조건이 무엇인지 확인해야 한다. 예컨대 여성을 향한 폭력은 예전부터 있었지만, 기술이 매개되어 폭력을 확대 재생산하여 불가역적 피해를 주는 지금의 방식은 예전과는 아주 다르다. 그렇기 때문에 무작정 새로운 것을 찾는 것이 핵심이 아니라 오래된 것과 새로운 것이 분기하는 순간은 언제인지, 그것이 미친 영향은 무엇인지 살펴볼 필요가 있었다. 그렇게 작업을 하면서 새롭게 알게 된 것도 있고, 여전히 해명되지 않는 것도 있다. 아직 갈 길이 멀다. 하지만 어떻게든 길을 찾아낼 것이다. '구시대의 마지막 목격자'가 되어줄 당신과 함께.

2020년 5월

권김현영

덧. 이번 책에 특히 큰 도움을 준 한채윤과 김주희에게 고맙다는 인사를 전한다. 이들은 새로 글을 쓸 때마다 기꺼이 먼저 읽고 논평해주었을 뿐만 아니라 감정적으로 지치고 도망가고 싶을 때마다 등을 토닥이며 격려해주는 감정 노동을 베풀어주었다. 첫 단행본에 이어 두 번째 단행본을 맡아준 휴머니스트 편집부는 늘 한발 앞서 작업을 진행하며 정중하지만 단호한 태도로 일관하여 내가 인간적 품위를 잃지 않기 위해서라도 원고를 내놓지 않을 도리가 없게 했다. 심장이 옥죄는 마감 일정을 드디어 끝냈다는 것만으로 일단 지금은 아주 행복하다. 마지막으로, 단독으로는 처음 낸 지난번 책의 독자들이 남겨준 소감이 두 번째 책을 쓰는 과정에서 가장 큰 동기부여가 되었다. 마음 깊이 감사드린다.

차례

첫 번째

극단적으로
유해한 남성들로부터
우리 모두를 구하는 길

1장

왜 김군은 페미니즘에 그토록 분노했을까

불평등 감각의 젠더 차이

성차별과 젠더에 기반을 둔 폭력 등이 문제가 될 때마다

"모든 남자가 그런 것은 아니다",

"남성 역시 구조의 피해자",

"잠재적 가해자 취급받는 것 불편" 등의 반응이 나온다.

이러한 적극적 무지를 향한 열망은

성차별을 부인하는 전략을 통해 지탱되어왔다.

페미니즘이 대중화된 시대

2015년 이후의 페미니즘이 그 이전의 페미니즘과 달라진 점을 단 하나만 꼽는다면 대중성이 아닐까. 2015년 1월 20일 실시간 검색어에 '페미니스트'와 '증오'가 동시에 올랐다. 실시간 검색어에 '페미니스트'가 오른 것을 이때 처음 보았다. 당시 한국인이고 미성년자인 김군이 급진 수니파 무장단체인 IS에 테러리스트로 자원했는데, 그 이유가 페미니스트를 증오하기 때문이라고 했다. 페미니스트가 이렇게까지 미움을 받고 있는지 몰랐다. 왜 젊은 남성들은 페미니즘에 이토록 분노하게 되었을까? 더 놀라운 일이 있다. 페미니즘을 향한 분노가 전면화된 순간 더 많은 여성이, 그리고 적지 않은 남성이 "그렇다면 내가 바로 페미니스트"라고 나선 것이다. 트위터발 페미니스트 선언 운동은 그렇게 시작되었다. 뒤이어 2015년 5월 탄생한 메르스갤러리는 인터넷에 창궐하던 여성혐오의 실태를 고발하는 역할을 했다. 신종 전염병에 대한 책임마저 아무런 상관이 없는 여성 관광객에게 덧씌우는 것을 실시간으로 목격한 여성 유저들은 메르스갤러리를 점령하여 인터넷에서 이루어지는 마녀사냥에 적극적으로 대응했다. 이른바 '메갈'의 탄생이었다.[1]

2016년 5월 17일, 공용화장실에서 무연고 살인을 저지른 살인범은 살해 대상으로 여성을 일부러 골랐고, 살해 동기로 여성들이 자기를 무시해서라고 말했다. 이 사건이 알려지자 주로 20대 여성들은 강남역 인근에 "여자라서 죽었다", "우연히 살아남았다", "나일 수도 있었다"는 내용의 포스트잇을 붙이고 추모를 이어갔다. 2016년 문화예술계 성폭력과 여성혐오문화가 해시태그 운동으로 가시화되며 2017년까지 이어졌다. 2017년은 여성계가 촛불시위를 통해 바뀐 정부에 '성평등 인사 및 검증기준 마련'을 촉구했고, 여성이 내각의 30%를 채운 해이기도 했다.

이후 성평등 개헌은 논의 자체가 좌초되면서 유야무야되었지만, 여성 정치인이 더 많아지기를 바란 여성 대중의 열망은 2018년 지방선거로 이어진다. 당시 서울시장 후보로 나선 녹색당의 신지예 후보는 득표율 1.7%, 총 8만 2,874표를 얻어 정의당 김종민 후보를 제치고 4위를 차지했다. 이것은 확실히 놀라운 '이변'이었다. 2018년은 그야말로 페미니즘이 대중적으로 폭발한 해였다. 2018년 1월 서지현 검사를 시작으로 미투me too운동이 번져갔고, 디지털 성폭력 문제를 중심으로 총 여섯 차례, 누적 참가인원 35만 명이 모인 "불편한 용기" 시위가 열렸다.[2] 2019년 4월 11일에 헌법재판소는 낙태죄에 대해 헌법불합치 판결을 내렸다. 낙태죄를 둘러싼 여론이 이전과는 사뭇 달랐다는 점이 사실상 폐지로 이끌었다는 평가다.[3] 2020년 3월에는 여성의제정당을 표방한 '여성의당'이 창당했고, 집권 다수당을 비롯해 군소정당에 이르기까지 다수의 여성이 자신을 페미니스트로 표방하고 국회의원 선거에 출마했다.

이 유례없는 페미니즘 대중운동의 시기에 여성들은 곳곳에서 다양한 방식으로 '출몰'했다. 자신을 페미니스트라고 밝힌 사람들이 작가로, 방송인으로, 연구자로, 활동가로, 예술가로, 정치인으로 등장하여 목소리를 높인 것은 물론이고, 기존과는 다른 목소리도 등장했다. 지지하는 영화를 보러 가지는 못하더라도 표를 구매하는 소비자로, 마스크를 쓰고 머리카락을 짧게 자른 시민으로, 불공정한 언론 보도에 항의하는 댓글을 다는 네티즌으로, 해시태그 운동을 이끄는 소셜 네트워크 서비스의 인플루언서로, 직접 콘텐츠를 만들고 퍼뜨리는 창작자로 목소리를 만들어냈다. 모두가 남성인 자리에 단 한 명의 여성으로 존재하며 여성 전체를 대표해야 하는 상황은 곳곳에서 여전했지만, 전체의 목소리가 커지니 비로소 여성이 단수가 아니라 복수의 존재라는 점 역시 가시화되었다.

여성들 간의 견해 차이도 첨예하게 드러났다. 사안을 바라보는 인식론적 차이부터 운동의 방식과 방향에 대한 여러 의견은 주의를 기울일 만한 차이로 드러나기도 했고, 정치적 올바름을 둘러싼 선명성을 경쟁하는 과정에서 방향성을 잃어버리는 곤경을 겪기도 했다. 하지만 이 시기에 일어난 수많은 움직임이 이전 시기와는 양적으로도 질적으로도 '다르다'는 점은 분명하다. 사회의 체질이 바뀔 수 있을 것이라는 기대가 사라진 시대에 페미니즘은 여성 대중의 적극적인 지지 선언을 바탕으로 부활했다. 이것은 어떻게 가능했고 어떤 의미일까.

포스트-페미니즘 세대가 만들어간 다른 길

사회운동은 지금까지 집합적 정체성을 공유하며 정의로운 일을 함께 해냈다는 도덕적 고양감을 강화하는 것을 통해 지속되어왔다. 하지만 이 방식은 점점 동력을 잃어가고 있다.[4] 신자유주의로 이행된 이후의 자본주의를 두고 "대안이 없는 시대"[5]라고 하는 이유는 이 체제가 너무도 훌륭해서가 아니라 모순이 발견된 후에도, 그것을 모두가 인지하고 난 이후에도, 수많은 사람이 거리로 나와 변화를 요구한 이후에도 실제로 변하는 건 없다고 느끼기 때문이다. 무엇인가 새롭게 떠오르기 위해서는 새로운 가시성可視性, visibility과 새로운 감정이 필요하다. 이 시기에 페미니즘이 대중운동으로서 성공한 것은 이 두 가지 부분에서 적절한 자원을 수급할 수 있었기 때문이다. 팝 페미니즘, 뉴룩 페미니즘, 셀럽 페미니즘, 디즈니 페미니즘 등은 새로운 가시성을 어디에서 찾았는지 보여주는 목록이다.

로절린드 길Rosalind Gill은 소셜미디어와 인플루언서 등 새로운 미디어를 활용하는 인력 자원을 통해 새로운 페미니스트의 가시성이 가능해지며, 이를 통해 포스트-페미니즘의 심리적 삶이라는 조건에서 '성차별주의는 없다'고 믿는 대중의 근거 없는 감정을 뛰어넘을 수 있게 된다고 분석한다. 새로운 정보를 가지고 유포할 수 있는 사람들과 직접 상호작용을 하고 곧바로 반응하면서 특유의 자신감 문화가 만들어지고, 이를 바탕으로 페미니즘이 정당화되고, 페미니스트로서의 소속감이 만들어진다는 것이다.[6] 즉 새로운 시대 대중화된 페미니즘은 내적인 동력을 만들고 주체가 형성되어 집합적으로 행동하는 방식이 아니라 반응적reactive, 시차적parallax, 감정적emotional 특징으로 움직인다.

반응적이란 해당하는 움직임 이전에 선행되는 사건이 있었다는 것이다. 예컨대 앞서 언급한 신지예 후보의 경우 처음에는 그다지 주목받지 못했지만, 안경을 쓰고 옆으로 서서 정면을 바라보는 자세로 찍은 홍보용 사진이 '건방져 보인다'는 이유로 공개적인 비난을 받고 벽보가 훼손된 사건이 일어나자 지지자들이 결집했다. 디지털 성폭력 규탄 집회가 연인원 20만 명에 가깝게 모이게 된 결정적 동력은 홍대 누드모델 불법촬영 사건의 피해자가 남성이라는 점이 밝혀지자마자 용의자를 검거하고 포토라인에 서게 한 편파 수사 의혹이었다.[7] 각종 사건·사고가 일어날 때마다 페미니스트를 향한 증오심이 쏟아졌는데, 이런 상황이 이전에는 '나는 페미니스트는 아니지만……'이라고 망설여온 여성들을 더욱더 페미니스트로 만들었다.[8]

반응적이라는 점은 시차적이라는 의미이기도 하다. 인터넷에 만들어진 자신의 소셜네트워크는 취향과 관점, 네트워크에 따라 분할된 세계를 만들어냈다. 현실에 관한 인식과 판단 모두 완전히 다른 세계에서 공통언어로 소통할 수 있을까? 슬라보이 지제크Slavoj Žižek는 오직 시차적 관점parallax view으로만 "상호번역이 불가능하며, 어떠한 종합이나 매개를 할 수 없는 두 지점 사이에서 늘 동요하는 현상들에 대해 같은 언어를 사용할 수 있다"고 언급한 바 있다. 그런 점에서 시차적이라는 건 지금이 페미니즘이 목적한 바를 다 이룬 세계라는, 말 그대로 '시대착오적' 주장을 하는 안티페미니스트와 자신은 페미니스트라고 이제야 입 밖으로 꺼내 선언해보는 뉴웨이브 페미니스트의 엇갈린 시공간을 묘사하는 말이기도 하다. 지제크의 문장을 변형해서 인용하자면, 어떠한 종합이나 매개도 불가능한 두 지점 사이에서 서로 다른 시간성을 가진 이들이 설혹 잠시 만난다고 해도 이것은 같은 현상의 두 측면이며, 명백한 양쪽으로서 서로를 결코 대면하지 못한다.[9] 그런 점에서 여성의 봉기 이후 남성의 위기 또는 당혹을 배치하며 여성과 남성을 서로의 '양쪽'으로 설정하려는 시도는 울퉁불퉁한 단면을 다시 매끄럽게 봉합해버렸다고 생각한다.

일례로 천정환은 이 시기 페미니즘 봉기에 대처하는 남성들의 반응을 관찰하고 한국 남성의 '위기'를 진단하고 있다.[10] 천정환의 글은 이 시기 페미니즘의 '반응적'이고 '시차적'인 성격을 좀 더 분명하게 명시했어야 했다. 여성의 봉기에 대한 남성의 반응을 진단하기 이전에, 여성의 봉기 또한 인터넷에 기거하는 거대한 남초화男超化 커뮤니티에서 여성혐오 발화가 어떠한 검열도 없이 대규모로 발흥해온 현실에 대한 반응이었다는 점을 다시 환기해보자. 이는 반응의 반응의 반응의 연쇄에서 무엇이 먼저였는지를 밝혀 책임을 묻자는 이야기가 아니다. 여기에서 말하고자 하는 것은 여성과 남성이 각각 쌍방의 대당으로서 동시적으로 존재한 것이 아니라 반응적, 시차적으로 구성된다는 점이며, 이때 가시성을 둘러싼 자원이 젠더에 따라 불공정하게 분배되었다는 것이다.

획득된 '남성성의 위기'

여성의 반응은 페미니즘 대중운동으로 촉발되어 자체의 합목적성을 지녔던 반면, 남성의 반응은 언론 인터뷰와 설문조사 등을 통해 매우 적극적으로 발굴되면서 가시성을 획득했으나[11] '안티페미'라는 지향 이상을 스스로 만들어내지 못했다. 규모 면에서도 큰 차이를 보인다. 안티페미니즘을 내건 집회는 기껏해야 10여 명에서 수십 명에 이르는 참여도를 보인 반면, 페미니즘 집회는 적게는 수십 명에서 많게는 수만 명에 이른다. 한마디로 '비교 불가'다. 이 흐름에 대응하거나 호응하거나 저항하는 남성들의 움직임도 일부 있었으나, 이 시기에 봉기한 여성들의 집단적 대응처럼 대중운동의 성격으로 전환되었다고는 보기 어렵다. 그러므로 페미니즘 봉기에 대한 남성의 반응을 분별하고 거기에서 남성성의 위기를 진단하는 것은 오히려 이분법에 기반을 둔 양성체제적 사고방식의 일환으로, 여성의 부상에 '대응되는' 남성의 자리를 서둘러 마련한 것에 가깝다.

역사적으로 여성의 목소리가 높아질 때마다 남성의 위기는 소란스럽게 강조되어왔다. 남성은 언제나 위기였고 종말은 정해져 있으나 단지 지연되었다는 진단마저 있었다.[12] 그중에서도 가장 반동적인 방식으로 남성성의 위기를 말하는 이들은 남성의 위기는 곧 가장의 위기이므로 모두의 위기라고, 이 위기는 여성을 통해 극복될 수 있다고 주장한 바 있다.[13] 1997년 구제금융 위기가 찾아오기 1년 전이었던 1996년 9월에는 경제불황을 타개하기 위해 '남편기살리기운동본부'가 발족되었다.[14] 1999년 12월 23일 헌법재판소에서 군 가산점제도를 위헌이라 판결한 이후로 한국의 남성들은 줄곧 구조의 피해자는 (군대에 가는) 남성이라고 주장하며 성차별의 존재 자체를 사소화하고, 부인하고, 전유해왔다. 이런 주장은 점점 더 강화되어갔다. 지난 20년 동안 "지금 이 시대에는 없거나(옛날얘기다)", "(다른 나라에는 있을지 몰라도) 이곳에는 없다"며 시효 만료를 선언하는 포스트-페미니즘-감수성이 남성 사회의 젠더 담론을 지배했다고 해도

과언이 아닐 것이다.[15)]

이는 신좌파New-Left가 내세우는 정치적 올바름Political Correctness을 증오하는 대안우파Alter-Right가 자국민 우선주의를 내세워 이민자를 추방하고 난민을 배척하면서 적극적으로 차용하고 있는 역사의 단절과 부인denial의 정치학과 매우 밀접하게 닿아 있다. 재부상한 페미니즘 이전에 '일간베스트(일베)'의 남성들은 '성차별이 없다'고 주장했다. 이들은 종종 역차별을 주장한다. 최소한 역차별을 주장하려면 성차별이 있다는 것은 인정해야 하지만 그것마저 부인했고, 성차별이 있었다면 그것은 기성세대의 일("우리 엄마라면 인정")이라면서 동시대성을 단절했으며, 성평등과 관련된 국내·국제 통계와 지표 들을 매우 적극적으로 불신한다. 이렇게 단절과 부인이라는 조악한 수법을 가지고 오로지 뻔뻔함으로만 돌파하던 이들은 더욱더 강경하게 안티페미니즘 전사가 되었고, 특별한 정치적 행동 없이도 모든 정당에서 잡고 싶어 하는 중요한 정치적 세력으로 취급받았다. 2019년 1월 23일에는 바른미래당 하태경 의원이 "워마드를 해부한다"는 제목의 토론회를 열어 20대 남성의 표심을 노렸고, 같은 달 30일에는 더불어민주당 표창원 의원이 "20대 남성들의 이야기를 듣겠습니다"라는 간담회를 열었다. 2019년 2월 대통령 직속 정책기획위원회는 '20대 남성 지지율 하락 요인 분석 및 대응방안' 보고서에서 여성편향적 정책 때문에 20대 남성이 정부의 정책을 불신한다고 분석했다.

언론사와 방송사, 정당과 단체에서는 20대 남성들이 왜 화가 났는지를 너 나 할 것 없이 궁금해한다. 남성의 감정은 여성의 감정보다 더 쉽게 주목되고 더 빨리 해결되는 경향이 있는 것일까. 인류학자 지은숙에 따르면, 부모를 돌보는 남성의 경우 돌봄의 한계를 느끼면 국가를 향해 "자신이 한계에 다다르면 무슨 일을 저지를지 모른다"고 경고하는 반면, 여성 돌봄자는 한계를 말하는 사례를 본 적이 없다고 한다.[16] 남성 돌봄자가 한계를 말하면 관련 시설에 좀 더 빨리 들어갈 수 있는 등의 조치가 취해진다. 분노라는 감정의 생성과 표출에 있어 성별에 따라 사회가 얼마나 다르게 반응하는지를 잘 보여주는 사례다. 이는 새롭게 등장한 여성들이 더는 말을 고르는 데 에너지를 쓰지 않겠다며 분노 자체를 날것으로 보여주기로 한 이유이기도 할 것이다. 정희진의 말을 인용하자면 "지금 세대의 여성들은 규범적 평등과 실제적 차별 사이의 간극에 대해 적극적으로 문제 제기하는 세대"[17]이다. 이들은 이제 참지 않는다.

혐오 정치 전략의 문제들

대중운동으로서의 페미니즘은 감정-정치적 성격을 띤다. 이는 성공적인 대중운동 대부분에서 발견할 수 있는 특징이기도 하고, 삶의 위기와 실패에 대한 책임을 오로지 개인에게 돌리는 신자유주의 통치 체제에 저항하기 위한 조건이기도 하다. 일단 잘 관리된 감정을 뒤흔들고 그것을 다시 집단적인 것으로 만드는 정서적 전환 과정은 신자유주의 시대를 사는 대중이 일시적이나마 정치적 소속감을 느끼게 만든다. 실제로 정의의 실패와 인정의 실패라는 이중의 곤경 속에서 시위, 사회운동, 혁명 등에서 분노 같은 감정이 꼭 필요한 정치적 감정으로 재발견되고 있다. 그러나 이런 사회에서 분노와 원한 같은 감정은 정치적 저항으로 조직되기보다는 개인의 지위 유지와 인정욕구라는 정동의 표출로 번지기 쉽다.[18]

김보명은 이 시기 페미니즘을 일으키게 한 조건에 "지난 30년 동안 이루어진 한국 사회의 (신자유주의로의) 구조적 이행의 막다른 길"이 있다고 보고, 이 시기 감정 정치의 이름이 '혐오'였다고 분석한다.[19] 김보명은 일간베스트와 메갈리아, 워마드로 이어지는 흐름에는 혐오의 정동경제학이 자리 잡고 있으며, 일간베스트의 지독한 여성혐오에 대항하여 시작된 2015년 이후의 페미니즘은 '혐오' 자체에 대항하여 해체하는 데 실패하고, 똑같은 혐오의 문법 아래 게이 남성, 트랜스 여성, 난민 남성 등 약자 간의 경쟁을 부추기는 방식으로 반복되고 있다고 비판한다. 그렇다면 왜 혐오였을까. 그리고 그것을 혐오라고 부르는 것이 과연 맞는 걸까. 혐오가 맞다면 이 감정은 어떤 '반응' 속에서 등장해왔으며, 어디로 향하게 될 것인가.

윤보라에 따르면 한국 인터넷 커뮤니티에서 여성혐오적 언설은 2011년 일베의 탄생 이후 두드러지게 많아졌다.[20] 여기에서 여성혐오는 여자를 싫어하거나 좋아한다는 차원이 아니라 남성동성사회성 Homosocial Desire를 작동하게 해주는 미소지니Misogyny의 번역어다. 남성동성사회성이란 이브 코소프스키 세지윅Eve Kosofsky Sedgwick이 제안한 개념[21]으로, 남성들 사이의 성애적이거나 낭만적 감정을 배제한 우정을 뜻한다. 동성애자는 아니지만 동성과 지내는 것을 더 선호하는 경향을 뜻하기도 하므로 성적 선호가 아니라 사회적인 선호로 정의될 수 있다. 남성동성사회성은 종종 공적 영역에서 여성 배제를 정당화하는 성차별적인 방식으로 사용되는데, 세지윅은 이것을 남성연대male-bonding라거나 올드보이스네트워크 같은 말로 표현하지 않고 남성동성사회적 욕망이라고 표현한다. 남성지배를 유지하는 핵심에 이성애 중심주의가 있다고 보았기 때문이다. 이성애 중심주의는 동성애혐오와 여성혐오라는 두 바퀴로 굴러간다.

성애적 사랑과 성애적이지 않은 사랑은 사실 매우 모호한 영역에 걸쳐 있으며, 남성들 간의 열정적인 우정은 종종 에로틱한 관계로 발전할 가능성이 열려 있다. 이때 동성애혐오Homo-phobia와 여성혐오는 남성들 간의 동성사회를 견고하게 만들면서도 동성애로 빠질 수도 있는 이성애자 남성들의 불안을 해소하는 장치로 기능한다. 이런 장면을 떠올리면 된다. 아직은 어색한 신입생 환영회, 남성들이 처음 만나 서로의 어색함을 풀기 위해 재학생 남성1이 같은 과 여학생들의 외모를 품평하기 시작한다. 그런데 여성을 그런 식으로 취급하는 것이 불편한 신입생 남성1이 여성 이야기는 그만하자고 한다. 이때 다른 신입생 남성2가 말한다. "나는 재밌는데? 너 여자 싫어하냐? 너 혹시 그쪽이냐?" 그러면 신입생 남성1은 "여자 완전 좋아하지"라고 답한다. 이러한 장면은 남성들 간의 관계가 형성되는 과정에서 동성애혐오와 여성혐오가 이성애자 남성의 위치를 안정화시키기 위해서 사용되는 방식을 잘 보여준다.

여성혐오는 여성을 싫어하는 것이 아니라 여성이 오직 남성의 성적 대상으로서만 의미 있는 존재로 취급되는 '타자화'를 말하는데, 이때 여성은 남성과 맺는 관계를 통해 정의되거나 남성들 사이의 관계를 매개하는 역할로서만 존재하게 될 뿐 남성과 궁극적으로 동등한 권리를 가진 개인으로 인식되지도 인정되지도 않는다. 따라서 남성 동성사회는 여성 없는 사회가 아니라 남성 중심 사회다. 반면 여성 동성사회의 상상력은 남성 없는 사회, 분리주의에 바탕을 둔다. 이는 여성혐오와 같은 방식으로 남성혐오가 존재할 수 없음을 의미하는 한편, 대중화된 여성운동의 일부 흐름이 분리주의에 기반한 남성혐오를 주된 감정정치적 동학dynamics을 사용했다는 것 역시 부인할 수 없음을 보여준다. 다만 그것이 반응적 성격이라는 맥락이 이해될 필요가 있다.

이들은 여성을 보지라고 부르는 일베식 언행을 비판하기 위해 남성을 자지라고 불렀고, 보지라고 불리는 것을 재전유하여(워마드에서는 자유게시판을 보지놀이터로 부른다) 자신을 보지라고 불렀다. 이는 여성 전체를 신체의 특정 부분으로 환원해서 부르는 성적 타자화를 낙후시키는 저항 전략이었겠으나, 점차 전략이 아니라 정체성의 성격을 띠게 된다. 이들이 성공적으로 수행해낸 대중봉기 참여 독려 전략은 성원권을 제한하면서 내부 동질성을 강화하는 것이었다. 김주희는 이를 가리켜 "동일성의 전술과 차이의 외부세력화"라고 표현한다.[22] 생식기의 생김새로 여성임을 증명하는 단계에서 "생물학적 여성만 참여 가능"을 시위 참여 조건으로 두는 방식은 트랜스젠더와 난민 등 남성 신체를 가진 이들이 여성을 위협한다는 식의 논리로 차별과 배제를 정당화하는 데 이른다는 이유로 비판받았다. 하지만 문제는 혐오인가 아닌가가 아니라(당연히 혐오다) 한채윤의 표현대로 누가 '왜' 혐오를 '필요로 했는가'에 있다.[23]

이들의 가장 큰 특징은 전유와 재전유의 과정에서 스스로 타자화되는 길을 갔다는 데 있다. 이들은 자신의 얼굴을 가린 채 혐오라는 틀 바깥에서 혐오 정치를 전략적으로 활용하고자 했다. 그래서 이들은 다시 혐오의 대상이 되었다. 타자들은 '특징이 없는, 즉 얼굴이 없는 채'[24]로 계속해서 우리의 인지의 배후에서 맴돈다.[25] 원칙이 무너진 세계에서 개방과 수용이 오직 지배자들의 이익만 위해 사용될 때, 사회적 약자들은 자신들의 요새를 만들어 스스로 지키고자 한다. 이때 모순되고 모호한 회색지대는 필연적으로 '우리'와 '그들' 사이에 무자비한 적대감이 발생하고 싸움이 이루어지는 주요한 영토를 구성한다.[26)]

하지만 이러한 전략이 다다른 길이 막다르다는 점이 중요하다. 연인원 20만여 명에 이르는 유례없는 성공을 이루었는데도 어째서 그 목소리는 쉽게 무시된 것일까. 현실의 지배세력이 여성을 전혀 두려워하지 않은 이유는 무엇일까. 이에 대해 김주희는 얼굴을 가린 여성은 모든 여성이기도 하지만, 아무도 아니기 때문이라고 날카롭게 분석한다.[27)] 페미니즘 대중화 시대의 여성 봉기는 얼굴 없는 신체들이 만들어낸 규모의 스펙터클로, 탈코르셋이라는 걸 한눈에 알아볼 수 있게 하는 약호화된 재현으로 이전에는 도달하지 못한 '가시성'을 획득했다. 그러나 구별되긴 하지만 익명으로 남을 수 있도록 하는 이 같은 전략은 여성 범주를 (성기를 중심으로) 환원하고 본질화하고 고정해야만 가능한 방식이었다. 여성혐오가 문화적으로 정당화되고 있을 뿐만 아니라 물적 토대로서 구조화되고, 그 바깥을 상상하는 것이 불가능해졌다는 생각이 아니고서는 해볼 수 없는 '자해적' 전략이었던 것이 아닐까.

엄마마저 맘충으로 만든 여성혐오

그렇다면 어떻게 '가족주의'가 강력한 한국 사회에서 여성혐오가 가족 구성원 안의 여성까지도 남김없이 모욕할 정도로 퍼졌는지 복기해보자. 혐오라는 감정이 '권리'라는 이름으로 등장하는 때는 대체로 차별이 법과 제도로 금지된 이후다. 한국의 2000년대는 차별과 혐오와 폭력이라는 연결고리 중 어느 하나도 제어되지 못한 채 신자유주의로 급속히 이행되었다는 점에서 최악의 시기였다. 국가 부도라는 초유의 경제 위기 상황에서 차별과 폭력이 완전히 법적으로 금지되지도 않고 문화적으로도 분석되지 않은 상태에서 입법의 공백은 공백대로 남아 있었다.

한국에서 여성에 대한 차별과 폭력은 1987년 체제 이후에 비로소 법으로 규제된다. 성차별과 관련된 중요한 법은 남녀고용평등법과 남녀차별금지법이다. 남녀고용평등법은 1987년 제정되었고 2007년 남녀고용평등과 일·가정 양립에 관한 법률로 개정된다. 남녀차별금지 및 구제에 관한 법은 1999년 제정되었다가 2005년 여성가족부의 관련 업무가 국가인권위원회의 차별금지업무로 통합되면서 폐지되고, 2007년 차별금지법이 대체 입법으로 예고되었지만, 극우 개신교 세력과 재계의 반대에 부딪혀 법 제정이 좌초된다. 그러나 이 두 개의 법보다 더 큰 영향을 끼친 판례가 있다. 바로 1999년 12월 23일군 가산점제도의 위헌 판결이다. 한국 사회의 이른바 '젠더 갈등'은 군 가산점제도 폐지 전후로 양상이 달라진다.

배은경은 군 가산점 논쟁의 배경에는 경제 위기의 책임을 여성에게 전가하던 당시 문화적 지형이 있다고 지적한다.[28] 1997년 구제금융 사태는 외환위기관리에 실패한 엘리트 관료의 무능에서 비롯되었지만, 영향을 받은 것은 대부분 우리 사회의 구성원이었다. 이 국가적 위기를 극복하는 과정에서 성별화된 방식으로 대중동원이 이루어졌고, 이때 공유된 감정구조가 이후의 20년을 지배하게 되었다는 점이 문제다. 이후 한국 사회의 성차별 문제는 이른바 남녀대결이라는 젠더 갈등의 감정구조 안에 갇혔다. 차별은 갈등이 되고, 불법은 위기상황에서의 궁여지책으로 포장되었으며, 공감할 만한 대상은 철저하게 기존의 문법에 충실한 서사를 가진 이들에서만 선택되었다. 학령기 아이를 키우는 고개 숙인 아버지라는 식의 재현 말이다.

한국 여성의 삶의 안정성은 가족과 노동이라는 두 가지 축으로 지탱되어왔다. 그러나 1997년 구제금융 사태는 이 두 가지 축의 성격을 바꾸어놓았다. 여성은 급격하게 불안정 노동자로 편입되어 저임금 장시간 비숙련 노동력으로 언제든지 대체할 수 있는 인력으로 이동했고, 결혼과 출산은 여성에게만 주어진 성역할에 따른 강제적 이행이 아니라 (삼포세대류의 담론 속에서) 목표로 바뀌게 되었다. 구제금융 시대를 돌파하기 위해 여성은 가부장적 가장을 중심으로 다시 성 역할을 수행하도록 요청받았지만, 이제는 성차별이 아니라 국가적 위기를 함께 헤쳐나가는 시민됨의 미덕으로 포장되었다. 성차별이 심화되었지만 그것이 차별이라고 말하기가 더욱 어려워진 것이다.

거기에 더해 일부 성차별이 완화되거나 철폐된 영역은 여성혐오의 근거지가 되었다. 1996년 이후 고등교육에서의 성차별은 적어도 '기회'의 측면에서는 완전히 철폐되었다고 볼 수 있다. 하지만 여성의 경제활동은 교육에 비례해서 증가하지는 않았다. 바로 이 지점이 여성을 비난하는 근거가 된다. 하지만 여성이 경제활동에 참여할 때 남성과는 달리 고려하게 되는 두 가지 변수가 있다. 하나는 혼인 시기와 출산계획 여부이고, 또 하나는 교육 정도다. 기혼 유자녀 여성은 경제활동에 참여하고자 할 때 자녀를 돌봐주는 비용을 염두에 두고 그 비용을 제외한 나머지를 '순 시장임금net market wage'으로 생각하는 경향이 있다. 가사와 육아에 지출하는 돈보다 많이 벌 수 있는지가 경제활동 참여를 결정하는 주요한 요인이 된다는 뜻이다. 교육 정도는 경제활동 참여에 큰 영향을 미치지 않는다. 오히려 고학력 여성은 저학력 여성보다 어린아이를 양육하는 시기에 경제활동에 덜 참여하는 경향이 있는데, 이는 고학력 여성이 상대적으로 더 소득이 높은 남편과 혼인하며, 남편의 경제소득 수준이 높을수록 아내의 경제활동 참가율이 떨어지는 문제와 연동된다.

고등교육을 받은 아내가 '독박육아'를 하며 남편의 회사 근처에 유모차를 끌고 나가 아이스아메리카노 한잔을 마시다 '맘충'이라는 이야기를 들었다는 조남주 장편소설 《82년생 김지영》은 바로 이 장면을 묘사한 이야기일 것이다. 기껏 고등교육을 받았지만 임신·출산으로 경력이 끊긴 여성들은 고등교육의 쓸모와 독박육아의 설움 사이의 덫에 빠진 자신을 발견하게 된다. 2018년 6월, 직접 참석했던 정부 기관의 어느 자문회의에서는 은퇴를 앞두고 있다는 한 교수가 열변을 토했다. 그는 미투운동이 문제가 아니라 저출산과 저성장이 문제라며, 애도 안 낳고 직장도 안 가지는 한국 여성의 팔자가 전 세계에서 가장 좋다고 주장했다. 고등교육을 받고 결혼한 여성이 집 안에만 있으려는 정신을 바꾸어야 한다고 계속 주장을 이어가자 다른 참석자가 자신은 아이를 낳고 재취업하는 데 꼬박 3년이 걸렸다며 말을 중단시켰다. 결론부터 말하자면, 그 교수의 주장은 모두 사실이 아니다.

젠더에 따라 달라진 불평등 감각

한국 여성의 경제활동 참가율은 2020년 3월 기준 52.1%(남성 72.5%)로[29] OECD 국가들 가운데 하위권을 기록하고 있다.[30] 여성의 경제활동 참가율에 미치는 주요 요인으로 교육 정도, 공공양육 지원, 성차별제도 개선, 성별 임금 격차 등이 꼽힌다. 세계 주요국에서도 성차별제도가 개선되고 공공보육 지원이 확대되면 여성의 경제활동 참가율이 증가하는 현상이 공통으로 나타난다. 감소요인 중 하나로 꼽히는 것은 고등교육 진학률의 증가인데, 예컨대 미국의 경우 젊은 여성층(16~24세, 1990년 22.9%에서 2018년 54.8%로 증가)의 고등교육기관 진학이 여성의 경제활동 참가율을 감소시키는 요인으로 꼽히기도 한다.[31] 그리고 일본과 한국 등 일부 아시아 국가에서는 혼인과 임신·출산·양육으로 인한 경력단절이 30대 여성의 경제활동 참가율을 크게 낮추는 것으로 나타난다.

하지만 한국의 경우에는 1990년대 들어 여성의 교육 정도와 혼인 여부에 따른 경제활동 참가율 차이가 거의 사라졌다. 1985년에는 미혼여성이 기혼여성보다 경제활동 참가율이 높았지만 1995년에는 차이가 거의 사라졌고, 고학력 여성의 취업도 빠르게 늘어나 고학력이 덜 취업하는 현상 역시 없어졌다.[32] 여성의 경제활동 참가율은 연간 2.5% 수준으로 꾸준히 높아졌다. 더 가파른 상승세를 타지 않은 이유는 번번이 여성노동력을 가장 쉽게 처분할 수 있는 대상으로 삼았기 때문이다. 1970년대 초기 공업화의 중심이었던 경공업 부문에서 주요 노동력이었던 10대 여성들은 1980년대 중공업으로 중심이 이동하면서 노동시장에서 물러난다.[33] 1997년의 구제금융 위기 이후 단행된 구조조정 바람은 대학교육을 받은 여성의 이른바 '좋은 일자리'들을 없앴다. 군 가산점제도를 둘러싼 갈등은 공무원 시험이 그나마 당시 여성에게 남은 '차별적이지 않으면서' '고등교육의 쓸모를 증명하는' 영역이 되었기 때문이다.[34)]

미국발 경제 위기라고 불리는 2008년의 위기는 흔히 중산층의 위기로도 불린다. 여성에게 2008년은 인터넷 여성혐오 환경이 본격적으로 구축된 때다. 이 시기 한국의 인터넷/미디어 환경은 빠르게 여성혐오 풍조에 빠져든다. 또한 이때는 이명박 정부에서 인터넷신문발전기금과 지역신문발전기금을 대폭 삭감하고, 서버 공용 임대나 멀티미디어 및 소프트웨어 장비 대여, 보안 및 회선 사용 지원 등 현물 지원이나 간접 지원조차 불가능해진 시기다. 2008년 이후 영세한 인터넷 언론사는 어뷰징abusing(똑같은 기사를 계속 복사해서 제공하는 행위)을 통해 조회수를 늘리는 방법으로 광고를 유지하고자 했다. 특히 네이버 기사 아웃링크제도가 시행된 이후 급격하게 어뷰징이 늘면서 네이버 차원에서 어뷰징 방지 공문을 협력사에 보낼 정도였다.

언론으로서 최소한의 게이트키핑gate keeping(뉴스 결정권자가 뉴스를 선택하는 과정)도 데스킹desking(간부급 기자가 일반 기자의 기사를 고치는 과정)도 거치지 않은 기사들이 쏟아진 것은 이때부터다. 그리고 남녀갈등을 부추기는 기사와 여성을 성적 대상으로 취급하는 기사, 여성혐오를 조장하는 기사들은 언제나 높은 조회수를 기록했다. '주작'

의 세계에서 만들어진 혐오스러운 여성들은('연봉 오천 남자를 바라는 김치녀', '버스기사 무릎 꿇린 버스녀' 등) 여성혐오 세계의 인기 콘텐츠로, 얼마든지 혐오할 만한 정당성을 제공해주는 증거가 되어 인터넷 세계에서 집단적인 괴롭힘을 당하다가 추방되었다. 김수아가 지적했듯이 "나쁜 여성이 정말로 있다"는 식의 주장을 통해 여성혐오가 정당화될 수 있다는 생각 자체가 문제인데도(어떤 집단이나 나쁜 개인은 존재한다), 여성혐오의 발화자들은 이런 비판을 수용하지 않았다.[35)]

성차별과 젠더 기반 폭력은 2000년대 이후 명시적으로 금지되었지만, 입법의 공백과 더불어 행정의 무능과 무지가 겹친 상태에서 사실상 방치에 가까웠고, 법이 만들어진 이후에 오히려 차별과 폭력에 대해 문제를 제기하는 것은 더 어려워졌다. 군 가산점 논란 이후 인터넷 남초 커뮤니티에서 형성된 '권리만 주장하지, 의무는 지지 않는다'는 여성 인식[36)]은 이른바 '가성비 전쟁'으로 이어졌다. 일간베스트에서 유행한 '보○○치' 등의 단어는 성별을 자원으로 삼아 남성을 선택하는 여성에 대한 분노를 담은 말이다. 그 이전에 만들어져 유통된 '된장녀'나 '김치녀' 등은 모두 불필요한 소비를 하는 여성을 비난하는 말인데, 이러한 멸칭을 만들어내는 배경에는 이성애 데이트 관계 전반이 불공정한 거래라는 인식이 담겨 있다.

2011년을 전후로 스마트폰이 빠르게 대중화되고 휴대전화 보조금제도가 복잡해지면서 호구가 되었는가의 여부, 가성비를 따지는 행동 등이 남초 커뮤니티의 중요한 인증-놀이문화가 되었는데, 이 문화와 데이트 문화에 대한 불만이 결합하면서 여자친구에게 얼마나 돈을 안 썼는지 자랑하는 놀이문화가 만들어진다. 이는 2015년 이후 '봉기'한 여성들이 구남친들의 가성비 타령을 너도나도 폭로하면서 알려지게 된다. 유튜브에서 가성비(cheap boyfriend)를 검색하면 〈사랑비〉라는 노래를 다음과 같이 개사한 동영상이 나온다. "생일선물이라며 건넨 다이소 상잘 열어 …… 그저 웃고 고맙다고 말했죠. 그랬더니 나를 칭찬했죠. 넌 정말 개념녀라고. 가성비가 좋은 그런 여자."[37)]

20대 남성들이 여성혐오와 안티페미니즘 등으로 결집하는 이유는 보통 경제 위기와 신자유주의의 이행 이후 남성적 특권이 보장되기 어려운 상황을 불안해하는 위기의식의 단면이라고 해석되어왔다. 하지만 이것은 남성/성의 '위기'라기보다는 '변화'로 인식할 필요가 있다. 즉 남성은 이제 자신을 생계부양자 또는 유일한 임금수입자로 생각하지 않는다. 그리고 이제는 거기에서 권력이 나온다고도 생각하지 않는다. 차별을 통해 특권을 보장받을 수 있는 시대도 저물었다. 이러한 조건의 변화 속에서 남성은 인터넷상에서 가장이 아니라 개인으로, 생산자가 아니라 소비자로 자신을 정체화하기 시작했다. 소비자의 처지에서 차별은 팔지 않거나 차등 가격을 매기는 것으로 이해된다. 가진 것이 있건 없건 지금 남성 사회가 가장 두려워하고

욕하는 여성 형상이 '꽃뱀'인 이유다.

차별을 통해 특권을 얻을 수 없게 되었다고 믿는 이 세대의 남성은 자신이 오히려 역차별당하고 있다고 생각한다. 하지만 역차별의 증거는 사실 별로 없거나, 대부분 억지거나, 아니면 아주 예외적인 사례에 한정된다. 큰 단위의 통계에서는 여성의 임금이 남성보다 적고, 직업 선택의 기회나 승진에서 차별받는 것, 경력단절을 비롯한 육아 고충의 문제, 성폭력을 비롯해 젠더 폭력의 희생자 비율에서 여성이 압도적으로 많은 현실 등 명백하게 여전히 성차별적인 사회다. 하지만 남성들은 이런 사실을 믿지 않는다. 자신이 그런 차별에서 얻을 수 있는 게 없다고 생각하기 때문이다. 이들에게 세계는 곧 자기 자신이다. 안티페미니스트들은 아직 이루어지지 않은 성평등이 이미 이루어졌다는 '가짜 뉴스'를 반복 인용함으로써, 엄존하는 성차별을 그들을 지지하는 이들(공교롭게도 대부분 남성이다)에게만 '보이지 않는 것'으로 만드는 데 성공했다.[38]

'젠더 갈등' 프레임은 우리 사회에서 성차별의 비가시화 담론 전략 중 하나다. 페미니즘이 부상하는 동안 내내 '젠더 갈등'이라는 키워드가 함께 등장했고, 짝으로 이루어 등장하는 문구는 '20대 남성의 분노'다. 성차별과 젠더에 기반을 둔 폭력 등이 문제가 될 때마다 "모든 남자가 그런 것은 아니다", "남성 역시 구조의 피해자", "잠재적 가해자 취급받는 것 불편" 등의 반응이 나온다. 이는 단순히 인터넷 가짜 뉴스와 SNS 기반 공론장만의 문제가 아니다. 이러한 적극적 무지를 향한 열망은 성차별을 부인하는 전략을 통해 지탱되어왔다.

성차별은 '있다'

54개 매체를 포함한 뉴스 검색 사이트(bigkinds.or.kr)에서 지난 30년간 페미니즘을 어떻게 보도했는지 찾아보다가 놀라운 점을 발견했다. 페미니즘이라는 검색어를 넣어본 결과 1987년부터 2014년까지 총 기사의 수는 연간 200~300개에 불과했다. 2015년 이후 페미니즘 관련 기사는 연간 500개 이상으로 늘어났고, 2018년에는 3,487개에 달한다. 그런데 《조선일보》, 《중앙일보》, 《동아일보》에는 2015년에서 2017년까지 페미니즘 관련 기사가 거의 없었다.[39] 2018년 1월, 페미니즘을 의무교육으로 해달라는 국민청원이 20만 명을 넘어서고 미투운동이 시작되고서야 여성이 제기한 문제들을 다루기 시작한다. 이제야 겨우 가시성이 확보된 상황이라고도 볼 수 있다. 그런데도 성차별이 없다고? 지구상의 어떤 나라도 성차별을 없애는 데 성공하지 못했다. 당연하게도 성차별은 '있다'. 이것을 인정하는 것에서부터 이야기를 시작해야 한다. 이것이 이 모든 혁명적 소동을 거쳐서 지금에서야 겨우 우리 사회가 도달한 자리다.

2장 디지털 성착취 연대기

'빨간 마후라'에서 텔레그램 'N번방'까지

문제는 그가 텔레그램 N번방 사태에서

누구에게 동일시하느냐가 분명하게 밝혀졌다는 데 있다.

그는 호기심으로 들어갔지만

범죄 행위에 적극적으로 가담한 적은 없는 사람을 떠올렸을 것이다.

하지만 과연 이 사건에서 '관전자'는

단순히 호기심이라는 말로 설명될 수 있는 존재였을까?

그들이 자백한 말

지배문화의 풍습에 푹 젖어 있던 사람의 입에서 어떤 말이 툭 튀어나올 때가 있다. 말할 수 없어서가 아니라 굳이 말할 필요가 없던 말이 발설되어 '그들'이 공유하던 상식이 무엇이었는지 밝혀지는 순간.

최근 몇 년간 그렇게 '자백'에 가까운 말들이 있었다. 그중 하나는 개그맨 장동민이 jtbc 〈마녀사냥〉에서 동료 출연자 한혜진에게 "설치고, 떠들고, 말하고, 생각하고, (자신이 싫어하는) 모든 걸 갖췄다"고 한 말이었다.[1] 여성들은 그 말을 고스란히 인용하여 "설치고 생각하고 행동하겠다"는 페미니스트 슬로건으로 만들었다. 클럽 버닝썬 이문호 대표가 한 말도 있다. 그는 "승리의 카톡 내용이 죄가 된다면 대한민국 남성들은 다 죄인 아닌가"[2]라고 말해 성차별 문제가 나올 때마다 "모든 남자가 그런 건 아니야"라고 응수하던 남자들을 무색하게 했다. 그런데도 모든 남자를 잠재적 가해자로 취급했다며 클럽 버닝썬 앞에서 시위를 벌였다는 소식은 아직 들은 바 없다.

텔레그램 'N번방' 사태 때도 자백에 가까운 말이 나왔다. 발화자는 다름 아닌 미래통합당 대표이자 전직 총리였던 황교안이다. 그는 "호기심 등에 의해 방에 들어왔다가 …… 그만둔 사람들은 (처벌에 대한) 판단이 다를 수 있다고 생각한다"고 했다.[3] 물론 처벌에 관한 판단은 가담 정도에 따라 다를 수 있다. 문제는 그가 텔레그램 N번방 사태에서 누구에게 동일시하느냐가 분명하게 밝혀졌다는 데 있다. 그는 호기심으로 들어갔지만 범죄 행위에 적극적으로 가담한 적은 없는 사람을 떠올렸을 것이다. 하지만 과연 이 사건에서 '관전자'는 단순히 호기심이라는 말로 설명될 수 있는 존재였을까? 텔레그램 N번방에 들어가려면 운영자의 초대를 받아야 하고, 운영자의 요구에 따라 구체적인 행동(요구되는 수위에 맞는 사진 보내기, 본인의 개인정보 보내기, 암호화폐 입금 등)을 수행해야만 입장이 허락되고 자격이 유지된다. 불특정 다수에게 공개되어 있어서 '손가락이 미끄러져' 클릭해도 들어갈 수 있는 곳이 아니다.

한 기자가 N번방 유료 회원을 인터뷰했다며 의견을 구했다. 그들은 다른 행위에는 가담하지 않고 단지 구경만 했다는데, 이처럼 우연히 들어갔다가 며칠 만에 나온 사례는 어떻게 접근해야 하냐고 물었다. 나는 기자에게 가입 과정에서 요구한 사진은 어떤 수위인지, 몇 장인지, 구체적으로 어떤 방이었는지, 그들이 운영자에게 특정한 사진을 요청한 적은 없는지 등을 인터뷰 대상자에게 다시 물어보면 이야기가 달라질 것이라고 조언했다. 예상대로 질문을 자세하게 할수록 그들은 조금씩 자신의 경험을 더 이야기했고, 그 결과 구경만 한 것이 아니라 운영자에게 자신이 가진 사진과 동영상 등을 제공했고, 매우 적극적으로 특정 수위(나이와 행동, 옷 등이 구체적으로 명시된)를 요구했다는 사실이 밝혀졌다. 그들은 무고하지도 무해하지도 순진하지도 않았다. 기획자와 운영진 그리고 관전자는 공생관계였고, 그들에게 여성은 돈벌이 수단이자 돈을 내면 무엇이든 요구할 수 있는 (그들의 표현을 빌리자면) '노예'였다. 중요한 것은 이 과정에서 실존하는 여성을 비인간화했을 뿐만 아니라, 자신들의 범죄를 '호기심'이라는 지극히 인간적인 속성으로 묘사했다는 데 있다.[4]

실패의 총합으로서의 N번방

어떤 사람은 텔레그램 N번방 사태를 보고 요즘 1020세대가 유독 잔혹해졌다며 세대론적인 개탄을 한다. 하지만 사회가 괜찮은데 갑자기 젊은 세대만 돌출적으로 잔인해질 리가 있는가. 이 사태는 그동안 우리 사회에서 제대로 해결하지 못하고 지나왔던 실패의 총합이다. 세대에 따라 어떤 환경에 있었는지 파악하는 것은 소통을 위해 유용할 때가 있으나, 특정 세대에서 특정 문제가 가시화되었다고 해서 그 세대만의 문제로 돌리는 것만큼 무책임한 일도 없을 것이다. 이 실패에 이르기까지 우리가 지나쳐온 문제는 무엇이지, 그 문제가 어떤 토양에서 자라왔고 무슨 벽돌로 쌓였는지, 그 과정에서 오래된 문제는 어떻게 다시 새로운 모습으로 등장하게 되었는지 살펴볼 필요가 있다.

한국의 인터넷 역사와 디지털 성범죄는 긴밀하게 연결되어왔다. 텔레그램 N번방에서 피해자들을 통제하는 방법은 유포 및 협박이었다. 범죄자들의 수법을 간단히 요약하면 다음과 같았다. 그들은 피해자가 스스로 보내거나 합성 등으로 만들어진 이미지와 영상을 포르노그래피 문법에 맞게 가공한 다음, 확보한 피해자의 신상정보를 이용해 학교나 주거지역, 가족 등에게 유포하겠다고 협박했다. 그럼으로써 피해자를 대면하지 않고도 노예로 만들 수 있었다. 10대 여성의 성적 호기심과 실천에 가족과 사회가 여전히 강력한 금기로만 응답한 결과가 이런 잔혹한 범죄를 가능하게 했다.

젠더미디어 채널 슬랩의 〈n번방의 공범자들〉이라는 기획에서는 "엄마가 자꾸 인스타 셀카를 지우라고 한다"는 제목으로 이 문제의 핵심을 조명했다. 영상은 이렇게 시작한다. "텔레그램 성착취 문제가 불거진 뒤, 엄마는 딸과 실랑이를 벌였습니다.", "이제 인스타에 셀카 올리지 마.", "엄마, 내가 잘못한 게 아닌데."[5] 이 문제의 종착역이 다시 10대 딸들의 SNS를 단속하는 것으로 이어진다면, 딸은 셀카 올리기를 그만두기보다는 엄마가 접근하지 못하게 할 것이다. 그렇게 벌어진 틈새를 이용해 텔레그램 N번방의 가해자가 가족에게 알리겠다고 협박할 수 있게 된다. 섹스를 했든 하지 않았든, 그것이 사실이든 아니든 아무것도 상관없어진 시대다. 무엇을 조심하라는 말로는 아무것도 해결되지 않는다. 일찌감치 폐기되었어야 할 '몸조심'류의 담론이 더욱 강력한 규범으로 작동할수록 성적자기결정권은 고사하고 신체의 자유와 더불어 남은 자율성도 '안전'을 위해 뒷전으로 밀리게 된다. 옳지도 않은 방향이고, 가능하지도 않다.

《한국일보》 박지윤 기자의 표현을 빌리자면, "'n번방'은 'n번째' 참사"다.[6] 이 글은 두 가지 목적으로 쓰였다. 하나는 한국의 디지털 성착취의 역사를 크게 세 시기로 나누어 연대기로 정리하는 것이다. 시기는 셋으로 나누었지만, 세 번째 시기는 지금 만들어가는 역사이므로 이 글에서는 주로 첫 번째와 두 번째 시기에 어떤 조건이 만들어졌는지 보여주는 데 집중했다. 독자들은 이 연대기를 완성형이 아니라 연대기를 만드는 사례의 하나로 참조하기를 바란다. 두 번째 목적은 이 연대기를 통해 지난 20년간 성적 대상화와 성상품화, 성폭력과 성매매, 인신매매와 성착취라는 문제들에 디지털 기술이 접목되면서 어떤 변주가 이루어졌는지 살펴보기 위해서다. 재현으로서의 포르노와 현실로서의 성범죄 사이에 다중커뮤니케이션 기술이 개입되었을 때 어떤 일이 벌어졌을까. 기술 매개 이미지 기반 성착취 사회에서 성욕의 표출과 추구에 관한 상상력은 어떻게 구조화되었으며, 젠더에 따라 어떻게 달라졌을까. 이런 질문들에 모두 답할 수는 없을지도 모른다. 하지만 분명한 것은 기존의 지식으로는 지금의 현상을 분석하는 것이 어려워졌다는 점이다. 그러니 지금이야말로 지식을 얻는 방법에 정해진 것은 없다, "어떤 것이든 좋다anything goes"[7]

는 파이어아벤트의 방법론적 무정부주의가 필요한 상황인 것 같다.

디지털 성착취의 시작

디지털 성착취의 역사는 크게 세 단계로 나눠볼 수 있다. 첫 번째는 1990년대 중반부터 2000년대 초반까지 인터넷 이용자 수의 증가와 디지털 성착취라는 최초의 경험이 만들어지던 시기다. 두 번째는 2000년대 중반부터 2010년대 초반까지 인터넷 포르노 사이트의 폭발적 증가와 관련 규제의 도입과 실패를 반복하던 시기다. 세 번째는 2010년대 중반부터 현재까지 디지털 성착취와의 본격적인 싸움이 시작된 시기로, 소라넷 폐지에서 텔레그램 N번방 해지 청원까지다.

첫 번째 시기의 주요 사건으로는 이승희 씨 누드 사진집 발매(1996), '빨간 마후라' 비디오 사건(1997), 유명 여성 연예인 비디오 누출 및 유포(1999, 2000) 등이 있다.

1996년 4월 9일자 《한겨레》가 미국의 인터넷 전문잡지 《와이어드》를 인용해 보도한 바에 따르면, 인터넷에서 가장 수익이 높은 서비스는 〈플레이보이〉였다. 그 플레이보이가 발간하는 잡지 《란제리 Lingerie》 1996년 9·10월호는 플레이보이 역사상 가장 잘 팔린 호 중 하나로 꼽혔다. 이승희 씨가 표지 모델로 나온 호다. 당시 플레이보이 웹사이트에서 전 세계 인터넷 가입자들이 뽑는 '누드모델 베스트 5'에서 데미 무어 등을 제치고 3위에 올라 "인터넷의 여왕"이라는 별명을 얻기도 했다. 국내 네티즌의 관심도 당연히 뜨거웠다. 이승희 누드 사진집의 한국판 발매에 맞춰 인터넷에서는 소위 '포르노방'을 개설하여 음란 사진을 전송받는 이용자들이 생겨났다. 1997년 1월 17일 《동아일보》의 보도에 따르면, 강모 씨(남, 당시 26세)는 1996년 8월 이승희 씨의 누드 사진 50여 장을 홈페이지에 올렸다가 폐쇄당한 이후 다른 PC통신 업체의 전산망을 이용해 총 4만 6,000명이 해당 사진을 보게 한 혐의로 불구속 입건되었다. 1996년 당시 이승희의 이름을 건 인터넷 홈페이지는 100개가 넘고, 누드 사진을 업로드한 웹사이트는 수천 개였다. 한국 최초의 웹사이트는 1994년에 만들어졌는데, 1996년 이승희 씨 관련 사이트가 이 정도였다는 것은 인터넷의 성장과 포르노그래피의 수요가 비례한다는 사실을 보여주는 수많은 증거 중 하나다.[8)]

이승희 씨 누드 사진 불법 업로드 사건을 통해 인터넷 '포르노방'의 수요가 확인되었다면, 1997년 7월 언론 보도를 통해 세상에 알려진 소위 '빨간 마후라' 사건은 세 가지 점에서 기술을 매개로 이미지를 착취하는 현대 디지털 성범죄의 원형과도 같은 사건이었다. 홈비디오를 통해 누구나 아마추어 포르노를 찍을 수 있게 되었다는 점, 이것을 복사해서 유포하면 돈을 벌 수 있다는 것이 확인되었다는 점,

학원 폭력조직과 음란물 불법유통망 등 블랙마켓에서 거래가 이루어졌다는 점 등이 그렇다. 15세 여성 1명, 17세 남성 2명이 출연하여 '비디오를 보다'라는 제목으로 30분 정도의 분량으로 찍힌 이 비디오는 처음에는 천호동 일대의 성매매 집결지에서 제작되었을 가능성을 염두에 두고 경찰이 수사에 나섰다가 제작자가 실제 미성년자라는 사실이 밝혀지며 사회적으로 큰 파장이 일었다. 1997년 7월 15일 《연합뉴스》 보도에 따르면, 학원 폭력조직이 유통에 가담하고 송파·강남·강동 일대 11개 고교를 비롯해 세운상가 에로비디오 판매조직도 연결되었던 것으로 보인다.[9]

영상에 출연하고 제작한 이들은 가정용 캠코더를 이용해서 직접 포르노그래피를 제작한 데다가 당사자는 미성년자이기까지 해서 한국 사회는 큰 충격에 빠졌다. 이 사건이 보도되기 직전인 1997년 7월 1일, 문화예술계의 검열 반대에도 불구하고 청소년보호법이 시행되었지만 정작 이 사건의 피해자인 여성 청소년은 본인의 동의 없이 영상이 유포되는 등 명백한 피해 사실에도 오히려 보호관찰 2년 처분을 받았다.[10] 그리고 최근까지 '빨간 마후라' 사건은 청소년에게 음란물을 단속해야 하는 이유로 제시되었을 뿐, 성폭력이자 성착취 사건이라고 인식하는 사례는 거의 없었다. 일례로 2017년 7월 한 라디오 뉴스에서는 자녀에게 유해물 차단 앱을 의무화할 것인지 토론할 때 '빨간 마후라' 사건이 다음과 같이 언급되었다.

여러분도 혹시 옛날에 빨간 마후라라고 하는 그 음란물 동영상 제목 기억나십니까? …… 그런 동영상들이 음란물이었는데 …… 이 방송을 들으시는 수많은 청취자분도 어렸을 때부터 음란물 한두 개 안 보신 분이 없을 거예요. 그런데 그렇다고 해서 그분들의 정서발달이 매우 심각하게 문제가 됐다거나 그렇게 보진 않거든요.[11)]

이 여성 청소년은 당시 인터뷰에서 자신은 가출해서 거리에서 성폭력 피해를 입었고 이후에는 그냥 자포자기 심정이었다고 말한 바 있다. 하지만 당시 한국 사회는 당사자의 말에 귀를 기울이지 않았을 뿐만 아니라 청소년이 너무 이른 나이에 섹스를 한 것이 가장 큰 문제인 것처럼 떠들면서, 막상 그 영상을 소위 '성인물'로 소비하는 것에는 매우 관대했다. 청소년이 너무 빨리 섹스를 하는 것의 문제가 아니라 여성 청소년의 섹슈얼리티가 매우 환금성 높은 상품으로 거래되는 현실이 문제라는 것을 아무도 알지 못했던 것이다.

1999년과 2000년에는 유명 여성 연예인의 동영상 유출 사건이 잇달아 일어난다. 당시 기사에 따르면 유출 영상은 아주 빠르게 퍼져나갔고, 해당 영상을 업로드한다고 소문이 난 학교나 기업의 홈페이지가 트래픽 초과로 다운되는 일이 빈번할 정도였다. 두 영상 모두 전 남자친구가 영상을 유출했다는 의혹이 제기되어 경찰 수사를 받았으나 혐의를 강력하게 부인하여 죄가 입증되지는 않았다. 다만 A영상의 당사자였던 H씨는 이후 인터넷 성인방송의 진행자로 데뷔했고, 수필집을 출간하는 등 영상의 유명세를 기반으로 활동을 시작한 반면, 여성 연예인은 정신적 충격으로 오랜 기간 활동을 중단했다.[12) B영상은 맨 처음 미국의 한 포르노 사이트에 동영상으로 올려진 후 폐쇄될 때까지 약 20만 명이 건당 19.9달러를 내고 파일을 내려받은 것으로 추정되고 있으며, 이에 따른 수익도 최소 40억 원 이상인 것으로 전해졌다.[13)] 그나마 영상이 유포된 첫 주에는 유료 파일의 복사 방지 기능 때문에 A영상에 비해 덜 퍼졌으나, 곧 풀 버전의 파일이 무료로 풀리면서 사태는 걷잡을 수 없어졌다.[14)] 2000년 12월에는 이 영상을 복제해서 판매한 사람들이 검거되었다는 뉴스가 연일 보도되었다.[15)] 참고로 B영상에 나오는 전 남자친구 K씨는 미국으로 건너간 뒤 미성년자 의제강간statutory rape 혐의로 2008년 2월 로스앤젤레스에서 체포되었다.[16)]

'빨간 마후라' 사건과 유명 여성 연예인의 성관계 동영상 유포 사건은 해당 사건의 당사자가 직접 언론 인터뷰 등을 통해 여러 번 언급한 대로 피해자들에게 정신적 외상을 안겨주었을 뿐만 아니라 이 사건을 목격한 우리 사회 구성원들에게도 정신적 외상을 남긴 사건이었다.[17)] 전쟁이나 성폭력, 자연재해 같은 정신적 외상을 남기는 사건은 모두 통제 불능과 해석 불능이라는 상황에 놓여 있다. 언제 또 그런 일이 일어날지 예측할 수 없고, 왜 일어났는지 이해할 수 없는 상태에 놓인 피해자들은 자신의 신체적 온전성bodily integrity(내가 나라는 감각적 확신)을 더는 믿을 수 없게 되고, 자신뿐만 아니라 타인과 세계를 더는 믿을 수 없게 된다. 이 사건은 발생 이후 20여 년간 우리 사회에서 해석 불능으로 남겨졌고, 통제 불능의 상태는 점점 더 심화했다. 이것은 성인영화 수요의 문제도, 미성년자들이 성경험을 너무 빨리(?) 시작하는 문제도 아니었다. 이 사건들은 제작에서부터 유포까지 아주 손쉽게 할 수 있으며, 그것은 돈과 명성(악명일지라도)을 안겨준다는 것을 알려주었다. 이 과정에서 여성은 피해자로서 존중이나 보호를 받지도, 대가를 받지도 못했을 뿐만 아니라 현실 세계에서 잠정적 추방에 가까운 조치를 당했다. 쉬운 제작과 유포, 당사자 여성의 '몰락'[18]이라는 공통의 경험이 인터넷이 보급되던 매우 초기에 생겨났던 것이다.

1981년 아이작 아시모프Isaac Asimov는 "홈비디오의 시대가 성에 대한 접근방식을 근본적으로 바꿀 것"이라고 말한 바 있다.[19] 이때의 전망은 그렇게 어둡지만은 않았다. 각자가 가진 성적 환상을 반영하는 아마추어 배우들과 아마추어 연출가들이 성인을 위한 성문화를 '홈메이드'할 수 있으리라는 순진한 기대도 있었다. 그러나 이런 기대가 실험되기도 전에 이미 여성을 성적으로 대상화하고 그것을 상품으로 유통하는 남성 중심 사회는 여성을 인터넷 세계의 동등한 유저가 아니라 '콘텐츠'로 소비할 수 있다는 (프로이트식 표현을 빌리자면) '원초적 경험'을 해버리고 말았다.[20] 그리고 그 경험은 이후의 디지털 세계에서 지워지지 않는 외상으로 남았다.

소라넷과 김본좌를 만들어낸 성착취 수익 모델

다시 연대기로 돌아와 보자. 디지털 성착취와 관련한 주요 사건만 본다면 이 시기는 인터넷 포르노 사이트의 창궐과 규제의 반복으로 정리할 수 있다. 2002년 8월 7일 《일간스포츠》에서는 "2002년 7월 31일 새벽, 본지 남성 기자들의 하늘이 우와르르 무너져 버렸다", "뭇 남성 네티즌들의 빠굴환타지를 충족해주던 싸이트들이 일제히" 사라졌다는 내용의 기사가 올라왔다.[21] 이런 호들갑에도 해당 사이트는 주소를 해외로 옮기는 등의 방법으로 건재를 과시했다. 소라넷은 2003년 사이트를 대대적으로 개선하고 본격적인 성인 회원제 포르노 포털사이트가 되겠다는 포부를 밝히기도 했다. 당연히 규제도 시작되었다.

우리나라는 1999년을 기점으로 인터넷 이용자 수가 늘면서 개인정보 보호가 심각한 문제로 떠오르고, 각종 도박이나 사기, 폭력 등이 인터넷을 매개로 일어나면서 인터넷 규제 정책이 생겨나기 시작한다. 당시 인터넷 관련 규제는 정보통신윤리위원회(1992~2008),[22]

경찰청 사이버수사대가 맡고 있었는데, 업무 범위가 넓고 1인당 업무량이 다른 수사팀에 비해 과중하여 실효성 있는 규제가 어려웠다.[23] 그래도 정기적인 일제 단속 등으로 주요 인물들을 검거하는 데 성공한다. 2004년 소라넷 운영자 71명, 2006년 한국에 엄청난 음란물을 공급했다고 알려진 '김본좌', 2007년 스팸메일의 지존 '김하나' 등이 대표적이다. 그렇지만 유사한 사이트가 또다시 생겨나는 것을 막기는 어려웠다. 이들은 이미 초고속인터넷망과 충성스러운 남성 소비자들을 기반에 두고, 여성의 몸과 섹슈얼리티를 '포르노'로 만들어 돈을 버는 방법을 체득한 상태였다. 그리고 불법이라는 부담은 있었지만, 닷컴 기업들이 연이어 퇴출당하는 위기 상황에서 포르노 사이트는 가장 확실한 수익 모델이었다.

2000년대 초반은 인터넷 이용률이 급증하고, 초고속인터넷망이 깔렸으며, 닷컴 기업들이 본격적인 수익 모델을 찾기 위해 분투하던 시기다. 2000년에 44.7%였던 인터넷 이용률은 2005년 72.8%로 5년 만에 62%가 늘었다.[24] 한국의 인터넷 역사에서 초기 인터넷 이용자 수의 증가를 이끈 요소로 다중 사용자 온라인 롤플레잉 게임의 성공과 인터넷 포르노의 공유, 그리고 피시방의 성업 등을 꼽을 수 있다. 1996년 게임 '바람의 나라'와 1998년 게임 '리니지'가 크게 성공하면서 대중의 초고속인터넷망 수요가 생겼다. 속도와 안정성이 중요했던 게임 이용자들은 피시방으로 몰려갔고, 이 수요는 1997년 구제금융 사태 직후 기업에서 퇴직한 사람들에게 포착되면서 전국적으로 피시방이 빠르게 생겨나 1999년에는 전국 피시방이 1만 5,000개에 이를 정도였다.

2002년에는 초고속인터넷 가입자 수가 1천만 명에 이르렀다.[25)]이는 초기자본이 집중적으로 투자되었다는 이야기다. 또한 수익 모델이 필요해졌다는 의미이기도 하다. 하지만 인터넷 이용자 대부분이 초반에 커뮤니티와 메일링 서비스 등을 무료로 이용하는 데 익숙해진 상태에서 콘텐츠를 이용해 수익을 내기가 쉽지 않았다. 2000년에 미국과 중국의 유수한 닷컴 기업들이 줄줄이 도산하면서 위기감은 더욱 높아졌고, 2001년에는 국내 대기업들이 조용히 시장에서 철수하기 시작했다.[26)] 전자상거래, 콘텐츠 제공, 서비스 및 인프라 등의 순서로 수익 모델을 실험해보았지만, 투자 비용을 회수하고 안정적으로 인력을 고용하며 수익을 내는 것은 사실상 불가능한 상황[27)]에서 1세대 닷컴 기업 중 넷마블과 네오위즈 등 게임 업계만 생존했다.[28)]

1세대 닷컴 기업의 몰락 속에서 중소기업들은 말할 것도 없이 사라져갔다. 그런데 그 퇴장이 시장에서의 완전한 퇴출이 아니었다. 개발자 중 일부는 도박 사이트와 포르노 사이트 등을 제작하고 개인정보 보안기술 등을 개발하며 합법과 불법의 경계에서 줄타기했던 것으로 알려졌다. 2004년 6월 18일 소라넷을 수사하는 과정에서 포르노 사이트를 통한 음란물 유포 혐의로 소라넷의 제작, 회선 임대, 광고 대행 등에 참여한 71명이 적발되었다. 당시 보도에 따르면 소라넷의 요청으로 음란 사이트를 제작한 FID는 1999년 12월 병역특례업체로 지정받아 국내 유명 대기업의 홈페이지를 제작한 회사였다. 이 회사는 2002년 12월부터 포르노 사이트를 제작하는 18명의 특별팀 S-project를 만들었다. 포르노 사이트 제작은 다른 사이트 제작보다 더 높은 수익을 보장했고, 현금으로 결제하므로 세금 신고도 하지 않아 회사 측에서 핵심 수익사업으로 생각했다.[29] 당시 업계를 선도하는 회사가 포르노 사이트 제작 전담팀을 둘 정도였다는 것은 시사하는 바가 크다. 2003년 12월 부산지방경찰청 사이버수사대에서는 음란물 광고대행 사이트를 특별단속한 결과 131개의 위법 사이트를 적발하여 운영업자 16명을 구속하고 100명을 불구속 입건했다.[30]

2006년 10월 음란물 유통의 대부로 대접받던 김본좌가 검거된다. 그는 국내에 유통되는 일본 음란물의 70%를 공급하여 네티즌 사이에서 '본좌'라는 별명으로 불려왔다. 헤비 업로더로서 그는 100테라바이트, 최소 1만 4,000건 분량의 음란물을 소지하고, 한 사이트당 수수료만 5,000만 원을 벌어들인 것으로 알려졌다. 김본좌가 잡혔다는 소식이 전해지자 그를 따르던 네티즌들은 경찰청 홈페이지에서 선처를 호소하기도 했다.[31] 지금도 유행어로 사용되고 있는 '지못미'는 바로 이때 등장한 말이기도 하다.

2007년 2월에는 스팸메일의 지존 김하나가 검거된다. 김하나라는 명의로 성인 사이트와 대출 등 각종 스팸메일을 대규모로 발송한 박모 씨는 고등학생 시절에 직접 개발한 스팸메일 발송프로그램을 판매할 정도로 대담한 수법을 보였으나, 인터넷 검색어 상위 순위에 오르는 등 화제가 되면서 범행을 중단했다. 이후 대학 휴학 후 방위산업체에 취업하면서 다시 스팸메일 발송프로그램을 제작한 것으로 알려졌다.[32]

김본좌는 네티즌에게 직접 음란물을 판매하는 것이 아니라 중간 유통업자에게 수수료를 받았고, 김하나는 스팸메일의 형태로 음란물 사이트를 광고하는 프로그램을 판매한 인물이다. 이들의 존재는 디지털 성착취의 수익 모델이 상당히 초창기부터 이미 구조화되기 시작했다는 걸 드러낸다. 헤비 업로더 김본좌와 스팸메일 발송 프로그램을 제작하여 포르노 사이트 배너 클릭을 유도한 김하나의 범행 수법은 디지털 성착취의 초기 수익 모델을 잘 보여준다.

김본좌는 소비자에게 직접 돈을 받지 않고 중간 플랫폼 업자에게 수수료를 받았다. 소비자는 김본좌가 올린 자료에 직접 돈을 지불하지는 않았지만 중간 플랫폼 역할을 하는 사이트에 가입하여 개인정보를 넘기는 방식으로 눈에 보이지 않는 거래가 이루어졌다. 스팸메일을 대량으로 발송해주던 김하나는 그 개인정보를 받아 포르노 사이트와 도박 사이트 등의 주소를 살포하는 대가로 돈을 벌었다. 김본좌라는 헤비 업로더가 이후 웹하드에 불법촬영 영상을 공급하는 수많은 제2, 제3의 김본좌로 분화되었다면, 스팸메일을 통해 포르노 사이트의 주소를 뿌리고 배너를 클릭하도록 유인하는 김하나의 방식은 이후 SNS 계정과 텔레그램 등 채팅 앱을 통해 직접 개인에게 주소를 배달하는 식으로 확장·변형되었다고 볼 수 있다. 하지만 이들은 범법자로서 사회적 비난을 받은 것이 아니라 네티즌 사이에서 일종의 스타 대접을 받으며 인터넷 규제책을 도입하려는 정부 정책에 희생당한 서사의 주인공이 되었다.

재현으로서의 포르노와 실제 불법행위로서의 성범죄 사이의 선이 흐려지기 시작한 것도 이때부터다. 디지털 성착취의 계보에서 이때는 특히 유포가 무료, 익명, 공유라는 방식으로 제어할 수 없을 만큼 퍼져나갈 조건이 만들어진 시기이기도 하다. 당시 네티즌은 "당나귀를 타고 포르노의 바다를 건넜다". 여기서 당나귀란 2002년 7월에 폐쇄된 공유 사이트 소리바다를 대체한 인터넷 파일 공유 서비스 제공 프로그램인 'eDonkey'를 말한다. 소리바다가 주로 MP3로 된 음성 파일을 공유하는 데 특화되었다면, 당나귀는 영상과 프로그램까지 주고받을 수 있어 포르노 파일의 확산에 큰 역할을 담당했다.[33)] 이때 유통방식도 달라지는데, 자주 찾는 검색어를 중심으로 공통의 취향을 가진 이들이 커뮤니티를 형성하기도 하고, 행위별·연령별·상황별 분류체계가 도입되면서 범죄 욕망도 취향 중 하나로 이해되기 시작한다.

이 시기부터 포르노의 문법이 바뀌어 줄거리가 있고, 이름이 있고, 서로 대화를 나누고, 상황극을 전개하는 단계 등이 모두 생략되고 짧은 동영상의 형태가 대세를 이루게 되었다는 점이 중요하다. 실제 1995~1999년 50개 제작사가 450억 원 규모로 만들었던 에로비디오 시장은 2000~2003년 20개 제작사 120억 규모로 급격하게 줄어드는 사양길을 걷게 되는데,[34] 포르노를 소비하는 방식이 인터넷을 중심으로 완전히 바뀌었기 때문이다. 인터넷에서 유통되는 포르노는 짧은 상영 시간, 성기 클로즈업과 사정 장면 강조, 모욕하거나 괴롭히는 것을 즐기는 여성이 등장한다. 이런 장면들을 보고 쾌락을 느끼거나 괜찮다는 여성이 있을 수도 있다. 문제는 그렇지 않은 여성에게도 왜 너는 즐기지도/견디지도 않냐는 강요로 이어진다는 것이다. 성적 대상화는 성적 대상이 되는 것 자체를 문제 삼는 것이 아니다. 마사 누스바움Martha Nussbaum은 성적 대상화의 문제를 다음 열 가지 기준으로 정의했다.

1. 도구성Instrumentary: 대상을 목적을 위한 도구로 생각한다.
2. 자율성 부인Denial of Autonomy: 대상이 자기 결정 능력을 갖지 못한 것처럼 취급한다.
3. 비활성Inertness: 대상이 능력이나 활력을 갖지 못한 것처럼 취급

한다.

4. 대체 가능성Fungibility: 대상을 (1) 같은 유형의 다른 대상으로 생각하거나 (2) 다른 유형의 대상으로 교체 가능한 것처럼 취급한다.
5. 침해 가능성Violability: 대상의 경계를 언제라도 침입하여 부서뜨리거나 박살 낼 수 있는 것처럼 취급한다.
6. 소유Ownership: 대상을 소유해서 사거나 팔 수 있는 것처럼 취급한다.
7. 주체성 거부Denial of Subjectivity: 대상의 경험과 느낌을 고려할 필요가 없는 것처럼 취급한다.
8. 신체로의 축소Reduction to body: 대상을 신체나 신체의 일부로만 취급한다.
9. 외모로의 축소Reduction to appearance: 대상이 어떻게 생겼는지에 따라 위계적으로 대우한다.
10. 침묵시키기Silencing: 대상을 말할 능력이 없는, 침묵하는 존재로 취급한다.[35)]

이러한 성적 대상화가 인터넷에서 공개적으로 일어나면, 많은 경우 여성은 자유와 능력, 명성, 기쁨을 누릴 자격이 박탈되어버린다. 이러한 박탈은 처음에는 인터넷의 환상 속에서만 작용하지만, 나중에는 인터넷의 영향력을 통해 구체적인 기회가 박탈되거나 관계가 엉망이 되는 방식으로 현실에도 영향을 미친다. 대상화를 당하는 사람은 무력한 상태에 놓인다. 학대가 어디에서 오는지, 어떻게 하면 막을 수 있는지 전혀 알 수 없는 상황에서 일상의 활동은 피해를 보고 사회적 능력과 취업 기회마저 잃어버린다. 물론 그렇다고 해서 여성이 완전히 파괴되거나 몰락한다는 이야기는 아니다. 사회적·경제적·정치적 자원을 효과적으로 사용해서 이러한 문제에서 자신을 구원해낸 여성들이 실존한다. 다만 타격을 받는 것은 사실이고, 모든 여성이 그러한 자원에 접근할 수 있는 것도 아니다.

성적 대상화에 노출된 여성들은 서사가 극단적으로 생략되고 그 대신 나이, 지역, 학교, 직업 등으로 소개된다.(○○대 ○○녀 유출영상, 초등교사 ○○ 행위 장면 등) 그리고 불법촬영 및 유포 과정에서 자신들이 구경을 당하고 있다는 것을 모르고 있거나 곧 알게 될 것이라는 등이 해당 영상의 외부적 맥락을 구성한다. 이때 화면 너머에 있는 사람이 인간이며 아는 사람일 수도 있다는 식의 양심은 발동되지 않는다. 불법으로 촬영하고 동의받지 않고 유포한 수많은 '국산 야동'을 보고도 그토록 많은 사람이 이것을 범죄가 아니라 일종의 장르적 문법으로 이해하거나 으레 보아온 포르노의 새로운 유행 정도로 생각한 이유는 무엇이었을까. 이들이 실제로 존재하는 사람이며, 심지어는 지인이라는 사실 자체가 포르노 서사의 공백을 메워주는 독자적 기능을 담당하고 있었기 때문은 아니었을까. 이미 포르노가 그려내는 세계의 맥락 안에 있었기 때문에 보고도 깨닫지 못하는 상태가 되었던 것은 아닐까. 많은 사람이 빌딩 안 청소부의 실재를 종종 잊는 것처럼, 펼쳐진 풍경 안에서 특정한 역할이 부여되면 인격을 가진 인간의 입체성은 종종 휘발되지 않는가. 그리고 그 결과는 다음과 같은 사건으로 드러났다.

2002년 3월, 6세 여아가 성폭행당한 후 살해되어 변사체로 발견되었다. 범인의 DNA가 사건 현장에 있었는데도 용의자를 특정하지 못하다가 2003년 1월, 사건 발생 9개월 만에 범인 박모 씨가 검거된다.[36] 경찰이 당시 인근 주민 620명의 DNA를 대조해도 범인을 찾지 못했던 이유는 박모 씨가 17세의 고등학생이었기 때문이다. 그는 이 사건 외에도 14건의 성폭행을 저지른 것으로 알려졌다. 그의 거주지에서 엄청난 양의 '강간물' 포르노가 발견되었고, 그는 포르노에서 본 대로 하고 싶었다고 진술했다고 한다.

반격의 시작

2015년 11월 메갈리아 사이트를 통해 모인 여성들과 여성 커뮤니티 회원들은 불법촬영물 공유가 활발하게 이루어지는 국내 최대 규모의 불법 음란물 사이트 소라넷을 폐쇄하겠다며 집단행동에 돌입

한다. 일명 '소라넷 폐쇄 프로젝트'다. 몰래카메라를 찾아내기가 점점 어려워지는 사회에서 불법촬영물을 하나하나 찾아내는 것보다 유통이 안 되는 분위기를 만드는 게 중요하다는 생각에서 이어진 행동이었다. 여성들은 화장실에 몰카 금지 스티커를 붙이고, 국제청원운동을 벌였다. 인터넷에서 소라넷 공식 계정을 팔로우하는 사람들에게 공개 질문을 하는 방식은 커다란 화제가 되었다. 트위터에서는 "너 소라넷 하니?"라는 제목의 계정이 여러 개 생겨났고, 그중 한 네티즌이 소라넷을 팔로우하는 38만 명에게 일일이 물어보기 시작했다. "너 소라넷 하니?"

이렇게 여성들이 나서게 된 이유는 소라넷에 올라오는 불법촬영물의 수위가 점점 높아지고 있었기 때문이다. 만취한 여자친구나 후배의 성기에 일상도구나 흉기 손잡이 등을 꽂은 사진[37)]이 공유되면서 소라넷은 디지털 성범죄를 모의하고 실행하는 장소라는 공분이 일었다. 또한 약물 등을 이용해 여성을 인사불성으로 만든 다음 이 여성을 강간하고 싶은 사람을 모으는 일명 '초대남' 모집 글을 실시간으로 목격한 것도 분노가 폭발한 이유였다.

이 같은 여론이 모여 2015년 12월 26일 SBS 〈그것이 알고 싶다〉에서 소라넷 문제를 다뤘다. 제작진과 인터뷰한 A씨는 초대남 모집에 응했다가 실제로 동의하지 않는다는 의사를 표시하는 여성을 강간하도록 부추기는 데 충격을 받았다고 했다. A씨는 인사불성의 여자를 성폭행하기 위해 회원들을 초대하는 '초대남' 모집 글이 하루에도 몇 번씩 올라온다며 "소라넷에서 여자는 거의 사람 취급을 안 하는 지경까지 왔어요", "일반적인 커뮤니티에서는 당연히 욕을 먹을 행동이지만 이곳(소라넷)에서는 영웅 취급"을 받는다고 말했다. 이런 상황이 여성들이 소라넷 폐쇄라는 행동주의가 절박하고 긴급하다고 판단한 이유였을 것이다. 이렇게 문제를 제기한 결과, 한국의 경찰청과 네덜란드 경찰청의 공조로 120테라바이트의 분량의 서버 15대를 압수하고, 2016년 4월 7일 소라넷 핵심 서버가 폐쇄되는 성과를 냈다.[38)]

소라넷 폐쇄 조치 이후 디지털 성착취 문제에 맞서온 여성들[39)]이 주목한 것은 웹하드 문제였다. 2005년 저작권법이 실행되면서 P2PPeer to Peer(인터넷에서 개인과 개인이 직접 연결되어 파일을 공유하는 것)를 통한 음원 공유가 대대적인 단속 대상이 된 이후 P2P 중계서버는 2000년대 말이 되면 거의 사라진다. 그 자리를 대체한 것이 웹하드였다. 웹하드는 인터넷상에 저장공간을 확보하여 문서나 파일을 저장, 열람, 관리하고 여러 사람과 공유할 수 있는 인터넷 서비스인데 이전에 P2P로 공유되던 불법촬영물들은 2010년대부터 본격적으로 위디스크와 파일노리 등 국내 웹하드에서 '국산 야동'이라는 키워드로 유통되었다. 전직 웹하드 관계자에 따르면 불법촬영물 유통을 통해 얻는 수입이 웹하드 업체 수익의 70% 이상을 차지한다고 한

다.[40)]

웹하드 업체들은 불법촬영물의 업로드를 단순히 방치하는 수준의 관리 소홀이 아니라 헤비 업로더와 수익을 나누고, 필터링 업체를 소유하여 삭제 관련 기술을 통해 수익을 창출하는 등 매우 적극적으로 범죄 행위에 가담했다는 의혹이 제기되었다.[41)] 2018년 '불편한 용기' 팀이 주축이 되어 불법촬영·편파수사 규탄 시위가 열렸고, 이때 여성들이 "내 일상은 너의 포르노가 아니다"라는 구호를 외치며 경찰의 엄중한 수사를 촉구하자 그제서야 경찰은 2018년 8월에 '사이버성폭력 특별수사단'을 발족하여 100일간의 특별단속을 벌였다. 경찰은 한 달 만에 570명을 검거했는데, 이 중 불법촬영 관련 사범은 498명에 달했다.[42)] 그리고 지난 10년 이상 인터넷 어디에나 찾아볼 수 있었던 소위 '음란물' 배너 광고와 불법도박 사이트 배너 광고가 이때부터 눈에 띄게 줄기 시작한다.

하지만 문제는 사라지지 않았다. 성범죄자 신상공개 대상이 된 불법촬영 성범죄는 관련 집계를 시작한 2013년 412건에서 2018년 2,388건으로 급증했다. 이는 전체 성범죄 사건의 17%를 차지하며, 성범죄 유형 중 불법촬영에 대한 여성들의 불안도가 가장 높은 것으로 나타났다.[43)] 이는 촬영된 영상이 언제 어떻게 퍼질지 알 수 없고, 인터넷에 유포된 영상을 완전히 없애는 일은 사실상 불가능하기 때문일 것이다. 하지만 이런 심각성에도 불구하고 불법촬영 및 비동의 유포 범죄자 중 56.5%가 300~700만 원 정도의 벌금형을 받았고, 30.3%가 집행유예를 선고받았으며, 징역형 763건 중 선고유예가 463건으로 나타났다.[44] 법원의 낮은 형량과 범죄자에 대한 온정주의는 형사처벌을 통한 범죄억지기능을 마비시켰다. 텔레그램 성착취 문제에 공분한 이들은 이 문제를 다음과 같은 해시태그로 표현했다. 'N번방은 판결을 먹고 자랐다'. 더없이 정확한 진단이었다.

텔레그램 N번방은 국내 메시지 서비스보다 개인정보가 더 잘 보호된다는 텔레그램을 이용해 여성의 사진 등을 공유하고 해당 여성의 약점을 잡아 협박한 후 '노예'로 삼는 수법을 구사한다. 주로 트위터 등에서 모집하거나 SNS에 공개된 사진을 합성하는 방법으로 피해자를 모집하는데, 이 중에는 미성년자가 상당수 있었고 범행 수법은 점점 더 잔인해졌다. 이를 처음 제보한 익명의 추적단 '불꽃'은 취재아이템 공모전에 응모하여 당선된 이후 직접 인턴 기자로 취재하는 동시에 경찰에 신고하여 수사에 공조했고, 2019년 11월 《한겨레》의 기획기사, 2020년 2월 《국민일보》의 관련 기획기사로 여론이 술렁이기 시작했다. 또 다른 익명의 여성들로 구성된 프로젝트팀 '리셋'은 보도된 자료와 그동안 디지털 성폭력 관련 활동을 정리해서 160쪽에 가까운 국회용 보고서를 만들었다. 이 자료는 국회의원뿐만 아니라 법무부와 현직 판사 등 관련 입법·사법·행정부의 전문가들에게 매우 유용하게 사용되었다고 한다. 이들 외에도 수많은 여성이 텔레그램 N번방 용의자의 신상을 공개하라는 청와대 청원에 참여를 독려하여 2020년 4월 19일까지 271만 5,626명이 모였다. 이후 경찰청에서는 텔레그램 N번방 관련 수사를 진행 중이고, 주범을 대부분 검거한 상태다.

텔레그램 N번방은 수법의 잔인함이나 새로운 방식의 성착취가 등장했기 때문에 널리 알려진 것이 아니라, 이 문제를 꾸준히 제기해 온 여성들이 있었기 때문에 화제가 된 것이다. 다음 기사를 보라.

> 인터넷 포르노 폭력은 합성 기술의 발달로 일본 등 외국 사이트의 포르노물에 국내 인기 연예인의 얼굴 사진을 합성, 감쪽같이 진짜인 것처럼 만들어 당사자에게 인터넷 테러를 가하고 있다. 검·경은 유명 연예인들의 섹스 비디오가 있는 것처럼 네티즌들을 유혹하고, 이들의 합성사진을 진짜인 것처럼 올리고 있는 인터넷 성인 사이트들에 대한 자료를 확보하고 있는 상태다.

이 기사는 2001년 2월 7일 《연합뉴스》가 보도한 내용이다. '지인능욕'과 딥페이크 등이 신종 범죄가 아니라는 이야기다. "최근 우리 네티즌들이 법망을 피할 수 있는 해외업체들을 통해 홈페이지를 만들어 음란물을 유포하는 경우가 급증하고 있다. 이들 사이트에서는 성매매 알선, 부부간 스와핑 주선 후 협박을 하는 등"이라는 내용의 기사는 언제 보도된 것일까? 1999년 5월 20일 《경향신문》 기사다.

포르노 스트리밍 시대의 성윤리

알파고의 등장 이후 인공지능이 인간의 지성을 압도하는 순간, 즉 기술적 특이점이 오는 시기는 그다지 멀지 않았다는 진단이 넘쳐났다. 4차 산업혁명을 정보통신기술ICT의 융합으로 이뤄지는 차세대 산업혁명으로 정의하며 인공지능, 사물인터넷, 로봇 기술과 드론, 가상현실 등을 중심으로 하는 성장동력을 준비해야 한다고 주장하는 목소리도 높다. 정보통신기술의 변화는 인간의 삶, 아니 인간이라는 개념 자체를 변화시켰다. 유토피아도 디스토피아도 모두 '인간의 통제'를 '넘어선' 기계라는 상상력에 기반을 두고 있다. 기계가 스스로 학습해서 인간의 지능을 넘어 인간이 해결하지 못하는 문제를 처리할 것이라는 장밋빛 기대도, 도리어 통제를 벗어난 기계들이 인간을 해칠 것이라는 어두운 전망도 모두 그렇다.

하지만 기술은 언제나 인간이 만들어낸 맥락에 의존한다. 그중에서도 정보통신기술, 특히 디지털 이용자의 시청각을 기계와 연결하여 상호작용을 대체하는 기술의 경우는 더욱더 그렇다. 1990년대 말부터 2000년대 초에 걸쳐 급변한 인터넷 환경은 이용자들에게 여러 가지 충격을 안겼다. 당시 카이스트에 재학 중이던 1세대 인터넷 이용자 김지호는 "90년대 말, 2000년대 초에 인터넷이 대중화되면서 세상이 시끄러워졌다. 기술이 삶과 결합하면서 충격들을 받는다. 기술을 일찍 접한 사람들이 특히 그랬다. 그때 어른들이 필요했다. 이와 관련된 사회문제를 다루는 사람이 필요했다. 한국이 인터넷 대중화는 굉장히 빨랐는데 그에 대한 분석은 거의 없었다는 점, 개인적으로 가장 혼란스러운 시기였다"는 소회를 밝혔다.[45] 분석도 원칙도 없는 상황에서 새로운 디지털 기술은 아주 빠르게 상용화되었다. 이때 단계마다 재정적으로 가장 큰 역할을 한 것은 다름 아닌 포르노그래피 산업이었다.

포르노그래피 산업은 군대에서 개발한 모든 통신수단을 민간 상용 서비스로 재빨리 응용했을 뿐만 아니라 더 좋은 기술을 개발하는 데 필요한 자금을 댔다. 포르노와 군대, 현대과학기술의 상관관계를 추적해온 과학전문기자 피터 노왁Peter Nowak이 직접 포르노 산업의 경영자들을 만나서 인터뷰한 내용에 따르면, 이들은 언제나 새로운 단속과 법망을 피해 콘텐츠를 전달할 새로운 기술이 필요하다.[46] 그리고 전쟁은 언제나 새로운 기술을 요구할 뿐만 아니라 수많은 병사를 통해 신기술을 직접 활용할 기회가 된다. 전쟁터에서 카메라를 사용해본 이들은 전후에 신예 영화제작자가 되었고, 제2차 세계대전 직후 미국의 성해방 분위기에서 이들은 아마추어 영화제작자가 가장 쉽게 시도할 수 있는 장르 중 하나인 포르노그래피 제작에 뛰어들었다.[47] 2000년대 중반 이후 스마트폰이 대중에게 보급되면서부터 모든 사람이 포르노그래피를 제작할 수 있게 되었다.

한국에서는 2000년 전후 닷컴 기업들이 활로를 찾는 과정에서 포르노의 쓸모가 더욱 분명해졌다. 마땅한 수익구조를 찾지 못했던 닷컴 기업들은 포르노가 현금을 불러오고, 그 현금으로 포털사이트들의 광고수익이 보장된다는 것을 알게 되었다. 한국뿐만 아니다. 2001년 야후와 MSN에 접속한 8,100만 명 중 3,000만 명이 이들 사이트를 거쳐 성인 사이트에 접속했다. 같은 시기 독일과 이탈리아 전체 웹 트래픽의 약 40%가 포르노 사이트로 향했다. 웹 트래픽은 포털사이트들이 광고면을 팔 수 있게 해주었기 때문이다.[48] 2009년에는 전체 검색어의 25%가 성인 콘텐츠였고, 전체 웹사이트의 3분의 1이 포르노 사이트였다. 이 통계에 따르면 하루 조회수가 6,800만 건에 달하고, 1초에 2만 8,000명이 포르노를 본다.[49]

이들은 과연 인간을 이해하는 방식과 섹스를 실행하는 방법에서 이전과는 어떤 차이를 보일까? 포르노그래피에 대한 기존의 페미니스트 관점은 크게 세 가지로 나뉜다. 여성의 성적 쾌락을 복원하고 성적 주체성을 찾는 과정에서 포르노가 도움이 될 수 있다는 관점, 여성에 대한 성적 종속과 폭력을 매개하는 성 표현물이므로 금지하자는 관점,[50] 유해성은 인정되지만 다른 가능성도 있으므로 그것을 적극적으로 찾아내서 남성 중심적인 포르노를 변화시키자는 관점이다. 그러나 이 세 가지 관점은 모두 사이버 공간이 등장하기 이전의 견해다. 앞서 살펴본 대로 인터넷과 모바일의 발전, 상호커뮤니케이션 도구의 다양성 등은 포르노그래피의 내용과 형식, 제작자와 소비자의 관계 등을 모두 변화시켰다. 디지털은 익명성을 기반으로 제작이 쉽고 유포가 무한대로 넓어질 수 있는 공간이다. 그리고 스트리밍 서비스와 채팅방 등을 통해 콘텐츠 제공자에게 소비자들이 직접 자신의 성적 환상을 주문할 수 있다. 이것은 개인이 포르노의 생산과 유포, 소비에 참여하는 행위가 점점 가속화되었음을 의미한다.[51)]

이전에는 인터넷 포르노를 시청하기 위해 검색하고 다운로드하고 취향에 맞는 것을 찾는 데 시간이 걸렸다. 하지만 2006년 말 다운로드가 필요 없는 포르노 스트리밍이 모든 장르에서 가능해지면서 몇 번의 마우스 클릭만으로 자신의 성적 반응을 촉발하고 흥분을 일으킬 수 있게 되었다. 이는 사용자들이 단순히 포르노를 많이 보는 것이 아니라 자신의 성적 흥분을 유형별로 조건화할 수 있는 방식을 만들어냈다는 의미다. 세계에서 가장 유명한 포르노 사이트인 폰허브Pornhub에 따르면, 21세기에 만들어진 포르노의 한 편당 평균 길이는 9분이고, 소년들이 15세부터 실제 성 경험을 하기 전까지 약 1,400편의 포르노를 본다. 14세에 성인물을 접하는 많은 청소년이 인터넷 포르노를 지나치게 소비하고 있으며, 이들은 20대 중반에 이르러 '가

장 폭력적인 이미지'에도 반응이 둔감해지는 것으로 드러났다.[52)]

포르노 중독의 특징으로 자주 언급되는 것이 폭력에 대한 통각이 둔감해지고 자신과 다른 존재인 타자에 대한 이해가 극단적으로 줄어드는 현상이다. 왜 범죄와 범죄의 재현이 이렇게나 구분하기 어려워졌을까. 개리 윌슨Gary Wilson은 알코올중독이나 약물중독은 같은 알코올 또는 약물을 원하지만, 포르노 중독 같은 흥분 중독arousal addition을 보이는 이들은 계속해서 다른 대상을 추구한다고 설명한다. 이들은 '같지만 다른 것을 달라'고 말하게 된다는 것이다. 한병철의 말대로, 지금 상황은 박탈이나 금지가 아니라 과잉소통과 과잉소비가, 배제와 부정이 아니라 허용과 긍정이 개인과 사회를 병들게 한다. '같은 것'의 창궐은 자신을 성장으로 제시하지만, 특정 지점을 넘어서면 생산이 더는 생산적이지 않고 파괴적이며, 정보가 더는 정보를 주지 않고 왜곡한다.[53)]

포르노 중독자가 다른 중독자와 달리 "같지만 다른 것을 달라"는 것은 매우 의미심장하다. 다른 중독자들은 자신을 중독시킨 그 물질에 만족했기 때문에 바로 그것을 찾는다. 하지만 포르노 중독자들은 비슷하지만 다른 것, 사실상 같지만 겉으로는 달라 보이는 것을 찾는다. 이는 그들이 실제로는 포르노를 통해서 만족에 도달한 적이 없다는 이야기가 아닐까? 그렇다면 그들을 만족시키는 것은 과연 무엇이었을까? 그들은 어느 순간부터 여성을 살아 있는 인간으로 대하는 데 실패했다. 그리고 특정인과의 관계를 내세움으로써 자신들의 위치를 확인했다. 사실 그들도 스스로 안다. 자신이 거론하는 사람과 자신이 같은 선상에 있지 않음을. 그러므로 이 기만과 불만족 속에서 이들을 계속 살아 있게 만드는 것, 이들에게 쾌락을 제공해주는 것은 과연 무엇이었을까. 바로 관전자들의 환호가 아니었을까? 이 연대기를 쓰면서 한 가지만은 분명해졌다. 텔레그램 N번방 사건 그다음이 '있다'면, 우리에게 인간성이라는 것이 남아 있을 수 '없다'는 것이다.

3장

성접대는 어떻게 관행이 되었는가

장자연, 김학의, 버닝썬 사건 속 강간문화

이는 여성에게 가해지는 폭력과 착취에
일부 남성 '낙오자'가 가담하는 게 아니라,
그 반대라는 사실을 보여준다.
주류 남성 사회가 여성에게 가하는 폭력과 착취를
'정상적인 남성 문화'로 승인하고 누려왔기 때문에
주류에 속하지 않은 남성들이 이를 적극적으로 욕망하게 된 것이다.

'장학썬'이 드러낸 것

2019년 상반기에 '장학썬'이라고 통칭하는 장자연, 김학의, 버닝썬 사건이 차례로 수면 위로 떠올랐다. 클럽 버닝썬에서는 미성년자 성매매 알선, 약물 이용 특수강간, 불법촬영 및 유포 등의 성범죄가 일어났다는 사실이 드러났고, 법무부 산하 검찰과거사위원회(이하 과거사위원회)의 결정에 따라 김학의 사건과 고 장자연 씨 리스트 사건 조사가 재개된 것이다.

간략하게 사건 내용을 설명하자면 다음과 같다. 먼저 김학의 사건은 그가 2013년 법무부 차관으로 임명된 직후 별장과 오피스텔 등에서 특수강간, 불법촬영 및 유포, 접대로 포장된 성착취 등에 연루되었다는 의혹이 제기된 사건이다. 당시 피해자는 수십 명에 이르렀고, 가해행위에 가담한 이는 고위공직자 및 교수, 언론계 종사자 등 사회 고위층 인사 10여 명이었다고 알려졌다. 경찰은 김학의의 얼굴이 찍힌 동영상을 보고 기소의견으로 송치했으나 검찰이 불기소 처분을 했고, 2019년에야 기소가 되었으나 공소시효 문제로 또다시 사법부의 처분을 피해갔다.

다음은 장자연 리스트라고 불리는 사건이다. 고 장자연 씨는 2009년 3월 7일 오디션을 빙자해 지속해서 성접대를 강요당하고 폭행 및 협박을 받았다는 내용의 편지를 남기고 생을 마감했다. 당시 경찰은

금융업체 대표, IT 업체 대표, 언론사 대표, 드라마 PD 등 총 12명을 용의 선상에 올렸으나 이 역시 대부분 기소조차 되지 않거나 검거 이후 검찰에 의해 보석으로 석방되는 등 수사 과정 전반에서 불합리한 일들이 잇따랐다. 두 사건 모두 2018년 과거사위원회의 재심 결정에 따라 수사가 재개되었지만, 관련자 처벌은 이루어지지 않았다.[1)]

클럽 버닝썬 사건은 미성년자 성착취, 뇌물수수, 마약 및 도박, 탈세, 그리고 무엇보다 약물강간 및 불법촬영 유포로 알려진 사건이다. 버닝썬의 손님이었던 김모 씨가 인사불성이 된 것으로 보이는 여성을 도우려다가 오히려 폭행을 당했다며 인터넷 커뮤니티에 고발 글을 올리면서 시작되었다. 당시 이 사건에 주목한 여러 명의 여성은 자신들이 클럽에서 겪은 일을 공유했고 이를 계기로 약물강간 등 사건에 대한 관심이 이어졌지만, 아무런 증거를 구할 수 없는 상태였다. 하지만 결정적으로 공익제보자가 등장하면서 상황이 반전된다. 공익제보자가 국민권익위원회에 제출한 휴대폰에는 버닝썬의 사내이사였던 아이돌 그룹 빅뱅의 승리나 버닝썬 간부 등과의 카카오톡 메시지, 승리·최종훈·정준영 등이 있는 단톡방 메시지가 있었고, 거기에 성매매 알선 및 약물강간 및 불법촬영 유포 등에 대한 증거가 될 수 있는 내용이 담겨 있었다. 사건의 핵심 용의자는 승리를 비롯한 다수의 남자 연예인과 와이지엔터테인먼트 사장 양현석, 정치인 친인척, 재벌 3세 등이었다. 그러나 정준영을 비롯한 일부 연예인을 제외하고는 모두 수사 선상을 벗어났고, 불법촬영 유포 및 음주운전 혐의로 구속된 최종훈은 1심 5년에서 2심 2년 6개월로 대폭 감경되었는데도 상고하여 대법원 판결을 기다리는 중이고, 승리는 재판조차 받지 않은 채 2020년 3월 입대했다. 이렇게 장학썬 사건은 대통령까지 나서서 엄중한 수사를 독려하는 등 2019년 상반기를 흔들었지만 핵심 인물들은 처벌되지 않았고, 뜨거웠던 여론만 남았다.

사법적 정의가 실현되지 않은 것도 통탄할 일인데, 일이 이렇게 되자 진영논리와 피해자 탓하기가 사건의 해석을 대신하기 시작했다. 정보가 자신의 입맛대로 전시되는 정보환경에서 힘은 정의를 대신한다. 진영에 따라 나눠진 여론은 양쪽 모두 불리한 증거가 나오면 '덮는다'고 말했다. 이런 발언은 여성에게 가해진 착취와 폭력은 진짜 문제가 아니라는 의식의 반영이다. 여성에게 가해진 폭력 자체가 문제라고 인식되기가 왜 이렇게나 어려운 것일까. 결론부터 말하자면 우리 사회의 '주류' 남성이 여성의 성을 착취하는 남성지배문화를 여전히 공유하기 때문이다. 우리 사회는 장학썬 사건의 책임자를 처벌하는 데 철저하게 실패했지만, 이로 인해 중요한 사실이 드러났다. 바로 한국 사회의 최고위층 남성 권력의 '유흥' 문화가 '범죄' 수준이라는 점을 만천하가 알게 된 것이다. 여성의 몸을 접대의 매개로 삼아 상납하고 거래하는 관행이 권력을 가진 남성의 '주류' 문화에 뿌리 내려 있고, 지금도 진행 중이라는 것만은 분명해졌다. 이 사실이 중요한 까닭은 그동안 여성을 때리고 강간하고 착취하는 남성은 '낙오자'들이며, 그들의 피해 의식에서 비롯되었다는 널리 퍼진 가설을 정면으로 반박하기 때문이다.

성범죄자는 낙오자?

"약한 남성일수록 성착취에 집착한다."《국민일보》 2020년 3월 12일 기사의 제목이다. 이렇듯 성범죄자는 대체로 남성 사회의 낙오자라는 통념이 널리 퍼져 있다. 정말 그럴까? 낙오자가 잠재적 성범죄자라면 승리자들은 어떨까. 주류 세계에 성공적으로 들어선 남성은 자신을 이른바 '젠더화'되지 않은 보편적 존재로 인식하고, 합리성과 정상성의 세계에서 모든 폭력과 착취로부터 거리를 두고 있다고 '상상'된다. 예컨대 "디지털 공간에서 주목 경쟁을 벌이는 남성 대부분이 남성 사회의 중심으로부터 소외되어 있을 가능성이 크고, 남성 사회의 주류는 이런 구도에 별 관심이 없을 가능성이 크다"는 최태섭의 분석[2)]처럼 말이다.

이런 시각은 폭력을 사용하는 남성의 자존심을 상하게 만들기 위한 전략으로 종종 활용되었다. 그 결과 여성을 대상으로 폭력을 저지르는 남성은 취업에 실패하거나, 안락한 가정생활을 누리지 못하거나, 정신적으로 불안정하거나, 상대적 또는 절대적 빈곤 상태거나, 어디에도 소속되기 어려운 조건이거나, 호감을 살 만한 외모가 아니라는 등 우리 사회의 비주류거나 낙오자로 그려지는 경향이 있었다. 이런 묘사는 성범죄자에 대한 두려움을 줄여주었을지는 모르나, 실제로 그런 조건에 놓인 성범죄자에게는 "그러니까 이게 다 나를 안 만나주는 여자들 탓"이라는 자가당착적 변명의 기회가 되었고, 성범죄자가 아닌 이들에게는 "나는 아닌데"라는 억울함을 안겨주었으며, 무엇보다도 고위공직자를 비롯한 지배계급에 속한 남성의 폭력 문제는 잘 드러나지 않거나 예외로 취급되었다.

남성의 폭력 문제에 관한 기존의 담론은 보통 세 가지로 나뉜다.[3)] 첫 번째는 개인-심리 초점 접근이다. 이 접근은 남성의 폭력을 개별 남성이 겪은 특수한 조건, 예컨대 불행한 어린 시절로 인한 심리적 불안정이 원인이라고 본다. 이런 분석은 강간 같은 성범죄가 일부 정신이상자의 예외적인 행동에서 비롯한다는 주장을 뒷받침하며 성범죄가 얼마나 만연한 일인지를 감춘다.

두 번째는 계급과 인종 교차 분석이다. 이 분석틀에서는 경제적으로 더 취약한 상태에 있는 여성이 더 자주 성범죄 피해를 당하며, 하층계급 남성의 하위문화에서 강간 같은 일탈적인 폭력을 옹호하는 문화가 발생한다는 연구 등이 이루어진다. 교차 분석의 장점은 경제적 취약성이 성적 취약성과 어떻게 연결되는지 알려주는 데 있다. 그러나 이 분석은 더 많은 권력을 가진 주류 남성의 폭력적 행동을 설명할 수 없을 뿐만 아니라, 기존의 하층계급-비주류 남성의 폭력을 비판하기보다는 그들의 사회적 조건으로 고정시켜버리는 한계가 있다. 무엇보다 이러한 연구들은 자신의 계급과 인종적 지위에서 좌절감을 경험한 남성이 왜 (자신을 좌절시킨 대상이 아니라) 여성에게 복수하려 하는지 설명하지 않는다는 문제가 있다. 이들이 여성을 통해 좌절감을 회복하려는 것은 자연적인 일이 아니며, 여성을 착취하는 것을 가능하게 하는 내외부의 메커니즘이 따로 있을 것이다. 예를 들어 여성혐오 같은 개념이 이 좌절의 폭력적 대응과 여성을 향해 방향을 바꾸는 이유에 관한 적절한 설명을 제공할 수 있을 것이다.

세 번째는 급진 페미니즘의 접근이다. 수전 브라운밀러Susan Brownmiller는 강간을 사적인 비극의 문제가 아니라 가부장제를 작동시키는 핵심적인 토대로 보고 "모든 남성이 모든 여성을 공포에 사로잡힌 상태로 묶어두려고 의식적으로 협박하는 과정이 바로 강간"[4]이라고 정의한다. 모든 남성이 강간을 하는 것은 아니지만 어떤 남성은 그런다는 사실은 모든 여성에게 공포를 불러일으켜 여성을 통제하는 권력을 획득한다는 것이다. 남성은 강간하고 국가는 이를 암묵적으로 허용하여 가부장제 질서를 단단하게 만든다는 급진 페미니즘의 분석은 강간의 문제를 사회구조적인 차원으로 끌어올리는 데 성공했다. 그러나 강간범 중 누가 처벌되고 누가 피해가는지, 어떤 여성이 강간당했을 때 국가가 보호하는지 등에 대한 분석은 종종 누락된다. 이때 남성과 여성은 강간을 할 수 있는 자와 당하는 자로만 나누어지며, 아이러니하게도 이는 가장 반페미니즘적인 주장, 곧 성적 차이는 생물학적 차이에 따른 운명적 결과라는 주장으로 치닫기도 했다. 강간은 도덕적으로는 잘못된 것이지만 수컷-남성의 생물학적 충동에 내재된 것이라는 식의 이야기는 남성성 신화를 강화하는 동시에 강간의 문제를 근본적으로 바꾸려는 시도를 불가능하게 만든다.[5]

또한 젠더, 인종, 세대, 계급에 따라 만들어진 성범죄자 정보 분석은 젊고 가난한 흑인 남성을 잠재적 강간범의 유력한 용의자로 분류하는 동시에 나이 든 백인 남성이 저지르는 폭력을 은폐한다. 제주 난민 남성이 자국민 여성을 성적으로 위협할 것이라는 식의 담론이 자국민 남성의 성폭력을 가리는 효과를 발생시키는 것처럼 말이다. 하층계급, 유색인종, 난민, 젊은 남성 등 낙인찍힌 범주에 속한 이들 중 가해자가 없다는 말이 아니다. 다만 그들의 성범죄가 그들 집단의 일반적 특성처럼 설명되는 순간 성폭력은 여성이 폭넓게 겪고 있는 문제여서가 아니라 인종차별이나 빈곤, 젊은 남성의 좌절과 관련되기 때문에 문제가 된다고 인식된다. 이 문제와 관련해 가장 뼈아픈 사례는 수전 브라운밀러의 책에도 언급된 1955년 백인 여성인 캐럴린 브라이언트Carolyn Bryant를 희롱했다는 이유로 백인 남성들에게 폭행을 당해 사망한 흑인 청소년 에밋 틸Emmett Till(당시 14세) 사건일 것이다. 캐럴린 브라이언트는 2017년《뉴욕타임스》를 통해 당시 자신의 고발이 거짓이었다고 털어놓았다. 이는 급진 페미니즘이 인종 정치학을 간과했을 때 피해와 가해의 위치가 바뀌는 비극이 생길 수 있음을 경고하는, 뼈아프게 새겨두어야 할 역사다.[6]

어떤 가해자는 왜 그렇게 빨리 제거되고 사적이든 공적이든 처벌을 받는데, 어떤 가해자는 왜 그렇게나 관용의 대상이 되는 것일까. 실제로 기존의 통념이 제공한 성범죄자의 전형에 들어맞고 가해자가 될 가능성이 큰 집단에 속한 사람이 범죄를 저지르면 수사기관과 사법부는 별다른 의심 없이 사건을 조사할 뿐만 아니라 비교적 상식에 맞는 판결을 내린다. 피해자에게 피해자다움을 강요한 것이 성폭력 문제의 한 축을 받치고 있는 통념이라면, 가해자 같은 가해자에게만 처벌이 이루어지는 것 역시 반드시 깨져야 할 선입견이다. 이 통념과 선입견 때문에 강간은 언제나 소수의 예외적인 비극이 되었고, 피해자는 피해자답지 않다는 이유로 의심받았으며,[7] 가해자일 법한 극소수의 가해자만 처벌을 받았다. 이렇게 강간이라는 문제의 해결 과정에서 부정의가 발생하는 순간에 집중해보면, 강간이라는 문제가 왜 그렇게 축소되어왔는지, 왜 그렇게 강간을 둘러싼 통념이 바뀌지 않는지 알 수 있다.

모든 남자는 아니다? 어떤 남자는 그렇다!

자신을 '평범한 대학생'이라고 소개한 스물세 살의 K씨는 남성인 자신이 실천할 수 있는 페미니즘 방법을 찾고 싶어 했다. 그는 주변 지인들과 대화를 시도하다가 번번이 좌절했고, 그래서 계속 공부하러 다닌다고 했다. 나는 어디서 대화가 단절되고 방어벽이 생기는지 물었는데, 그의 답은 예상대로였다. '강간문화rape culture'라는 말을 특히 받아들이기 어려워한다고 했다.

강간을 강간이 아니게 만드는 장치를 '강간문화'라고 부른다. 문화라는 말에 대한 오해가 종종 있는데, 여기에서는 인간의 삶의 방식이자 특정 집단이 공유하는 '습習'에 가까운 의미로 사용했다. 일반화할 수는 없지만 특정집단 내에서 만연한 행동을 포착할 때 '문화'라는 말을 사용한다. 그러니까 '강간문화'라는 말은 모든 남자가 강간범이라는 말이 아니라 남성들끼리의 문화에서 강간에 대한 농담이 음담패설쯤으로 통용되고, '강간하고 싶다'는 말이 여성에 대한 성적 욕망을 노골적으로 표현하는 정도로 취급되며, 사실은 여성도 내심은 강간을 원한다는 식의 잘못된 신화에 기반해 강간을 사실상 부인하는 것 등을 통칭하는 말이다. K씨는 많은 남성이 여성을 성적인 대상으로만 취급하여 등급을 나누고 품평한 것은 사실이고, 그것이 도덕적으로 훌륭한 일은 아니지만 여성도 남성의 외모에 대해 호불호를 밝히는 일 정도는 하지 않냐고 말하면 어떻게 대답해야 할지 모르겠다고 덧붙였다. 내가 모든 남성이 그런 건 아니지만, 그런 말이 나올 때 선을 넘는 남성이 있기는 하지 않냐고 묻자 그는 그렇다고 대답했다. 선을 넘는다는 것은 단톡방에서, 에브리타임에서, 인터넷 게시판에서 강간을 입에 올리며 자신의 성적 에너지를 과시하는 행동 등을 말한다. 모든 남성이 그런 건 아니나 남성 대부분은 이런 이야기에 노출되어 있다. 공모자가 되거나 방관자가 되거나 주변인이 되거나 그들과 아무 관계도 맺지 않거나 관련된 방식이 다를 뿐이다. "하지만 남성들 사이에서도 그런 말들이 정상적으로 취급되는 것은 아니에요." K씨는 씁쓸하게 덧붙였다.

이 대화에서 나는 여러 가지를 배웠다. 그중 하나는 강간문화를 퍼트리는 이들과 노출되는 이들로 나누어 접근할 필요가 있겠다는 점이다. 또 하나는 강간문화를 퍼트리는 이들이 정상으로 취급되지는 않지만 남성동성사회에서 추방될 정도는 아니라는 것이다. "강간문화가 남성 사이에 널리 퍼져 있다"는 말은 '사실'이지만, 그 사실로부터의 거리는 모두 각기 다르게 경험한다. 많은 사람이 이미 지적했듯이 극단적인 범죄를 저지른 가해자는 악마라서가 아니라 그런 행동을 할 수 있고 해도 되는 사회라고 생각하기 때문에 한다. 그렇다고 해서 사회의 문제가 개인의 행동에 대한 면죄부가 되지는 않는다. 그리고 악마화는 가해자의 자아를 만족시키기 때문에라도 불필요하고 심지어는 해롭지만, 모든 남자가 그런 건 아니라는 말로 사회구성원의 책임까지 내버리는 현실을 돌아보건대, 그리고 가해자일 법한 가해자라는 전형이 강간의 문제를 축소하는 상황을 해결하기 위해서라도 남성을 여러 개의 집단으로 새롭게 유형화해야 한다.

남성은 계급이 아니며 여성 역시 그렇다. 그렇다고 특정한 조건의 남성을 유형화할 수 없다는 의미는 아니다. 남성성은 언제나 변화하고 경합적이지만, 남성성에 대해 아무것도 말할 수 없다는 뜻은 아니다. "모든 남성이 어떻다"고 말할 수는 없지만, "어떤 남성은 대체로 그렇다"고 말할 수는 있다. 그러므로 남성성 연구에 필요한 태도는, 아니 모든 종류의 젠더 연구에 필요한 태도는 교차적 관점이다. 교차적 관점으로 젠더를 연구할 때 집단으로서의 남성을 유형화할 수 있다. 젠더 연구는 젠더에 관한 연구인 동시에 젠더와 상호작용하는 다른 범주의 영향력을 기술해야만 한다. 그러지 않으면 기존의 남성성과 여성성을 둘러싼 문화적 가정법들을 계속 반복하게 되기 때문이다. 예를 들어 한국의 70대 경상도 남자들의 남성성을 연구하려면 계급과 세대, 지역적 특징 같은 표지를 놓치지 않으면서 동시에 젠더를 주요 분석범주로 사용해야 한다.

또한 남성성 연구는 남자에 관한 이야기만 나오면 "모든 남자가 그런 건 아니야not all men"라며 귀를 닫아버리는 자동 반사 장치라는 악조건을 돌파해야 한다. 모든 남자가 그런 건 아니라는 발화자가 그것을 증명할 수 있는 가장 간단한 방법은 "나는 그런 남자가 아니야"라고 말하는 것이다. 그러니 결국 이 말은 "나는 아니야"라는 말이다. 그런 점에서 '낫올메니즘notallmenism'은 병리적 나르시시즘에 가깝다. 그것은 반지성주의이기도 하다. 세상에 존재하는 모든 지식은 언제든 반증될 가능성이 열려 있다. 예외와 돌연변이, 조건에 따라 달라지는 상황 등을 관찰하고 분석하는 것이 지식이 하는 일이다. 그러므로 '모든'을 증명하기까지는 아무것도 인정하지 않는 태도는 지식의 총체성을 요구하는 것이 아니라 '모두'에 해당하지 않으면 아무것도 말할 수 없다는 태도, 맥락적 지식을 무책임한 상대주의로 오인하며 어떤 지식도 인정할 수 없다고 선동하는 반지성주의에 가깝다.

성급한 일반화의 오류에서 중요한 건 일반화 자체가 아니라 '성급'함에 있다. 한두 명의 행동을 가지고 전체를 싸잡는 것을 성급한 일반화라고 한다. 그런데 한두 명이 아니라 사회적으로 주목할 만한 유의미한 숫자가 나왔다면 그것을 분석할 수 있고 설명할 수 있어야 한다. 따라서 전형성에 매몰되지 않으면서도 특정한 남성들을 유형화하고 그 안에서의 역동을 밝혀내는 연구가 필요하다. 그런 점에서 장학썬 사건은 중요하다. 여러 사람이 공모했고, 그 안의 남성들 사이에 분명한 위계가 있었으며, 전형적인 성범죄자와 달리 특권층 남성들이 저지른 일이며, 그 범죄가 은폐되고 축소되는 과정에서 강고한 남성 연대가 이루어졌고, 무엇보다 이 모든 사실이 대중에게 공표된 사건이므로 이 사건들과 처리 과정이 동시대 남성들에게 크게 영향을 끼쳤을 것이 자명하기 때문이다.

누구의 관행이었는가

장학썬 사건이 드러낸 한국의 주류 남성 사회의 풍경에 따르면, 이들은 여성의 성을 이용해 자신들의 인맥을 구축한다. 남성 간의 거래에서 여성의 몸은 남성들의 관계를 공적인 차원(검사-건설업자, 드라마 PD-엔터테인먼트 업체 사업가)에서 사적인 차원(형님-아우)으로 재조정하는 역할을 담당한다. 김학의에게 무죄를 판결한 재판부는 이 사건을 자수성가해서 어렵게 사업을 꾸려온 지방 건설업자 윤중천이 욕심을 부려 무리하게 접대를 추진하다가 일어난 일로 취급했다. 검사장이라는 지위를 가진 남성과 인맥을 쌓는 방법으로 별장 성접대를 주선했다는 의미다. 이는 여성에게 가해지는 폭력과 착취에 일부 남성 '낙오자'가 가담하는 게 아니라, 그 반대라는 사실을 보여준다. 즉, 주류 남성 사회가 여성에게 가하는 폭력과 착취를 '정상적인 남성 문화'로 승인하고 누려왔기 때문에 주류에 속하지 않은 남성들이 이를 적극적으로 욕망하게 된 것이다. 특히 남성 문화 전반에 걸쳐 성매매를 착취로 보는 것을 완강히 저항하고, 성폭력을 성매매로 만들면 법적 처벌도 도덕적 비난도 피해갈 수 있다고 믿는 경향을 어렵지 않게 발견할 수 있다. 김학의 사건의 담당 수사관은 동영상 속 인물이 김학의라고 해도 노래 부르고 성관계를 하려는 장면이 찍혔을 뿐, 강간이었다는 증거는 없다고 판단했다.[8] 범죄자와 수사관의 인식이 이처럼 똑같은데 어떻게 이것이 '문제'가 될 수 있겠는가. 버닝썬 집단 성범죄 사건을 공모한 자들의 카톡 대화방 내용을 보면 여성을 "잘 주는 애들/싼마이/창녀"로 분류하고 성매매 알선이라는 구체적인 불법행위를 자행하는 대목까지 아무런 망설임이 없다.[9] 물론 성인들이 서로 동의해서 춤추고 노래하는 것과 약물강간, 성매매 알선, 미성년자 약취 유인 및 인신매매 등은 질적으로 다르다. 하지만 이것들이 모두 연결되어 있다는 점은 분명하다.

김학의는 2013년 3월 법무부 차관으로 임명되었는데, 별장 성접대 사건이 언론에 알려지자 6일 만에 사퇴했다. 당시 증거로 제출된 동영상이 찍힌 시기는 2006년경이고, 해당 동영상이 존재한다는 사실은 다른 고소 사건과 연루되어 2012년에야 알려졌다. 여러 언론 보도에 소개된 피해자들은 다음과 같이 증언한다. 2006년에서 2008년 사이 윤중천이 사업에 도움이 될 만한 인물을 소개해준다며 주선한 자리에서 원치 않는 성접대를 강요당했고, 그 과정이 촬영되었을 뿐만 아니라 현직 검사장이라는 지위를 언급했기 때문에 두려워서 사건 발생 당시 고소하지 못했고, 이후에도 반복적으로 성착취를 당했다는 것이다.

하지만 당시 검찰은 불기소를 결정했는데, 불기소 이유서가 시종일관 "피해자의 주장을 믿기는 어렵다"는 내용으로 채워졌고 이후 과거사위원회에서도 성의 없음을 지적할 정도로 부실했다. 피해 여성이 사업상 도움이 될 만한 인맥을 주선해달라고 한 것이 피해 진술에 신빙성이 있는지를 의심하는 주요 근거였는데, 인과관계는 고사하고 상관관계조차 이해하기 어렵다. 피해 여성에게 사업상 필요한 인물을 만나게 해주겠다고 먼저 말을 꺼낸 것은 윤중천이었다. 설령 피해 여성이 먼저 부탁했다고 해도 사건의 실체는 달라지지 않는다. 윤중천이 먼저 제안했고, 어디에 간다는 말도 해주지 않은 채 차에 태워 도착한 곳이 사건이 발생한 별장이고, 그 별장에서 김학의를 만났다고 했다. 거짓말은 피해자가 아니라 가해 용의자가 했다. 김학의는 법정과 언론에서 별장에 가본 적도 없다고 거짓말을 반복하다가 자신의 발언을 스스로 뒤집은 바 있다. 그러나 검찰에서는 폭력도 착취도 아니었다며 불기소로 사건을 덮었다.

이후 과거사위원회의 권고에 따라 재수사되었지만, 결과는 달라지지 않았다. 심지어 과거사위원회에 속해 있던 한 변호사는 자신의 SNS에 김학의 사건에 관한 개인적 소회를 올리며 알려진 것과 다른 부분이 많다고 강조했다. 나는 그가 올린 글이 대단히 편향적일 뿐만 아니라 그가 그 정보를 가질 수 있는 특수한 위치에서 알게 된 바를 개인 SNS에 올리는 행동은 부적절하다는 내용의 댓글을 달았다가 꽤 긴 타래를 이어가게 되었는데, 그는 나를 매우 답답해하며 고소인의 진술을 의심할 만한 확실한 증거가 있다고 했다. 나중에 확인한 바에 따르면 그가 말한 증거는 피해자가 피해 이후에 물질적 보상을 받았다는 부분이었다.

물질적 보상이라는 말은 범죄 사건을 남성의 유흥문화로 취급하게 하는 마법과도 같은 효과를 발휘한다. 김학의 별장 성접대 사건에서 여성은 인간으로서 견디기 어려운 취급을 받았다. 자발성 여부나 대가성 여부를 따지는 것도 정도가 있지 않은가? 예를 들어 대학에서 선배가 구두에 막걸리를 담고, 이걸 마시면 10만 원을 주겠다고 후배에게 말했다고 치자. 그걸 마시고 10만 원을 받았다면 그 선배의 행동은 가혹행위가 아닌가? 군대에서 선임이 후임에게 침을 잔뜩 묻힌 건빵을 먹으라고 한 다음 맛있는지를 물었는데, "네, 맛있습니다. 더 주십시오"라고 대답했다고 해서 자발성의 증거가 될까? 김학의 사건의 피해 여성들은 이보다 훨씬 더 비인간적인 대우를 받았다. 하지만 그것이 사실인지조차 조사하지 않았다. 오직 자발적이었는지 대가성이 있었는지에만 초점이 맞춰졌다.

누군가 다른 사람을 인간으로 취급하지 않고 학대했다면 사회문제가 되는데, 여성이 그런 대우를 받으면서 성을 착취당한 것은 왜 그 자체로 문제가 되지 않는가. 여성은 당연히 권력이나 돈, 지위 등을 가진 남성을 욕망한다는 전제가 깔려 있기 때문이다. '성접대'에서 접대받는 갑남은 여성에게 직접 돈을 내지 않는다. 자신이 돈을 주고 여자를 산 것이 아니라, 자신처럼 권력이 있는 남자를 욕망하는 여성을 을남이 알아서 '준비했다'고 생각한다. 을남이 별장이나 vvip 룸 같은 공간을 마련하고, 고급술과 안주를 준비하고, 흥을 돋워주는 여성을 배치하는 것은 자신의 지위에 맞게 대접하려는 상대방의 성의라고 생각하지, 스스로 요구한 것도 돈을 낸 것도 아니기 때문에 자신은 문제가 없다고 생각한다. 죄가 있다면 너무 잘난 나를 모두가 대접하려고 하는데 그런 문제에 금욕적으로 대처하지 않은 것뿐이라고 생각한다. 그런 식의 접대를 냉혹하게 거절하는 이들은 독하고 재수 없으며 인간적이지 않다고 말하는 이들도 있다.

그렇게 해서 등장하는 단어가 '관행'이다. 관행을 문제 삼는 것은 생각보다 쉽지 않다. 그렇지 않고서야 성접대가 아직도 '관행'이며, 버닝썬의 핵심 인물인 이문호가 "이런 걸로 잡아가면 대한민국 남자 남아나지 않을 것"이라고 자신할 리가 있겠는가. 고 장자연 씨의 죽음을 아무도 책임지지 않고, 김학의를 보호하기 위해 최선을 다했던 검사들이 시민들 누구나 알아볼 수 있는 김학의의 얼굴을 특정하지 못할 정도로 '눈먼' 수사를 하는 것이 가능할 리 있었겠는가. 그리고 이 와중에도 장자연 리스트에 어떤 여자 연예인이 더 있는지, 정준영 단톡방에서 언급된 여배우가 누구인지, 김학의 진술서에서 언급된 여자의 이름이 연예인 이름과 유사한지 등에만 관심이 쏠려 있을 리 있겠는가. 자신들의 일탈 행동을 남성 보편의 행동으로 일반화할 수 있는 권력을 가진 자들은 무엇보다도 범죄를 관행으로, 폭력을 문화로 만들 수 있는 위치에 있다는 점에서 '극단적으로 유해'하다.

용인된 강간문화

남성성을 유형화하고 개념화한 R. W. 코넬R. W. Connell의 분류에 따르면, 남성성은 단수가 아니라 복수로 존재하며, 복수의 남성성 간의 관계는 병렬적이 아니라 상호관계 속에서 집합적으로 배열된다. 헤게모니적 남성성을 중심으로 종속/공모하는 남성성이 있고, 비헤게모니적 남성성으로 주변화된 남성성이 있다. 헤게모니적 남성성은 문화적 이상과 제도적 권력이 부합할 때 성립하며, 직접적 폭력보다는 권위를 주장하고, '현재 수용되는' 전략을 체현한다.[10] 이때 주변화된 남성성은 지배집단의 헤게모니적 남성성에 권위를 부여하는 위치에서 개별자이자 예외로서만 존재하게 된다. 기존의 주류 지배계급이 원하는 조건을 다 갖춘 성공한 흑인 남성이나 게이 남성의 경우, 이들의 성공은 개인의 성공이 될 뿐 낙수효과를 일으키지 않는다. 이들의 성공으로 인해 종속적 지위에 있던 흑인 남성과 게이 남성이 지배적 남성성을 대표하는 일은 일어나지 않는다는 말이다. 주류의 문법을 무시하고 기꺼이 주변화된 남성으로 살아갈 것을 선택하는 것도 대안이 될 수는 있다. 하지만 '대안적' 남성성 실천의 가장 큰 난점 중 하나는 남성성의 담지자는 기본적으로 '집단'이라는 점에 있다.[11] 그리고 집단이었을 때만 관행이 되고 문화가 될 수 있다.

강간문화가 어디 있냐는 질문에 대한 가장 가까운 사례를 2017년 한국에서는 대통령 후보 홍준표와 청와대 행정관 탁현민이 제공했다. 둘은 각각 자신이 직접 쓰고 인터뷰한 내용이 실린 책에 자신의 또래 남성들과 함께 돼지발정제를 사용하여 약물강간을 모의하고, 여중생과 착취적 성관계를 맺었다는 이야기가 수록된 것이 뒤늦게 밝혀져 사회적 물의를 빚었다. 둘 다 그런 발언과 행동이 거짓말이었거나 과장법이었다며 사과했지만, 그 일로 인해 대통령 후보를 사퇴하거나 정계를 은퇴하거나 공직에서 사임하지는 않았다. 강간문화는 공론장에서 비판받았지만, 공적 영역에서는 여전히 자리를 지킴으로써 추인되었던 셈이다.

여기에 더해 장학썬 사건은 강간문화를 정당화하는 기제 중 하나가 성접대라는 것을 보여준다. 남성지배문화는 여전히 성접대를 문제로 취급하지 않는다. 불법이라고 해도 법을 초과하는 관행이 사법부의 관용을 끌어내기 때문에 언제나 사소한 문제로 취급된다. 실제로 승리의 구속영장이 신청되지 못한 이유는 성매매 알선이 중범죄가 아니기 때문이었다. 성접대는 탈세와 뇌물이 오가는 한국의 접대 문화 전반에 대한 문제 제기로는 수용될지언정 독자적으로 문제 행동으로 인식되지는 않는다. 여성단체와 여성가족부가 일·가정 양립 정책의 하나로 펼친 회식문화바꾸기운동을 통해 일상의 회식 문화는 꽤 많이 바뀌었다. 하지만 특권층 남성들이 집단적으로 성폭력과 성착취를 자행하고 있으며, 그것이 전혀 사법적으로 제어되지 않는 한 폭력이 문화로 승인되는 구조는 여전히 튼튼하게 지탱된다.

그리고 바로 이 지점에서 폭력은 헤게모니적 남성성을 구성하는 일부가 되었다. 폭력은 주변화된 남성성의 행동 양식이고, 헤게모니적 남성성에 속하는 이들은 폭력보다는 권위를 사용한다고 알려져 있었으나 현실은 그렇지 않다. 폭력은 때로 주변화된 남성성의 표지가 되기도 하고 헤게모니적 남성성을 지탱하는 수단이 되기도 한다. 특권을 지닌 이들은 자신의 우위를 확인하고 지배를 지속하려고 폭력을 사용한다. 특권집단에 속한 모든 사람이 그런 것은 아니지만, 그들이 때로는 폭력을 사용해도 대체로 큰 문제가 되지 않는다. 그 행동에 대중의 비난이 집중되거나, 매우 드물게 법적 처벌을 받을 때 한해서 폭력을 사용한 특권층은 예외적인 문제를 일으킨 자가 되어 추방된다. 폭력이 권위를 강화하거나 지탱할 때는 괜찮지만 권위를 훼손한다고 판단되는 순간, 요즘 말로는 '손절'의 순간이 오면 그제야 비로소 폭력은 주변화된 남성성에 속하는 행동으로 분류된다.

그런데 장학썬 사건에서 알 수 있듯, 한국의 특권층 남성에게 폭력은 그 자체로 게임의 규칙이자 특권의 징표였다. 이 징표를 손에 넣기 위해서 더 많은 남성이 돈을 내고 집단적으로 이 게임에 참여하기 시작했다. 클럽 버닝썬이 바로 그 과정을 잘 드러낸다.

반공개된 공간에서 공공연하게 이루어지는 유사성행위를 함께 구경하는 것 등은 룸살롱 문화에서 보이는 특유의 행동들이다. 룸살롱은 단순히 술을 마시는 곳도, 섹스를 하기 위한 전초전으로 찾아가는 곳도 아니다. 남성들이 사업상의 목적으로 만나 가장 사적인 방식으로 서로의 행동을 독려하고 공모하고 구경하는 과정을 통해 끈끈한 동지적 관계를 만들어내는 것이 성접대의 본질에 가깝다. 구경하고 구경을 당하는 것, 그것을 '집단적'으로 경험하는 것이 핵심이다. 클럽 버닝썬이라는 공간은 기존의 열린 클럽과 닫힌 룸살롱을 재조립한 형태였다. 버닝썬은 룸살롱의 벽을 허물고 공간을 새롭게 나누고 욕망을 훨씬 더 스펙터클화하는 형태로 만들어졌다.

성매매의 정치경제학을 연구하는 김주희는 '테이블=남성 대 플로어=여성'이라는 위계적 성별성이 어떻게 클럽 공간의 공연성과 연결되면서 스펙터클을 만들어내는지, 그 스펙터클 안에서 주인공이 되고 싶은 욕망을 부추기는지, 이를 통해 어떻게 수익이 창출되는지 분석한다.[12] 클럽 1층 홀이나 골프장처럼 비교적 공개된 공간 A, vvip 룸이나 가라오케 룸, 별장 1층 거실처럼 특정한 사람만 출입할 수 있는 반공개된 공간 B, 오피스텔이나 별장 2층 룸 등 이른바 '2차'로 불리는 성매매 또는 성폭력이 이루어지는 은폐된 공간 C 등의 분할은 vvip와 일반 손님의 차이로 위계화된 구조로서 전시된다. "클럽에서 테이블 손님이 고가의 세트 메뉴를 주문하면 비키니나 교복, 홀복 등을 유니폼으로 맞춰 입은 '샴걸champagne girl'이 폭죽을 쏘면서 요란하게 세트 메뉴를 테이블까지 배달"[13]하는 장면은 남성 손님의 구매력을 과시하고 다른 테이블의 경쟁적 소비를 부추기는 방식이며, 이것이 클럽에서 가장 선호되는 남자다움의 과시 방식이다.

밀레니얼 세대의 집단적 남성 문화는 그들에게 인기를 끌고 있는 최근 힙합 문화에서 알 수 있듯이 돈과 권력을 과시하는 행동을 더는 부끄러워하지도 망설이지도 않는다. 새로운 남성성은 공공연하게 재력을 과시하는 오프라인 클럽 문화와 불법촬영물을 공유하고 강간문화를 부추기는 온라인 단톡방으로 양분되어 배치된다. 이때 여성은 '입장 빤지'를 놓는 클럽에 들어갈 정도의 미모라는 인증을 획득하며 인정욕구를 충족하고 자신에게 '부킹'이 들어오면 그걸 고를 수 있는 위치에 있다고 생각한다. 하지만 사실상 여성이 매력자본을 통해 접근할 수 있는 건 '남자가 잡은 테이블'이지, (남자는 뺀) 테이블 자체가 아니다. 설령 여성이 직접 테이블을 잡는다고 해도 그 여성의 개인적 부유함을 과시할 수 있을 뿐, 헤게모니적 남성성의 규칙은 달라지지는 않는다. 이것이 바로 "테이블의 성경제" 법칙이다.[14] 이 게임에 참여한 남성도 정치적·계급적 범주로 나뉘는 것이 아니라 어떤 소비자인가(만수르 세트를 시킬 수 있는가)에 따라 재배치된다.

강남 일급 룸살롱 대마담 출신의 한연주는 남성 소비자의 선별 체계를 다음과 같이 설명한다. "일급 업소는 뜨내기손님은 아예 받질 않는다." "손님 대부분은 사회적 지위가 있는 터라 비교적 점잖은 편이고, 그 손님의 주정에 대한 정보는 이미 입력이 되어 있다." "본인이 여러 번 온다고, 또 돈을 잘 쓴다고 vip가 되는 건 아니다." "vip의 특징은 다른 손님을 많이 몰아주는 것이다." "고객 파악에서 가장 중요한 포인트는 접대받는 쪽과 접대하는 쪽을 구별하는 것이다. 즉 돈을 누가 내느냐에 따라 돈을 내는 사람이 가장 중요한 고객이 되지만, 접대를 받는 사람 역시 그 못지않은 주요 고객이 된다."[15] 그러니까 문제는 계급도 젠더도 폭력도 착취도 아니라, 고객관리와 최대한의 수익을 창출하려는 이들과 돈을 낸 만큼의 대가를 기대하는 이들과 돈 대신 성을 통해 판에 끼어보려는 이들이다. 클럽 문화의 경제법칙 속에서 폭력은 기회비용으로 재번역되고, 사회적 문제는 경제적 문제로, 범죄는 문화로 그 위치가 이동된다.

관행으로 취급된 성범죄

그리고 놀랍게도 그 한가운데에 무소불위의 권력을 휘두르는 검찰이 있다. 성매매와 성폭력이 모두 불법이어도 소용이 없는 이유다. 뿌리 깊게 퍼져 있는 우리 사회의 성적폐 핵심에 다름 아닌 수사지휘권과 기소독점권을 가진 검찰이 있다는 것은 한국의 헤게모니적 남성성에서 여성에 대한 폭력은 문명화 과정조차 거치지 않았다는 말이 될 것이다. 게다가 이들의 성범죄는 예외적인 일탈로도 걸러진 적이 없다. 한국에서 가장 유명한 대규모 성접대 사건의 '주인공'들은 검찰이었다. 이 사건들이 어떻게 처리되었는가 복기해보자.

2010년 4월 20일 MBC 〈PD수첩〉에서는 검사 성접대 사건을 집중 보도한다. 부산 지역에서 건설업을 하는 정모 씨가 박기준 부산지검장과 한승철 대검감찰부장을 비롯해 부산·경남지역 검사들에게 약 25년에 걸쳐 금품과 향응을 제공해왔다는 것이다. 당시 참여연대에서는 뇌물수수 혐의 부패비리 검사 57명에 대한 고발장을 접수했고,[16] 한국여성단체연합에서는 성매매 혐의 전·현직 검사 다수를 고발했다.[17] 당시 〈PD수첩〉에 보도된 내용에 따르면, 검사들은 룸살롱에 여러 번 갔고, 바로 위에 있는 모텔 등에서 2차로 이어지는 사례도 있었으며, 일부 룸살롱은 단골 수준으로 드나들었고, 부산으로 원정 성매매를 하러 갔다.

당시 진상규명위원회(단장 채동욱) 산하 진상조사단이 꾸려졌고, 2010년 6월 9일 진상규명위원회는 검사 10명을 징계하고 7명을 인사 조처한다. 하지만 2011년 11월 한승철 전 검사장을 비롯해 함께 기소된 다른 검사들은 모두 대법원에서 무죄 확정판결을 받았다. 대가성이 확인될 수 없다는 이유였다. 성접대 관련 사실에 관해서는 수사조차 제대로 이루어지지 않았다. 당시 취재했던 기자들도 쉽게 찾아낸 식당의 위치조차 파악하지 않았다. 이 같은 검찰의 조직적 은폐에 관해서는 제보자 정모 씨를 비롯해 두 명의 기자가 사후 취재기를 책으로 펴냈다.[18] 책에 따르면 부산의 한 모델 에이전시에 소속된 모델들을 불러 원정 접대를 한 적이 있는데, 그때 모델들이 탄 차량은 경찰 호송차의 호위를 받았다고 한다.[19]

〈PD수첩〉 '검사와 스폰서' 1탄에 등장한 A룸살롱 마담은 검사에 대해 이렇게 언급한다. "검사들이 오시면 장사하는 우리는 좋은데 아가씨들은 기겁하는 거예요. 그래서 말하자면 더블 팁을 주는 거죠." 검사의 성접대 '관행'은 C룸살롱 사장이 자신을 검사 장모라고 부른 수준이다. "자기들 파트너 정해준다고 전부 내가 (검사) 장모로 통한다." "검사들이 얼마나 짓궂게 놀던지 아가씨들이 검사 방에는 들어가지를 않으려 했다. 내가 겪어본 바로는 검사들은 타 집단에 비해 접대 등과 관련해 죄의식이 바닥이었다."[20]

하지만 이 대규모 성접대 사건에 연루되었던 검사들은 모두 무혐의처분이 되었다. 당시 성접대 사건을 담당한 민경식 특별검사는 무혐의처분에 대해 다음과 같이 설명한다. "장부에 성매매를 한 것처럼 표시돼 있다고 하더라도 속칭 '공차', 화대는 받고 남성 측의 사정 때문에 성행위를 하지 않는 경우를 말한다고 합니다. 공차라는 것도 있어서 반드시 성행위에 이르는 것은 아니라는 취지로 진술……." 이처럼 이들은 스스로 변호하며 자신의 소속집단에 생긴 문제에 대해 관대한 결정을 내린다. 룸살롱 전문용어를 구사할 정도로 성접대로 표현되는 성착취에 침윤되어 있다는 감각조차 느끼지 못하는 상태로 말이다. 이러한 검사들의 성거래 '관행'은 개별 검사들의 성범죄 행위와 연결된다.

"2016년 7월 서울서부지검에서 성희롱으로 면직된 부장검사가 2015년 1월 김학의 전 차관과 건설업자 윤중천에 대해 무혐의처분을 했던 A검사" …… 장자연 리스트 사건의 주무 검사도 이후 성범죄 전력으로 검찰을 떠났다. 이 변호사는 "2016년 서울동부지검 부부장 검사였던 B검사 역시 성희롱으로 문제가 돼 사직했다"며 "그 검사는 바로 2009년 성남지청에서 근무하던 시절 장자연 사건의 주무검사이고, 최근에는 장자연의 통화기록을 들고 나간 걸로 문제가 되었던 검사"라고 지적했다. B검사는 초임검사로 부임한 여검사에게 성희롱을 했지만 별도 징계 절차 없이 퇴직됐다. 이 밖에 김학의 사건 처리를 맡았던 또 다른 검사도 회식자리에서 부적절한 행위로 내부 경고를 받은 것으로 알려졌다.[21)]

극단적으로 유해한 남성들로부터 우리를 구하기

우리 사회의 주류 집단 남성은 성폭력과 성착취를 범죄라고 인식하지 않는다. 불법이라는 걸 모른다는 게 아니다. 자신들에게는 그 불법을 저지를 특권이 있다고 생각한다는 뜻이다. 실제로 명백하게 불법이고 차마 글로 옮기기 어려운 수준의 반인륜적 행위가 일어났는데도 그들은 처벌받지 않았다. 특권층 남성이 저지르는 성범죄가 법적으로도 문화적으로도 전혀 제어되지 않았다는 이야기다. 이런 현실이 남성 집단 전체에게 매우 나쁜 신호를 주었다.

최근 몇 년 사이 '유독한 남성성toxic masculinity'이라는 용어가 학문 또는 대중 담론장에서 유행했다.[22)] '유독한 남성성'이란 여성과 성관계한 횟수로 자신의 가치를 또래에게 증명하며, 여성이 성관계를 거절하면 자신의 실존을 위협한다고 생각하고 곧바로 폭력이나 약물 등을 사용하며, 여성과 인격적 관계를 맺는 데는 관심이 없는 척하는 행동을 통칭한다.[23)] 낙오자로 범주화된 남성은 대체로 혼자 다니고, 남성 집단 안에서도 잘 어울리지 못한다. 이들은 보통 주변화된 남성으로 개별화되어서 살아갔을 가능성이 크다. 하지만 데비 깅의 말대로 이제 이들은 웹 2.0 시대에 인터넷을 통해 교류하기 시작했고, 소셜미디어를 통해 현재 실천되고 수용되는 헤게모니적 남성성의 형상을 학습하고, 그 정보를 경유해서 낙오자라는 자신의 위치를 다시 각인했다.[24] 잔인한 범죄를 저지르고도 자신이 피해자라고 생각하는 뒤틀린 자의식이 가능해지는 이유다.

클럽 버닝썬과 김학의 사건 등을 보면, 남성 간의 위계를 가르는 핵심은 여성에게 아무것도 직접 치르지 않고도 원하는 모든 여성에게 접근할 수 있는가에 달려 있다. 일부 특권층 남성은 자신이 무료 입장권을 가지고 있다고 생각한다. 그리고 이런 행동들이 다른 남성들에게 선망의 대상이 된다. 이들은 자신이 가지지 못한 권력을 가진 특권층 남성을 증오하는 대신 여성을 혐오하고, 모두가 자유로운 세상을 원하는 대신 자신에게도 여성과 성관계할 수 있는 특권이 보장되기를 바란다. 한 예로 2014년 미국 샌타바버라에 거주하던 엘리엇 로저Elliot Rodger는 여성들이 자신과 사귀려고 하지 않는다는 이유로 6명을 살해했다. 그는 사건 발생 직전 '콧대 높은 금발 여자'를 죽이겠다는 내용의 영상을 유튜브에 올렸다. 이후 엘리엇 로저를 기념하는 이들은 자신들을 비자발적인 독신주의자를 뜻하는 인셀incel이라고 부르고, "상위 20% 남성이 여성 80%를 독점한다"면서 자본뿐만 아니라 성관계도 재분배해야 한다고 주장한다.

이들의 '억울한 감정' 이면에는 '일부 지배계급 남성'의 범죄적 성행동들이 용인되어온 상황이 있다. 범죄심리 분석에 맞는 가해자들이 저지르는 범죄는 잘못된 피해 의식의 산물이자 열등감의 소산으로 또는 적절한 가정교육을 받을 기회의 박탈이나 사회구조적인 불평등의 비극적 결과로 묘사된다. 하지만 정말 그런가? 이런 말들이야말로 진짜 중요한 문제를 '덮는 것'은 아닌가? '낙오자' 남성이 성착취에 집착하는 것이 아니라 이들의 성폭력 가해행위가 법망에 손쉽게 포착될 뿐이다. 실제로 지배계급에 속해 있는 남성이라고 폭력적 성문화에 노출되지 않았을 리가 없다. 가해자는 어디에나 있다. 하지만 그중에서도 권력을 가진 가해자는 운신의 폭이 훨씬 넓다. 그들이 동원할 수 있는 법률 서비스와 인맥의 힘도 있지만, 권력을 가졌다는 점이 재판 과정에서 신뢰의 척도가 되기 때문이다.

권력을 가진 자들은 공개석상에서 '대중'을 향해 물의를 일으켜 죄송하다는 식의 뻔한 사과를 하고, 피해자가 '유감스럽게도' 거짓말을 한다며 자신은 신뢰받을 만한 자격이 있는 교양인인 것처럼 구는 데 매우 능숙하다. 성폭력 피해자의 트라우마를 연구한 주디스 루이스 허먼Judith L. Herman은 가해자의 권력이 클수록 그런 주장도 더 잘 먹히고, 피해자의 회복은 더욱 어려워진다고 강조한다.[25] 다시 말해 장학썬 사건처럼 주류 집단 남성은 여성에게 폭력을 행사하고 성을 착취하는 범죄를 특권층인 자신들만 향유하는 '문화'로 소비하고, 이를

'관행'으로 만들어낼 수 있는 정치적·경제적 권력을 가지고 있다. 동시에 그들은 자신들의 특권을 활용해 사회적·문화적으로 자신들에게 유리한 여론을 만들어낼 수도 있다. 사회정의가 실현될 것이라는 믿음을 파괴했다는 점에서 '극단적으로 유해한 남성'은 가해자일 법한 집단에 속하는 주변적이고 '낙오자'인 남성이 아니라 사회정의를 담당하는 사법 시스템에 속해 있는 이른바 특권층 남성이다.

남성의 의식변화에 관한 연구에 따르면, 밀레니얼 세대의 남성은 더 개인적이며 정형화된 젠더에 연연하지 않는다. 문제는 '달라진' 남성은 이제 남성끼리 뭉쳐 있으려고 하지 않는다는 것이다. 이들은 이제 남성 집단을 준거집단으로 삼지 않고 개인으로 지내고자 한다. 그러는 사이 '달라지고 싶지 않거나 달라질 이유를 찾지 못한' 남성은 세대 차이를 '극복'하고 새로운 방식으로 남성연대를 구축하여 남자다움의 정의를 '극단적으로 더 해롭게' 만들고 있다.

여성에 대한 폭력은 남성 문화에서 정상적인 것으로 취급될 정도로 만연해 있기 때문에 일상이 바뀌어야 한다는 말은 옳다. 하지만 여성에 대한 폭력과 약자에 대한 혐오가 정상적인 남성 문화로 승인되는 과정에서 어떤 남성성이 어떻게 폭넓은 영향을 미치게 되는지 살피는 것도 중요하다. 그리고 그것을 실제로 계획하고 실행한 사람과 그 계획에 동조한 사람, 모른 척하면서 이득을 취한 사람, 방관한 사람은 모두 잘못을 저질렀지만, '동일하게' 잘못한 것은 아니다. 특히 최근 극단적으로 유해한 남성들이 남성 문화 전반에 영향력을 확대해가는 상황에서 여성에 대한 폭력을 줄이기 위해서는 남성 일반이 모두 문제라는 말보다는, 가장 영향력을 크게 미치는 요인을 찾아내고 그 영향력을 줄일 방안을 모색할 필요가 있다. 예컨대 최근에는 폭력의 문제를 전염병처럼 취급해서 핵심 원인과 감염 정도를 분류하고 각각 노출된 정도에 따라 격리수용부터 오염제거, 재교육 등 문제해결을 위한 접근법을 달리하자는 제안도 있다.

세계보건기구에서 일했던 역학자 게리 슬럿킨Gary Slutkin은 2000년 시카고 지역에서 총기 범죄를 줄이기 위해 폭력을 전염병처럼 취급하는 CVCure Violence 프로젝트를 이끌었다.[26] 정치적 해결책을 의학적 진단 및 치료 모델로 대체하고, '인종'의 표식에 따라 '정상'과 '병리학' 사이의 선을 그리는 부정적인 고정관념을 강화하고, 폭력으로 '오염된' 구역에 사는 소외된 사람들이 낙인찍히는 등의 문제가 있다는 비판을 받았지만,[27] 이 프로젝트가 지역사회의 폭력을 줄이는 데 큰 역할을 한 것도 사실이다. 하지만 여성에 대한 폭력은 너무나 널리 퍼져 있고 숨겨져 있기 때문에 최초 감염자를 찾아내서 격리하고 퍼지지 못하게 관리하고 다시 사회에 통합되도록 만드는 식의 접근은 불가능하다.

다만 폭력을 전염병처럼 생각하자는 아이디어는 헤게모니적 남성성과 공모적 남성성, 종속적 남성성 사이의 관계 배열을 어떻게 재구조화할 것인가라는 차원에서 발전시킬 수도 있다. 예컨대 헤게모니적 남성성은 정치·경제의 차원에서뿐만 아니라 사회·문화의 차원에서도 그 사회가 추구하는 핵심 가치를 담고 있다. 그리고 종속적 남성성과 비교함으로써 정상성을 유지하고, 공모자들을 모집하여 일종의 배당금을 지급한다. 주변화된 남성성은 때로 헤게모니 자체에 도전하기도 하고 때로는 적극적으로 포함되려고도 하면서 결과적으로는 헤게모니적 남성성의 권위를 세운다. 그러므로 극단적으로 유해한 남성들로부터 우리 모두를 지키는 길은 주류 집단 남성의 성폭력과 성착취 문제와의 전쟁을 포기하지 않는 것이다. 성거래를 관행으로 만들 수 있고, 성거래와 성폭력 간의 선을 무너트려도 처벌받지 않을 것이라는 믿음을 주는 데 가장 기여한 집단부터 책임을 져야 악순환이 멈춰질 수 있다. 그 행동들이 엄격하고 단호하게 처벌될 때 남성성이 매우 극단적으로 유해한 방식으로 재구성되는 것을 막을 수 있을 것이다.

마지막으로 젠더 갈등을 조장하여 주변화된 남성들을 다시 집단으로 모으고, 그들의 불만을 기성세대의 남성이 아니라 여성에게 돌리는 정치적 선동에 유념할 필요가 있다.[28] 예컨대 바른미래당의 하태경 의원은 2019년 1월 토론회를 열고 "이 시대의 최고 약자는 2030남성"이라며 "여성우대법안에 시효를 설정"하는 것을 현재의 젠더 갈등 해결책이라고 주장한 바 있다.[29] 여성우대법안이 성평등할당제Gender Quota-System를 말하는 것이라면 이미 그 법안들은 모두 시효가 있다. 새겨들을 만한 의견이 아니라는 말이다. 다만 기성세대 특권층에 속하는 남성들의 무책임함은 언제나 예상을 뛰어넘는다는 점만은 지적해두지 않을 수 없다.

두 번째

미투혁명이 돌파한 길, 멈춰 선 길

4장

미투운동은 어떻게 가능했는가

능동태의 페미니즘이 해낸 윤리적·정치적 전환

아무것도 바뀌지 않을지 모른다고 말했지만,

사실 그렇지는 않다.

말을 하면 확실히 달라지는 게 있다.

더는 말을 할까 말까 고민하지 않아도 된다.

똑같은 문 앞에서 열지 말지 수천 번 망설이며

계속 서 있지 않아도 되는 것만으로도 충분하다.

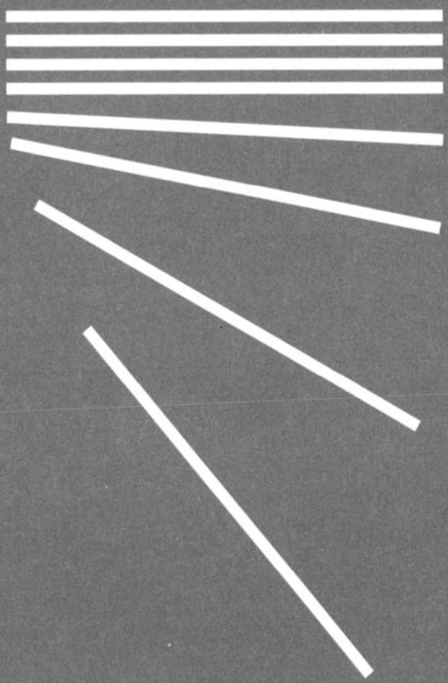

미투, 거대한 '침묵 깨기'의 시작

2018년 1월 28일, jtbc 채널의 〈뉴스룸〉에서 서지현 검사가 자신이 겪은 성추행 사실을 말했다. 이 일은 하나의 해프닝으로 끝날 수도 있었다. 하지만 '미투'가 이어지면서 사건이 되었다. 석 달여 간의 미투운동은 한국 사회를 뒤흔들었다. 과장이 아니다. 이 기간에 동네의 작은 미용실, 밥집, 시장, 병원에서 사람들은 온통 미투에 대해 말했다. 혹자는 이를 두고 '미투 정국'이라고 불렀다. 성폭력 문제가 한국 사회에서 중요한 의제로 이렇게 오랫동안 폭넓게 다뤄진 적은 없었다. 정부의 각 부처에서 대책을 내놓았고, 여성단체에서는 상황실을 만들어 긴급행동을 조직했으며, 각 언론사에서는 연일 이어지는 미투를 보도하면서 특집 기사와 후속 보도를 내보냈다.

한 달쯤 지나자 언론사에서는 미투의 본질이 무엇인지 물었고, 미투의 변질을 우려하는 목소리도 빠짐없이 뒤따라왔다. 나에게 개인적으로 미투를 결심했다며 상담을 요청하는 이들도 있었는데, 한국 사회에서 성폭력이나 성희롱, 성차별을 고발한 이들에게 이후 어떤 일이 생겼는지 알고 있는 나로서는 처음에는 권하기 어려웠다. 물론 법과 제도를 통해 사법적으로 해결하거나 여성단체와 노동조합 등의 조력을 받아 잘 해결된 사례도 있다. 하지만 지금 미투를 결심한 이들이 겪은 사건은 이미 시간이 많이 지나 현행법으로 처벌이 어려운 사건이었다. "아무것도 바뀌지 않을지도 몰라요"라고 조심스럽게 말을 꺼내면, "알고 있다"는 대답이 돌아왔다. 그다음부터는 더 묻지 않았다.

아무것도 바뀌지 않을지 모른다고 말했지만, 사실 그렇지는 않다. 말을 하면 확실히 달라지는 게 있다. 더는 말을 할까 말까 고민하지 않아도 된다. 똑같은 문 앞에서 열지 말지 수천 번 망설이며 계속 서 있지 않아도 되는 것만으로도 '충분'하다. 설사 그 문 뒤에 무엇이 있을지 모르더라도 말이다. 아마 서지현 검사도 아무것도 변하지 않을지 모른다고 생각했을 것이다. 그래도 말하기로 한 이유는 무엇이었을까. 나는 그 점에 대해 지난 몇 달간 계속 생각해보고 있다. '미투 이후'를 묻는 사람에게 나는 이렇게 대답했다. "아직 끝나지 않았고, 아마 끝나지 않을 거예요." 미투의 본질을 묻는 사람에게는 이렇게 말했다. "말하지 않을 이유가 없어졌으니까요." 사회가 어떻게 응답해야 하느냐는 질문에 대답하는 게 가장 어려웠다. 침묵이 깨진 이후의 사회는 침묵으로 버텨왔던 사회와는 질적으로 다를 수밖에 없다. 나는 지금의 미투운동을 여성에 대한 폭력Violence Against Women, VAW에 저항하는 여성연대기女性年代記, women's solidarity로서 한국 페미니스트 운동의 역사 속에 위치시키고, 이 거대한 '침묵 깨기'가 어떻게 가능했는지 되새겨보면서 답을 찾아보고자 한다. 이는 '미국에서 시작되어 한국에 수입된 미투'라는 식의 식민주의적 해석에 반대하기 때문이기도 하고, 미투를 예외적인 사건으로 생각하고 싶은 사람들에게 지금의 국면이 어떤 역사적 흐름과 여성(운동)의 한계와 역량 속에서 등장한 것인지 말하고 싶기 때문이기도 하다.

반성폭력운동의 여성연대기

우선 한국의 반성폭력운동역사를 다룬 책과 논문이 이미 축적되어 있다는 점을 강조하고 싶다. 이 짧은 글에서 그 방대한 역사를 모두 다루기는 어려우므로 몇 가지 선택을 해야 했다. 이 글에서는 비교적 잘 알려진 사건보다는 조금 덜 알려졌지만 중요한 사건에 좀 더 지면을 할애했고, 특히 여성연대와 말하기라는 의미가 도드라지는 사건과 행동에 초점을 맞췄다.

한국 사회에서 '사회적인 문제'이자 '정치적인 사건'이 된 최초의 성폭력 사건은 1984년 청량리경찰서 여대생 성추행 사건이다. 1984년 9월 7일 경희대학교 여학생 세 명이 청량리경찰서 유치장에 수감되어 신체검사를 받기 위해 완전히 탈의했다. 그 순간 전투경찰들이 들어왔고, 저항하던 여학생들은 구타를 당했다. 이 사건은 1980년대 여성운동에서 아주 중요한 전기였다. 사건에 함께 대응하기 위해 대학과 사회운동단체 안에서 여성 조직이 결성된 것이다. 당시 서울 소재 10개 대학 여학생 대표가 모여 '여학생 추행사건 진상조사위원회'를 만들었다. 진상조사위원회는 시위대를 연행하는 과정에서 사복형사와 전투경찰, 함께 연행된 남학생들이 보는 앞에서 여학생들의 상의를 강제로 벗긴 일, 화장실로 가려는데 전투경찰이 따라와 몸을 만진 일이 있었다는 사실을 밝혀냈다. 10여 개의 여성단체(여성평우회, 여성의전화, NCC 여성위원회, 민청련 여성부 등)는 대학생들의 활동에 연대하여 '여대생추행대책위원회'를 결성했다.[1] 이때 이후로 중요한 성폭력 사건에 여성단체들이 연대체를 만들어 대응하는 운동방식이 이어졌다.

1986년 부천경찰서 성고문 사건 때는 여성단체뿐만 아니라 사회운동 세력 전반이 함께 참여했고, 1988년 대구 유흥업소 여종업원을 경찰 두 명이 함께 강간한 사건은 서울이 아닌 지역 차원에서 연대체가 조직되어 활동했다는 의의가 있다. 이 사건의 양상과 이후 전개는 다음과 같다. 1988년 12월 5일 대구시 대현동 파출소에서 경찰관 두 명이 여성 한 명을 윤간한 사건이 일어났는데, 가해자 두 명은 오히려 피해자가 다방 종업원이었다는 점을 빌미로 무고죄로 역고소를 했다. 검찰은 피해자의 피해 호소를 묵살하고 성폭력에 대해서는 기소조차 하지 않았을 뿐만 아니라, 무고죄에 간통죄 혐의까지 덧붙여 피해자를 구속한다. 대구여성회를 비롯해 전국의 여성단체들이 공동대책위원회를 결성하여 항의 방문과 기자회견 등을 하자 피해자는 겨우 무죄로 풀려났지만, 두 명의 경찰관은 끝내 처벌받지 않았다. 피해자는 재판 과정에서 "성범죄의 피해자는 부끄러움으로 항상 입을 다물고 있어야 한다는 일은 있을 수가 없다고 생각한다. 두 인간에게 철퇴가 가해져야 한다"고 주장했고, 대구여성회는 성명서를 통해 "여대생이 당했다고 하면 성폭행이고, 다방 레지가 당하면 성폭행이 아니"라는 것은 공권력이 이중기준을 적용한 사례라며 경찰과 검찰을 강하게 비판했다.

1988년 성폭력 피해자가 가해자의 혀를 자른 사건은 사회적 문제의식을 폭넓게 끌어낸 개별 사건이었다. 이를 계기로 1989년 이화여자대학교 여성학과에서 강간과 관련한 석사논문이 3편 발표되었고,[2] 이 사건을 바탕으로 1990년에 영화 〈단지 그대가 여자라는 이유만으로〉가 제작되며 성폭력과 성폭력 피해자의 방어권에 관한 논의가 시작되었다. 그리고 1991년에는 또 하나의 비극적 사건이 발생한다. 어린 시절의 성폭력 후유증에 고통스러워하던 피해자가 사건 발생 21년 만에 가해자를 살해한 사건이었는데, 이후 아동 성폭력 피해자의 후유증에 관한 사회적 공감이 널리 퍼지는 계기가 되었다.

1992년에는 근친 간 성폭력 피해 여성과 그의 남자친구가 의붓아버지[3]를 살해한 사건을 통해 그동안 드러나지 않았던 근친 간의 강간 피해가 가시화되었다. 사회적 금기로 규정되는 근친'상간'이라는 용어가 '폭력'보다는 성도덕과 윤리를 문제 삼는 것이라면, 아버지(또는 의붓아버지)의 위력에 의한 근친'강간'[4]이라는 개념은 가족 내 권력의 가부장적 구조를 확인해준다.

1993년 서울대학교 교수가 조교를 성희롱한 사건은 성폭력 가해행위 처벌과 피해자의 권리구제를 두고 본격적인 논의를 시작한 계기였다. 이 사건은 강간에 초점이 맞춰졌던 기존 성폭력의 범주를 넓히는 계기가 되었다는 점에서 중요한 의미가 있다. 또한 남성들의 일상 문화가 여성들에게 폭력이 되는 현실, 즉 남성과 여성 간의 인식과 경험의 차이가 확연하게 드러났다.

1990년대 한국의 여성운동은 '성폭력'과 '성희롱' 등 '새로운 이름붙이기relabeling'를 통해 여성을 향한 폭력을 인식할 수 있는 언어적 틀을 모색해왔다. 이미경은 1991년 한국성폭력상담소가 개소하고 단체 이름으로 통장을 만들고자 은행에 갔다가 아무리 기다려도 차례가 오지 않아 창구에 갔더니, 직원이 성폭력이라는 말을 입에 올릴 수 없어서 부르지 못했었다고 했다. 그만큼 성폭력은 한국 사회에서 매우 낯선 말이었다.[5] 성폭력이라는 단어를 통해 강간에 국한되어 있던 성적 폭력이 폭넓게 재정의되면서 직장에서 여성에게 일상적으로 가해지던 성적 평가와 성적 봉사 요구, 여성에게 적대적인 환경 등은 성희롱이라는 이름으로 불리게 되었다. 성폭력 문제는 이 같은 재정의/재호명 과정을 통해 사회적 문제로 공론화될 수 있었고, 1994년 성폭력특별법 제정 및 1995년 형법 일부 개정 같은 성과로 이어진다. 1995년에야 비로소 강간을 가부장적 가족제도 안에서 여성의 섹슈얼리티에 대한 보호자 남성의 권리에서 개인의 성적 권리에 대한 침해로 이해할 수 있게 되었다. 법 제정은 또한 피해자 지원제도의 정비로 이어진다. 2018년 기준으로 168개의 피해자 지원기관이 상담, 교육, 쉼터 연계, 법률 지원 등을 실시하고, 38개의 해바라기센터에서 수사, 의료, 법률, 심리치료 등을 제공하고 있다.

하지만 법이 만들어진 이후에도 법원은 여전히 극히 일부를 제외하고 성폭력에 대한 성차별적 통념에 따라 판결을 내렸고, 피해자에 대한 사회적 통념은 쉽게 바뀌지 않았으며, 그 결과 피해자의 목소리는 들리지 않거나 주변화되었다. 특히 폭행이나 협박이 동반되어야만 강제성을 인정하는 강간 최협의설을 여전히 고수하는 법정에서 피해자는 자신의 피해 경험을 법정의 언어에 맞게 수동성을 최대치로, 행위성을 최소치로 재조정했다. 여기에서 다시 피해자중심주의라는 원칙이 확장되었고, 이에 대한 반동 효과로서 피해자화라는 새로운 문제가 떠오른다.

2000년대에는 대학가와 운동권 일부에서 성폭력 사건의 내용과 가해자의 실명을 공개하는 운동이 벌어졌다. 이러한 형태의 운동 중에서 가장 잘 알려진 것은 '운동사회 성폭력 뿌리뽑기 100인 위원회'(이하 100인위) 활동이다. 100인위는 2000년부터 2003년까지 총 17건의 사건을 피해자의 진술을 중심으로 공개하고, 가해자 징계와 조직의 처분, 공개 사과 등을 요구했다. 100인위 활동에 대해서는 여러 가지 평가가 있겠으나, 100인위의 첫 토론회 제목이 "이제는 말하자"였던 것은 기억해둘 만하다.

성폭력 생존자들의 말하기

성폭력 재정의, 법제정운동, 가해자에 대한 직접 행동과 사건 공개 등으로 이어지는 흐름에서 알 수 있듯이, 반성폭력운동의 목표 중 하나는 여전히 성폭력 피해 사실을 말하기 어려워하는 현실을 타개하는 것이었다. 2003년에 한국성폭력상담소에서 주최한 성폭력 생존자 말하기 대회는 이러한 흐름 속에 있는 행사였다. 이 대회의 이름 자체가 피해자라는 이름을 '생존자'로 재명명하는 작업의 하나였고, 사전신청을 통해 수백 명의 참가자가 모이는 '말하기 대회'라는 형식은 법정의 언어에서도 가해자의 역고소에서도 자유로울 수 있는 장소로서 고안된 것이었다. 말하기 대회는 당시의 사회적 현실이라는 한계 때문에 선택된 것이었고, 사회적 현실의 변화와 피해자들의 욕구에 따라 말하기의 방식, 대상, 형태가 계속 변화되어왔다.

피해자에 관한 강력하고 단일한 이미지가 존재하고, 그에 부합하는 피해자가 되지 않으면 피해를 인정받기 어려운 상황에서 피해는 삶에 통합되는 경험이 아니라 외상적인 사건으로 존재하며, 사건의 중심은 가해자에게 맞춰진다. 이런 상황에서 피해자는 자신의 삶 속에 피해라는 경험을 통합할 수 없다. 수전 브라운밀러가 성폭력을 신체적 통합성bodily integrity의 침해로 규정하는 이유도 여기에 있다.[6] 외부의 폭력으로 발생한 피해를 중심으로 정체성이 구성되면, 개인의 입체적 역사는 극단적으로 축소된다. 이런 상황에서 당사자의 말을 오직 사건의 증언으로서만 호명하면 피해 경험에 관한 사회적 이해는 넓혀지지 않은 채 피해 정도에 따라 또는 피해자가 처해 있는 상황과 위치에 따라 단순가산하면서 피해자의 목소리가 다시 위계화되고 오직 법정에 선 피해자로서만 말하게 된다. 샹탈 무페Chantal Mouffe는 이런 상황을 다음과 같이 설명한다.

> 사회적 문제에 대해 적절하게 정치적 방식으로 이해하는 것이 점점 더 불가능해짐에 따라 사법적 영역을 특권화시키고 갈등의 모든 형태에 대해 법이 해결책을 제시해줄 것으로 기대하는 뚜렷한 경향이 대두된다. 사법적 영역은 사회적 갈등이 표출되는 지형이 되고, 사법체계가 인간의 공존을 조직하고 사회적 관계를 규제하는 데 책임을 지는 것으로 이해된다.[7]

법에 의존하는 경향이 심해지면서 자유민주주의 사회는 정치적인 방식으로 사회적 관계의 질서를 잡고, 정치적 담론을 통해서 그들이 직면해야 하는 결정에 형태를 제공하는 능력을 잃어버리게 되었다는 것이다. 이것이 피해자는 피해에 관해서 어떤 말을 하고 싶어하고, 왜 하려 하는가, 왜 타인이 이 이야기를 들어야 하며, 요청하고 싶은 변화는 무엇이며, 피해자의 말을 책임지고 들을 수 있는 사회는 어떻게 만들 수 있을 것인가를 계속 질문해야 하는 이유다.

소리 내어 입 밖으로 말하는 행동speak-out은 사건의 사회적 의미를 바꾸고, 피해에 관한 협소한 이해를 바꾼다. 미투 이전에 피해 경험을 말하는 목소리는 모자이크와 음성변조 뒤에서 고통을 호소하는 피해자의 존재가 '있다'는 것을 증명하려는 프레임 안에서만 들려졌다. 이런 방식의 말하기가 반복되면 아무리 많은 목소리가 있어도 단지 피해자로만, 그것도 특정한 형태의 성폭력 피해에만, 특히 아동 성폭력처럼 사람들이 감정적 동일시를 일으키고, 도덕적 분개를 하기 쉬운 피해에만 집중된다. 성폭력 관련 사건 보도는 더 많아졌고, 사회적 공분도 종종 일어났지만, 성폭력에 관한 사회적 이해가 넓어졌다고 보기는 힘들다. 그래서 피해에 관해 말하기는 일부의 피해 경험이 과잉대표되는 것을 막으면서, 피해자가 자신에게 일어난 사건을 해석하는 '과정' 중에 있다는 전제에서, 반드시 집단적으로 말해질 필요가 있다.[8)]

그러나 2000년대 중후반 이후 매우 잔인한 아동성범죄 사건이 연달아 일어나면서 성폭력을 둘러싼 공론장은 가해자 처벌 강화와 피해자 보호라는 양축으로 단단하게 고정되기 시작했다. 여성학자들은 성폭력 문제를 개인화하고(변혜정 등), 두려움을 강조해서 사회통제를 시도하며(권인숙 등), 화학적 거세 같은 정책에 관심을 집중하여 남성 중심적인 권력의 편향구조를 외면(권김현영 등)하는 등 가해자의 괴물화와 피해자의 전형화에 반대하는 담론을 생산하면서[9] 비판적 개입을 시도했지만, 효과는 미미했다. 2000년 중반부터 2015년까지의 반성폭력운동은 성폭력을 개인의 문제로 다루고(사사화), 피해자를 보호한다는 명목으로 사회로부터 숨기며(은폐와 축소), 가해자 엄벌주의에 바탕을 둔 괴물화(분리) 등 일종의 관료화된 문제해결 방식과 벌이는 싸움이기도 했다. 해시태그 성폭력 공론화와 미투운동은 이 문제를 해결할 수 있는 조건(소셜네트워크) 속에서 개인이 아니라 집단으로, 피해자의 직접 행동을 통해 말했기 때문에 반성폭력운동의 오랜 교착을 돌파할 수 있었다.

해시태그 페미니즘, 강남역 세대, 미투

2017년 미국의 시사주간지 《타임》은 미투운동에 동참한 이들을 "침묵을 깬 사람들The Silence Breakers"로 호명하고 올해의 인물로 지정했다. 세계 곳곳에서 여성에게 가해지는 폭력이 아직도 끝나지 않았고, 오히려 더욱 구조적으로 침묵을 강요당해왔음을 폭로하는 여성들의 직접 행동이 '미투'라는 이름으로 이어졌다. 미투운동의 한계를 지적하는 사람조차 오랫동안 계속되어온 침묵을 깼다는 평가에는 대체로 동의한다. 내 생각도 다르지 않다. 다만 그것이 어떻게 가능해졌는지는 모르겠다. 2018년 상반기에 이어진 여성들의 미투는 기존 반성폭력 담론의 해석 능력을 초과하는 일이었다. 그전까지 성폭력은 피해자가 나서지 않는 '피해자 없는 범죄'로 불렸다. 아무리 피해자에게 당신 잘못이 아니라고 말해도 용기 있게 나서는 피해자는 극히 드물었다. 존재를 걸고 자신이 겪은 피해에 관해 말하겠다고 결심한 여성들을 아무도 막을 수 없었다. 이런 변화는 어떻게 가능했던 걸까.

미투운동은 여성을 향한 폭력에 저항하는 기존의 페미니즘운동의 흐름 중 하나이기도 했지만, 기존의 운동과는 전혀 다른 방식으로 전개되었다. 미투운동은 21세기 이후 벌어진 여타의 대중운동처럼 처음에는 조직되지 않은 형태로 시작되었다가 SNS를 거점으로 폭발적으로 퍼져 나갔다. 이와 비슷한 과정을 밟은 운동으로 월가의 점령 시위가 떠오르겠지만 그것과는 다르다. 성폭력은 가장 오래된 폭력의 이름이었고, 현대 페미니즘운동이 가장 집중적으로 싸워왔던 영역이기 때문이다. 즉, 미투운동은 새로운 억압의 등장에 따라 발산된 새로운 운동이 아니라, 오래된 문제를 해결하기 위한 새로운 시도에 가까웠다.

미셸 보종Michel Bozon은 대중적으로 큰 호응을 받은 미투 같은 움직임은 젊은 여성이 섹슈얼리티에서 배제되어야 한다는 의미도, 지금 여기가 이전보다 성적으로 더 폭력적이라는 뜻도 아니라고 강조한다. 성희롱과 성추행, 성폭력 피해에 대한 분노는 평등한 성 문화의 확대를 바탕으로 한 일종의 저항이자 피해자를 비난하던 과거의 악습에서 벗어나려는 움직임을 뜻한다.[10]

미투운동이 있기 2~3년 전부터 한국에서는 해시태그를 단 성폭력 고발운동이 활발하게 펼쳐졌다. 2016년 5월에는 강남역 인근 술집에서 평소 여자가 자기를 무시한다며 울분을 품다가 공용화장실에 숨어 여자를 기다렸다 살해한 사건이 일어났다. 강남역 여성혐오 살인사건은 당대를 함께 살아가는 2030 세대 여성이 집단적으로 각성한 계기였다. "저는 강남역 세대예요"라는 '젊은' 여성들은, 남녀 사이의 평등은 이미 이루어졌다고 생각하고 살다가 강남역 살인사건 이후에 성차별적 현실에 비로소 눈을 떴다고 말했다. "그냥 알았어요. 남자들은 집에 들어갈 때 서로가 탄 택시 번호 같은 걸 교환하지 않는다는 사실을요." 같은 세상에 사는 줄 알았는데, 이 세상은 특히 젊은 여성이 살아가기에 너무나 안전하지 않다는 사실을 깨달은 것이다. 이러한 집단적 각성은 이후 해시태그를 단 성폭력 고발로 이어진다. 최초의 해시태그 성폭력 고발운동(#○○_내_성폭력)이 시작된 곳은 인터넷 서브컬처로 알려진 '오타쿠계' 내부에서였다.

2016년 10월 17일 시작된 '오타쿠 내 성폭력 해시태그 운동'은 성폭력의 은폐구조와 문화의 힘을 잘 드러내는 사건이었다. '오타쿠'라는 낙인을 집단 전체가 공유하고 있는 상황에서 내부의 문제를 외부에 알리는 게 어려웠는데도 오타쿠 문화 안의 여성 유저가 성적으로 착취되거나 노동력으로 착취되는 현실을 드러냈다. 이를 시작으로 해시태그를 단 '○○계 내 성폭력', '○○계 내 여성혐오' 공론화가 본격화된다. 개별 피해자로서 개별 가해자를 적시했던 방식과는 다르게, 집단 안의 여성들이 겪은 성차별적, 여성혐오적 문화를 기록하고 공유하는 '아카이빙'을 시작한 것이다.

미투라는 국면 이전에 아카이빙이라는 형태의 온라인 여성운동이 있었다는 점에 주목할 필요가 있다. 이런 운동이 가능해진 데는 SNS 같은 물적 조건의 변화가 있었다. 이전과는 달리 피해자가 익명으로 문제를 제기할 수 있었고, 그러한 익명의 폭로가 동시다발적으로 이루어지면서 문제가 발생되고 지속된 구조가 드러날 수 있었다. 이걸 가능하게 한 연결고리가 바로 해시태그였다. 해시태그 운동은 사진계, 문단, 영화나 연극 등 문화예술계로 퍼지면서 해당 집단 내부의 각성을 촉구하는 운동으로 이어졌다. 2018년 1월 서지현 검사의 미투가 곧바로 연극계, 영화계 등 문화예술계로 옮겨갔던 이유는 바로 이런 해시태그 운동을 통해 내부의 각성한 개인들이 이미 해시태그 운동을 통해 연결되는 경험을 해본 적이 있었기 때문이다.

일상의 성정치를 바꾸다

미투는 일상의 풍경을 바꿨다. 무엇보다도 세대를 뛰어넘는 여성 간의 공감이 이루어졌다. 성폭력 문제가 아주 오랫동안 침묵의 장막 안에 갇혀 있었던 이유 중 하나는 앞선 세대가 자신의 경험을 꺼내지 않았기 때문이기도 하다. 친족 성폭력 피해자는 엄마에게 이해받지 못했을 때 가장 상처받았다고 말하기도 하고, 성폭력 고소·고발 과정에서 할머니가 계속 고소를 취하하라고 강요해서 괴로워하는 사례도 있다. 중년층과 노년층 여성들은 침묵이 가장 좋은 전략이라고 배웠고, 피해 경험을 정확한 언어로 전달할 수 없는 시대를 살았다. 미투운동은 이 세대의 여성들에게 자신의 경험을 언어화할 가능성을 열어주었다. 할머니들도 동네 한의원에서 겪은 성추행을 "그게 미투지?"라고 말할 수 있게 된 것이다.[11)]

동네에 새로 생긴 반찬가게에서 인상적인 대화를 듣기도 했다. "○○ 엄마, 맨날 말만 하다가 드디어 일을 쳤네"라며 축하 인사가 건네졌다. "엄마 아니고 이제 사장님"이라며 축하 인사를 받은 분은 이게 다 "미투 덕분"이라고 했다. 나는 최대한 천천히 반찬을 고르며 이야기의 문맥을 맞춰보려 했으나 유독 이야기의 순서와 개요를 파악하기가 어려웠다. 나중에야 왜 그렇게 상황 파악이 안 되었는지 깨달았는데, 이들의 대화에서 미투는 서너 가지 용법으로 자유자재로 바꾸어서 사용되었기 때문이다. 이들은 성폭력과 성희롱도 미투, 그걸 폭로한 것도 미투, 나도 비슷한 일이 있었다는 말로 이어갈 때도 미투로 받아쳤다. "신장개업이니 반찬 사줘야지"라며 "미역 줄거리가 아주 잘 됐네"라고 누군가 말하자, 다른 누군가가 "미투"라고 받았다. 그러고는 모두 함께 웃었다. 노년 여성들의 입에서 나오는 "미투"라는 말은 아주 경쾌하게 울려 퍼졌다. 2018년 당시 세대와 지역, 계급을 막론하고 여성들이 모여 있는 자리마다 미투가 이어진 것은 이 말이 가진 힘 때문이다. 미투는 일상의 언어로 적극적으로 초대되고 입 밖으로 뱉어졌다. 미투는 세계를 변혁하고 삶을 변화시키는 일상의 성정치를 활성화하는 급진적인 혁명의 언어였다.

미투는 수동과 능동, 주체와 대상의 위치를 바꾸는 언어이기도 했다. 미투의 능동태와 수동태는 그 자체로 상황의 역전 가능성을 뜻한다. 성폭력을 '당한' 피해자는 "나도 미투할 수 있을까"라고 말했고, 성희롱, 성폭력을 '하는' 가해자는 "이러다 나도 미투 당하겠네"라고 말했다. 피해자는 피해자의 위치에서만이 아니라 고발자의 위치에서 발화할 수 있었다. 이런 변화는 이미 미투 이전에 성폭력 해시태그 운동에서, 배용제 시인의 성폭력 고발 연대에서 발견할 수 있다.

피해자와 지지자는 고발자이자 문제해결의 핵심 주체로서 모두 동등한 발언권을 가지고 책임을 공유했다.[12)]

피에르 부르디외Pierre Bourdieu의 말대로, 행동을 수행하는 발화가 갖는 힘은 발화자에 의해서 결정되지 않는다. 발화자는 그 말의 담지자이지만, 그 말의 힘은 발화자가 어떤 방식으로 누구를 어떻게 대변하고 있는가에 달려 있다. 발화자의 말은 그 집단에 축적된 상징자본의 대리인으로서 권위를 가지게 된다.[13)] "나도야"라는 뜻의 "미투"는 그 말하기의 형식 안에 이미 이 문제의 사회적 성격과 집단적 집합 경험이라는 의미가 들어 있다. 자신의 경험을 말한 발화자는 이전 발화자의 경험을 대변하며, 이어진 발화자는 피해 경험을 신뢰할 만한 사건으로 증언한다. 나는 이 점이 미투운동이 이전의 반성폭력운동과 질적으로 달라지는 부분이라고 생각한다. 미투는 상호증언 특유의 형식 속에서, 사법제도 바깥에서, 사회가 무너진 곳에서 만들어진 직접 행동주의를 기반으로 했다는 점에서 혁명의 언어였고, 당사자들에 의해 당사자성을 넘어선 연대의 언어였다. 무엇보다도 미투는 여성들의 힘을 북돋우는 말empowering words이었다.

미투 이후, 반혁명의 시간

미투라는 말을 경쾌하게 입에 올리며 함께 웃는 장면이 한쪽에 있었다면, 미투의 혁명성을 상쇄하기 위한 반혁명의 장면도 어김없이 펼쳐졌다. 정치공작, 인민재판, 조리돌림, 적대의 정치……. 이것은 모두 미투운동을 견제하기 위해 쓰인 말들이다. 다급하게 미투운동의 유탄을 피하려는 궁색한 변명으로 들리는 말도 있었지만, 혁명의 순간을 연착륙시키기 위한 생산적인 비판도 있었다.(모든 운동이 비판을 통해 자기갱신을 해야 하는 것처럼, 미투운동 역시 그렇다.)

모든 혁명이 그렇듯 과잉의 순간이 없었다고는 할 수 없다. 이미 사건 해결이 마무리된 사안이 피해자의 의도와 상관없이 다시 공론의 장에 꺼내져 재론되는 일도 있었다. 물론 일상의 감각이 미투 전후로 변화했다는 전제에서 상식의 수준을 재합의하기 위해 과거 사건을 재해석하고 논의해보는 것은 필요한 일일 수 있다. 사법기관의 판단을 빌리지 않고 문제를 공동체 안에서 자구책을 통해 해결할 때는 법이 요구하는 것보다는 좀 더 넓은 범위로 문제를 정의해볼 수 있다. 이런 사례들이 쌓여 결국은 사법부의 해석도 달라질 거라는 기대도 해볼 수 있다. 미투가 일상의 혁명이 되려면 이런 시간을 쌓아가는 일이 무엇보다 중요하다. 하지만 새로운 사건이 추가되지 않은 상황에서 이전의 사건이 다시 꺼내져 새로운 징벌을 받게 되는 일은 말 그대로 법도 규칙도 모두 작동을 멈춘 '예외상태'에서 가능한 일이고, 나는 이런 사례가 얼마나 큰 반동을 일으키는지 익히 경험해본 바 있다. 강의장에서 만난 한 여성 수강생은 "미투가 불편하다, 너무 사람을 몰아붙이는 것 같다"며 말을 꺼냈다. 이 말이 나오자마자 기다렸다는 듯 남성 수강생들이 속내를 털어놓았다. 미투를 지지하지만, 일부 미투는 변질된 것 같다는 의견이었다. 재판정에 가기 전에 이미 여론의 처벌을 받는 식이면 곤란하다는 걱정이 이어졌다.

이런 걱정과 비판은 때로 멈추어서 귀 기울여야 하지만, 미투를 '조롱'하는 것은 완전히 다른 문제다. 제대로 된 비판의 목소리를 듣기 위해서라도 이죽거리고 조롱하는 언어를 사용하는 이들을 '걸러야' 하는 이유다. 2018년 3월 한 배달 전문회사에서는 홍보문구 이벤트에 참여한 응모작 중 "제 다리를 보더니 침을 삼키면서 …… 치킨 미투운동", "Meat, too" 등의 내용을 공개했다가 미투를 희화화한다는 여론의 비판으로 해당 응모작을 삭제했다. 한 배우는 팬과 사진을 찍으면서 어깨에 손을 올렸다가 "미투하면 안 된다"고 말해서 문제가 되자 결국은 출연 중인 작품에서 하차하고 사과문을 발표했다.[14] 미투를 조롱하고 희화화하는 이들은 성희롱과 성차별이 만연한 문화를 그대로 지키며 자신을 무고한 피해자의 위치에 두었다. "이 시간에 부르면 나도 미투 당하나?"라는 문장이 약속이나 한 것처럼 곳곳에서 쏟아졌다.

저 문장을 다시 곱씹어 읽어보자. 저 발화자는 이 시간에 불러도 되는지, 올 수 있는지 묻는 대신 상대에게 자신을 미투할 건지 묻는다. "내가 너의 인사권자인데"라는 말을 덧붙여 위력을 굳이 확인한 이도 있었다. 미투를 문제 삼는 이들의 또 다른 단골 소재는 폭로의 시점이다. "이제 와서"라며 질책하는 사례가 종종 있는데, 내가 이들에게 가장 놀란 건 어떤 사건이 어떻게 일어났는지는 전혀 알고 싶어 하지 않았다는 점이다. 그러니까 이들은 사실 어떤 일이 벌어지고 있는지 이미 알고 있었던 것이다.

미투를 조롱했다는 이유로 가장 큰 문제가 된 건 동덕여자대학교 하일지 교수였다. 하씨는 안희정 전 지사 사건은 피해자의 질투심 때문이었을 거라고 말했다가 학생들이 항의하는데도 사과를 거부했고, 다른 사건이 폭로되면서 가해자로 지목되었다. 동덕여대 학생 A씨는 2014년에 하씨가 성희롱했다는 사실을 학내 커뮤니티에 알렸다. 이에 하씨는 "키스를 한 사실은 인정하지만, 강제가 아니라 급습"(놀랍게도 농담이 아니었다)이라고 답변했다. 그뿐만 아니라 "미투라는 이름으로 자행되는 무례하고 비이성적인 고발을 받았다"며 스스로 교수직을 떠나겠다는 내용의 기자회견을 열고, 다음 달에는 "인민재판이 용납되어선 안 된다는 선례 남기고 싶다"며 피해자 A씨와 동조자를 명예훼손, 협박 등으로 고소했다. 이에 피해자 A씨 역시 국가인권위원회에 진정서를 접수한 상태다.[15] 수업 시간에 가볍게 미투를 조롱했다가 나중에 실제 미투의 대상이 되어 법정 공방으로 이어진 이 사례는 '누가 왜 미투를 조롱하는가?'라는 질문에 대한 아주 전형적인 답이다. 즉, 어떤 이들에게 '조롱'은 미투운동의 의미를 축소하고 사소화하려는 사력을 다한 싸움이며, 상대와 소통하지 않겠다는 강력한 의지의 표명이다. 그러므로 조롱에 맞서기 위해서는 미투에 더 많은 사람이 공감할 수 있도록 강력한 '이야기'가 필요하다.

윤리 - 정치적 전환으로서의 미투

인간은 타인에게 공감받고 싶어 한다. 타인의 공감을 불러일으키기 위해서는 설득력 있는 '이야기'가 구성되어야 한다. 피해에 쉽게 동일시하거나 가해자를 쉽게 타자화하지 않을 때 타자의 고통을 존중하고 귀를 기울이는 사회가 가능하다. 모두가 동등하게 한 명의 인간이자 함께 살아가는 사회의 일원이라는 감각을 유지할 때 동일시와 타자화가 설 자리는 없어진다. 리베카 솔닛Rebecca Solnit은 며칠, 단 하루, 또는 단 한 시간 동안이나마 희망이 실현되고 환희가 작열하고 개인과 집단 간의 경계가 제거된 세계에 자신이 살고 있다는 사실을 깨닫게 된다면 그 경험은 소중한 기억이 되어 앞으로의 항해를 견딜

수 있게 해준다고 말한 바 있다.[16)]

하지만 감정적 동일시만으로는 공감의 연대를 만들어내는 정치를 지속하기 어렵다. 공감과 연민은 '바로 당신'이 겪고 있는 고통을 '대신' 견뎌내는 편이 낫겠다고 생각하는 감각에서 지속되고, 그 고통을 견뎌내는 사람을 존경할 수 있을 때 비로소 촉발된다. "나도 겪을 수 있는 일"이지만, "나라면 그렇게 못했을 것"이라는 감정이 바로 고통을 존중하는 방법이며 공감이 이루어지는 순간이다. 그러나 이런 인내와 의연함은 누구에게서나 찾아볼 수 있는 미덕이 아니다. 약자는 이러한 인내와 의연함을 통해 사회적 존경과 존중을 획득하기보다는 약자에 대한 혐오와 모욕을 거쳐 필요한 자원을 획득하게 될 가능성이 더 크다. 따라서 존중을 받고 싶은 약자들은 도덕적 위치를 확보하기 위해 자신의 고통을 숨기는 데 능숙하다. 이것이 피해자들 사이에서 오히려 서로에 대한 증오가 발생하는 이유이기도 하다. 그러므로 이전으로 돌아가 침묵의 장막이 다시 우리를 감싸지 않게 만들기 위해서라도 우리는 미투운동의 혁명적 의미를 윤리-정치적인 차원에서도 갱신할 필요가 있다. 마사 누스바움의 말대로, 인간의 존엄을 동등하게 존중하는 윤리학이 상상력을 발휘하여 동떨어진 이들의 삶에 개입할 수 없다면, 우리는 진정한 인간 존재로서 서로 관계를 맺는 데 실패할 것이고, 그와 관련된 감정을 갖는 데도 실패할 것[17)]이기 때문이다.

새로운 국면에서 또다시 아무것도 변하지 않을까 봐 나는 여전히 두렵다. 하지만 이것만은 확실하게 말할 수 있다. 혁명은 상상 속에서 먼저 실현된다. 그러므로 이렇게 말할 것이다. 언젠가는 우리가 이길 것이다. 그러므로 바로 지금, 우리는 "이기고 있다"고 "말할 수 있다."[18)]

5장

피해자중심주의는 여성주의적 원칙인가

성폭력 사건의 객관성과 피해자 주체성

피해자 개인에게 사건의 모든 규정과
처벌방식까지 일임하는 것은
피해자에게 부담을 지울 뿐만 아니라
성폭력을 사회적인 문제로 접근하지 못하게 한다.
피해자는 계속 변화하는 존재이며,
피해 경험은 피해자의 삶의 일부일 뿐이다.

성폭력 개념의 변화

'피해자중심주의'라는 말은 성폭력 담론에서 가장 유명한 단어이지만, 개념언어[1]로서 안정적인 지위를 가진 말은 아니다. 피해자중심주의라는 단어가 공론장에 등장한 순간부터 여성학계와 반성폭력 운동가들은 꾸준히 비판적으로 논평해왔다. 그런데도 피해자중심주의가 여성주의의 가장 큰 발명품이라는 오해가 널리 퍼져 있다. 왜일까? 여러 이유 중 하나는 페미니즘을 비판하는 방식이 너무 저열하기 때문이다. 안티페미니스트들은 그동안 축적되어온 논의를 따라 공부하라는 말을 파시즘으로 취급하고, 맥락 없는 비판 또는 의도적인 가해자 편들기를 수용하지 않는다는 이유로 페미니즘을 "지성의 무덤"이라고 비난한다.[2]

나는 페미니즘 지식생산에 관한 이해도 존중도 없이 반대를 위한 반대를 하는 이들이 공론장에서 발언권을 얻는 일이야말로 여성의 경험과 지식을 체계적으로 배제하는 방식 중 하나이며 반지성주의라고 생각한다. 피해자중심주의를 둘러싼 현시점의 한계와 약점을 보완하기 위해서는 공론장에서 합의된 개념에 관한 공동의 약속이 중요하다. 논의의 지형을 함께 그려가며 누가 어떤 위치에서 무슨 말을 하고 있는지 맥락적 이해를 공유해야 논의를 진전시킬 수 있다. 그러지 않으면 이분법적 진영론만 강화된다. 따라서 이 글에서 나는 피해자중심주의라는 개념이 강간에 대한 정의가 변화하면서 생겨난 역사적 산물이라는 점을 짚고, 그것이 성폭력을 예방하고 근절하기 위한 여성주의적 전략으로 유용했는지 비판적으로 검토하고자 한다. 이런 맥락 속에서 논의가 전개되어야 더 나은 해법을 위한 생산적인 논쟁이 가능해질 것이기 때문이다.

강간에 대한 정의는 강간이 누구의 무엇에 대한 죄인지에 따라 달라졌다. 오랫동안 강간은 (피해) 여성이 아니라 (여성을 소유한) 남성에 대한 침해였다. 폭력의 역사를 수집하고 기록한 스티브 핑커Steven Pinker에 따르면 전 세계의 도덕과 법체계에서 강간은 여성의 아버지에게서 딸의 처녀성을 훔치는 행위로, 남편에게서 아내의 정조를 빼앗는 행위로 규정되었다. 강간을 뜻하는 단어 'rape'는 'ravage(파괴)', 'rapacious(강탈적인)', 'usurp(탈취)'와 어원이 같다. 전쟁 중에는 강간이 병사들의 권리였고 여성은 전리품이었다. 중세 유럽 국가에서 사법 정의가 국유화되면서 강간이 비로소 국가에 대한 불법행위로 이해되기 시작했다. 하지만 국가는 결코 성 중립적이지 않았다. 판사와 변호인은 "움직이는 바늘에는 실을 꿸 수 없다", "꽉 끼는 청바지를 남이 벗기는 건 불가능"하다는 말로 여성의 의지에 반해 억지로 성관계를 할 수 없다고 주장했다.

강간은 '폭력'이지만 '문화'로 향유된다.[3] 예컨대 강간을 소재로 한 농담은 '음담패설'로 공유되는 등 강간은 남성의 성문화 안에서 '해도 되는 이야기'로 승인을 받고 있다. 강간 피해자들은 심지어 적군에게 피해를 당했을지라도 자국민 남성의 조롱을 받는다. 일본군 '위안부' 증언자 중 한 명인 송신도는 "나는 위안부로 일했던 사람이고 몸도 반은 망가져서 육체관계는 도산한 거나 매한가지"라며 "남자의 얼굴을 봐도 진절머리가 난다"고 말하는데, 그중에서도 자신을 조롱한 사람의 말을 똑똑히 기억하고 있었다.

> "너 베베(여성의 생식기를 뜻하는 은어)는 양동이처럼 엄청 크다며", "하도 많이 해서 너 베베는 문어랑도 한다며"라고 조롱을 당했어.[4)]

경찰도 예외가 아니다. 어떤 경찰은 피해자에게 포르노에 가까울 만큼 상세한 진술을 요구해 문제가 되기도 했다. 집단 성폭력 피해를 당한 이승진(가명, 피해 당시 16세)은 사건 발생 직후 경찰 진술 과정에서 가해자들이 이미 다 자백한 상황에서도 경찰이 반복적으로 진술하게 한 이유를 모르겠다며 당시 조사과정에서 경찰관이 강간 피해를 '야한 이야기'로 소비하고 있는 느낌이 강하게 들었다고 말했다.

> 성기를 그려보라고 하더라구요. 여러 명의 성기 크기가 다 달랐을 텐데 기억나냐면서…… 가해자들이 부인하는 상황도 아니었는데…… (가해자 성기의) 크기와 삽입 당시의 느낌까지를 자세히 물어보

는데, 어느 순간 이상한 기분이 들었어요. 이건 오바다. 지금 내 얘기를 즐기나 그런 느낌이었달까요.[5]

'정조' 또는 '순결' 이데올로기는 강간을 당해도 법정으로 가지 못하도록 남성 지배사회가 고안해낸 장치였다. 오랫동안 강간을 권리로 누려온 남성들은 불법이 된 강간을 고발하지 못하도록 강간의 책임을 여성에게 돌렸다. 강간이건 아니건 성관계를 한 것 자체가 여성의 가치를 떨어트리는 행위로 취급할 수 있게 된다면, 남성이 고발될 가능성은 매우 낮아진다. 남성은 어떤 짓을 해도 안전을 확보할 수 있고, 여성은 어떤 짓을 당해도 안전을 요구할 수 없다. 이 극도의 불균형으로 인해 여성은 "밤길을 조심하고 몸가짐을 단정하게" 해서 위험한 상황을 알아서 피하고, 자신의 자유와 안전에 어떤 대가를 치르더라도 "죽을 때까지" 강간범에게 저항해야 하는 처지가 된다.[6] 이는 강간의 보호법익이 정조 또는 순결의 침해로 규정되는 한 강간은 결코 말해질 수 없거나 인정받을 수 없다는 뜻이다.

성폭력을 어떻게 규정할 것인가

페미니스트들은 강간의 정의를 재규정해야 성적 존재로서의 여성이 온전히 존중될 수 있다고 보았다. 강간은 남성의 재산권을 침해하는 것이 아니라 여성 자신의 운명에 관한 자기 결정의 문제로 다시 정의될 필요가 있었다. 강간이 다른 형태의 성추행보다 더욱 큰 고통을 안겨준다면 그 행위가 여성의 성적 가치를 훼손했기 때문이 아니라 가해자의 지배욕과 피해자의 무력감을 극대화하는 방식으로 행해졌기 때문이다. 피해자의 심리적 외상에 주목한 주디스 허먼은 강간을 다음과 같이 재정의한다.

> 강간의 핵심은 사람에 대한 신체적, 심리적, 그리고 도덕적 침해에 놓여 있다. 침해는 사실상 강간과 같은 말이다. 강간범의 목적은 피해자를 공포에 떨게 하고, 지배하고, 모욕하며, 완전히 무력하게 만드는 데 있다.[7)]

이 같은 생각은 1995년 서울대 조교 사건 항소심 공판에 이화여대 여성학과 대학원생들이 제출한 의견서에도 등장한다.

> 성기 노출에서부터 강간에 이르기까지 공통된 특징은 남성이 여성의 몸을 통제하기 위해 다양한 형태로 학대하고 강요하며, 힘을 사용하는 행위라는 것입니다. 이 행위들은 동일한 목적을 갖는다는 점에서 서로가 통할 수 있고, 쉽게 구분되지 않는 연속적인 요소와 사

건들이며, 이 각각은 모두 성폭력인 것입니다.[8])

강간만 성폭력으로 인정하는 기존의 법제도를 성기중심주의라고 비판하며, 성폭력을 여성의 몸을 통제하는 문제로 규정한 것이다.

페미니즘은 성폭력을 여성의 몸과 성을 착취하는 남성지배문화로 폭넓게 재정의했지만, 자유주의 법제도에서는 이를 다시 성적자기결정권이라는 용어로 중립적이고 제한적으로 사용했다.[9]) 1995년, 강간 및 추행에 관한 죄 형법 규정이 개정되면서 '정조'에 관한 죄였던 성폭력은 성적자기결정권에 대한 죄로 바뀐다.[10]) 자유주의 법제도에서 성적자기결정권은 인간의 존엄성을 지키는 보편적 인권을 지향하는 대신 사유물로 만들어버린다. 그리하여 성폭력 피해 경험을 상황, 맥락, 해석에 관한 문제로 이해하는 것이 아니라 침해, 거부, 동의라는 해석의 틀 안에서 이해하도록 강제한다.

당연히 인간에게는 성적자기결정권이 있다. 만약 이 권리가 침해된다면, 침해의 원인을 살피고 침해하지 못하게 하는 방법을 찾아내야 한다. 그러나 성적자기결정권을 개인이 소유한 사물 같은 것으로 이해하면, 그것을 관리하고 보호하고 지킬 책임도 개인에게 귀속된다. 그래서 여성에게도 성적자기결정권이 있다는 당연한 전제는 그것을 지킬 의무도 있다는 말로 이어진다. 서로가 상대의 성적자기결정권을 존중해줘야 한다는 문장이 이어질 자리에 권리와 의무에 대한 해묵은 착각이 반복된 것이다. "나에게는 나의 성적자기결정권을 지킬 의무가 있다"는 말은 성립하지 않는다. 나의 성적자기결정권은 "타인의 성적자기결정권을 침해하지 않아야 한다는 의무"가 법으로서 작동할 때 지켜질 수 있다.[11)]

그렇다면 성적자기결정권이 침해되었다고 판단하는 기준은 무엇인가? 미국 고용기회평등위원회가 만든 지침[12)]에서는 특정 행위들을 목록으로 만들기보다는 성적 접근의 성격, 문제가 된 사건이 발생한 맥락 등 주변 상황을 충분히 검토하고 기록을 모두 참고하여 결정하라고 권고한다. 특정 행위들은 구체적인 판례로 제시되어 해당 행위가 성희롱으로 평가된 이유를 공개한다. 또한 특정 행위가 적법한지 위법한지 결정하는 과정은 해당 사례의 사실관계에 관한 종합적 판단을 통해 이루어진다고 명시되어 있다.[13)] 한국에서는 직장 내 성희롱과 관련해서 고용노동부와 국가인권위원회가 해당 업무를 주관하고 있는데, 이때 조사위원회의 실무지침도 미국 고용기회평등위원회의 지침을 따르고 있다. 그러나 법정에서는 아직 성적자기결정권의 침해를 어떻게 다룰 것인지에 관한 종합적 이해가 법조문으로 명문화되지 않아 각각의 사건이 판사의 재량에 따르고 있다. 이 문제를 해결하기 위해 행정부에서는 '제1차 여성폭력방지정책 기본계획(2020-2024)'에 형법 제32장 '강간과 추행에 관한 죄'를 '성적자기결정권을 해하는 죄'로 변경하기로 하고 법 개정을 추진 중이다.[14)]

그러나 법이 만들어지고 실무지침이 일관성 있게 전달된다고 해도 여전히 구체적인 사례마다 일괄적으로 적용하기는 간단치 않다. 성적자기결정권이 성폭력 범죄를 처벌하는 보호법익으로 판례가 점점 바뀌고 있지만, 일부 판사는 여전히 가해자에게 타인의 성적자기결정권을 '침해했는지' 묻는 게 아니라 피해자에 자신의 성적자기결정권을 '지켰는지' 묻는다. 공공기관에서는 편견을 제거하고 맥락을 읽는 능력을 키우는 교육보다는 성폭력 행위 목록을 제시하고 설명서를 배포해달라는 요구가 빗발친다. 물론 맥락에 따라, 상황에 맞게, 총체적이고 종합적인 판단을 합리적으로 내리는 일은 쉽지 않다. 하지만 전문가만 할 수 있는 일은 아니다. 누구나 그 과정의 합리성 안에서 정의로운 결과를 끌어낼 수 있어야 한다. 더 넓은 범위에서 성폭력이 왜 문제인지, 무엇이 문제인지에 대한 사회적 이해도가 높아져야 한다. 하지만 법담론이 주도한 성폭력 담론은 무엇이 왜 성폭력인가보다는 개별 사건이 성폭력인가 아닌가에 집중한다. 이 과정에서 성폭력이 왜 어떻게 문제이며 성폭력으로부터의 자유란 무엇인지에 관한 논의가 사라지고, 성폭력의 '사실' 판단 여부에만 논의가 지나치게 편향된다. 실제로 법제화 이후 이것이 성폭력이 맞는지, 어디까지가 성폭력인지 하는 질문은 더욱 늘어났지만, 무엇이 왜 문제인지에 관한 토론은 깊어지지 않았다. 실제 경험하고 있는 현실과 법 사이의 괴리감이 커졌다는 의미다.

자유주의에 포획되다: 저항에서 동의로?

피해자중심주의의 시작은 "피해자의 말을 들어라" 하는 요구였다. 피해자의 말은 듣지 않고 가해자의 일방적인 변명만 수용하는 현실에서 피해자의 말을 들으라는 요구는 정치적으로 정당하다. 피해자의 말은 가해자에게만 무시되는 것이 아니라 수사 과정에서 체계적으로 배제되고 축소되고 사소화된다. 친족 성폭력 피해자인 수희(가명)의 사례를 보자. 수희의 아버지는 열 살 때까지 수희를 때리고 성추행했다. 열 살이 넘어가자 직접적인 성추행은 줄어드는 대신 채팅에서 만난 여자를 데려와 성관계하는 장면을 보게 했고, 관계를 끝낸 후 뒤처리를 돕게 했다. 수희는 이렇게 말한다. "삶이 개판 같은 느낌이 만성이 됐어요."[15] 수희는 쉼터에 들어가기 전 홀로 경찰서에 가서 아버지를 고소했는데, 당시만 해도 무엇이 성폭력인지 제대로 몰랐다. 자신이 당한 모든 일이 성폭력일 수 있다는 사실은 쉼터에 들어간 이후에야 알게 되었다. 하지만 담당 형사는 이후 연락 한 번 하지 않았다. 검사도 추가 조사 없이 첫 진술 녹화를 근거로 서류조사만 하고 처분을 내렸다. 결과는 '가정폭력은 벌금형, 성추행은 공소권 없음'이었다. 검경을 비롯해 사법부는 수희에게 무엇도 묻지 않고 수희의 말을 기각해버린 것이다. 이처럼 피해자의 말을 듣지 않는 현실을 향한 분노가 피해자의 '말을' 들으라는 요구로 나타났다. 피해자의 '말만' 들으라는 주장이 아니라.

문제는 양쪽 말을 듣고 난 다음, 동의 여부에 대해 사실 판단을 할 때 주관주의를 어떻게 극복할 것인가 하는 점이다. 최미진은 성폭력 판단기준의 주관주의를 비판하며 '증거주의와 피해 호소 여성 진술 존중의 종합'이라는 새로운 판단기준을 대안으로 제시한다.[16] 최미진이 주장한 증거주의는 물증지상주의가 아니라 피해 호소인의 일관성 있는 진술과 관련자들의 증언 등을 포함한 개념인데, 한국을 비롯해 전 세계의 성희롱·성폭력 관련 전문기구들이 이미 그렇게 하고 있다. 미국 EEOC 지침, 한국 국가인권위원회 조사지침, 각 성희롱 고충심의기구 등에서는 당사자와 목격자 증언 등을 주요 증거로 인정한다.

물론 진보단체의 규율기구는 수사권이 없으므로 사실관계를 제대로 조사하지 못하는 사례가 있기는 하다. 이것은 '절차'의 문제이지 '관점'의 문제가 아니다. 최미진이 속해 있는 노동자연대에서는 피해자가 허위사실을 이야기했을 때 이를 가려낼 수 있는 장치가 부족하므로 피해자중심주의를 보완할 절차가 추가되어야 한다고 주장한다. 하지만 최미진이 문제라고 지목한 사례 중에 피해자가 '허위사실'을 이야기한 사례는 없다. 그가 언급한 사례 중 싫다는 여성에게 계속 전화하고 따라다니며 집요하게 구애한 동료 남학생의 사례, 여러 여성과 성관계를 맺거나 애무를 한 총학생회 간부의 사례를 살펴보자.

동료 남학생 사례에 관한 피해자 측 주장과 이 주장을 검증하기 위한 절차는 다음과 같이 이루어졌다. 두 명의 여학생이 총여학생회에 사건을 알렸고, 비상대책위원회를 구성해 진상조사를 실시했다. 비대위에서는 구애 행위의 양상이 유사하고 반복적이며 생활에 위협을 준다고 생각할 만큼 충분한 근거가 있다고 판단했다. 최미진은 이 사건을 싫다는 여성에게 계속 전화하고 따라다니며 집요하게 구애한 행위로 규정하고, 그 행위 자체가 성폭력은 아니라고 주장한다. 왜 아니라고 생각하는지에 대한 근거는 물론 없다. 이런 구애형 스토킹은 EEOC와 유럽연합 등 전 세계의 성희롱 지침에 안내되고 있는 매우 전형적인 성적 괴롭힘 사례다. 스토킹은 주로 여성을 대상으로 한 성적 공격의 양상으로 나타났지만, 그 행위가 폭력이라고 인지되지 못했다. 폭력이 아니라 구애라고 이해되었기 때문이다. 스토킹은 반복해서 거절하는데도 거절을 수용하지 못할 때 쉽게 분노로 이어지곤 한다.[17] 스토킹 연구자 브랜 니콜Bran Nicol에 따르면, 스토킹은 우발적으로 한번 일어나는 것이 아니라 계획적으로 이루어지고 단계적으로 확대되며 매우 심각한 수준의 폭력으로 발전한다.[18]

총학생회 간부의 사례를 살펴보자. 최미진의 글에 따르면 이 사건은 일종의 사기 사건이다. 여러 명의 여성과 성관계를 포함한 친밀한 관계를 맺으면서 상대에게는 그 사실을 알리지 않았는데, 나중에 그 사실을 알게 된 관련 여성들이 권력을 활용하고 성을 매개로 삼은 성폭력 사건으로 규정하고 학생자치기구에 징계를 요구했다. 이 사건이 성폭력인지 아닌지에 관해서는 토론이 필요하다. 이것은 일종의 감정적 사기이자 인간적 신의를 배신한 행위일지는 모르지만, 성폭력이라고 할 수는 없다는 견해도 있을 수 있고, 비밀을 요구하고 관계를 파괴하며 관계의 성적 성격을 일부러 잘못 파악하도록 방치하는 등 데이트폭력 가해자의 전형적 행동으로 파악할 수도 있다. 총학생회 간부가 가진 권력이 상대방이 자유의사를 표현하기 어려울 정도였는지에 관한 토론도 가능하다. 이런 행동들이 어떻게 상처를 입히는지, 권력이 사적 영역에서 어떻게 남용되는지, 이것을 성폭력으로 규정하는 것이 문제를 해결하는 데 더 나은 전략인지 등 다양한 논점으로 공론장에서 논의를 활성화할 수도 있을 것이다. 그러나 주관주의를 극복하며 증거주의를 말하는 논자들은 대부분 성폭력 유죄 판단 여부에만 관심을 기울인다. 자신을 사법부나 국가와 동일시하는 것이 아니라면, 성폭력인지 아닌지에 관해서만 관심을 가질 이유가 없다.

성폭력에 관한 도덕과 법

위력에 의한 간음죄의 경우, 거부 의사를 그 자리에서 곧바로 표현하지 않았다면 가해자에게 비록 도덕적 문제가 있을지 몰라도 법적 처벌을 받아야 할 성폭력은 아니라고 주장하는 사람도 있다. 안희정 전 충남도지사의 경우, 도덕적으로는 문제지만 법적으로는 처벌할 수 없다는 여론이 처벌해야 한다는 여론만큼이나 있었다. 법과 도덕을 이렇게 구분하는 이유는 무엇인가. 여기서 '도덕'이라는 문제에 잠시 집중해보자.

심리학자 사라 맥클랜드Sara I. McClelland의 말대로, 섹슈얼리티는 친밀한 정의intimate justice의 문제다.[19] 사적인 관계 안의 권력 관계 같은 근본적인 쟁점을 다루기 위해서는 친밀한 관계를 어떻게 정의롭게 맺을지 고민해야 한다. 하지만 최미진은 이 사건들이 왜 성폭력이 아닌지에 관해서는 설명하지 않는다. "도대체 이게 무슨 성폭력인가"라고 되물을 뿐이다. 흥미로운 점은 각각의 사례를 언급하며 "공분을 살 일이지만", "격분할 일이지만" 성폭력은 아니라고 주장한다는 것이다. 이런 표현은 도덕적인 차원의 문제일지는 모르나 법적 규제의 영역을 아니라는 관점을 가진 사람들이 자주 사용한다.

주디스 허먼이 제시한 강간의 정의에서 침해는 크게 세 가지로 나눠진다. 신체적, 심리적, 도덕적 침해. 이 중에서 도덕적 침해라는 차원은 종종 간과되곤 한다. 신체적 침해와 심리적 침해가 개인의 몸에서 일어나는 일이라면, 도덕적 침해는 사회적 존재로서의 상호관계 규칙을 파괴하는 행위다. 도덕적 침해는 생활 세계의 영역에서 터부시되기 때문에 사회적 규약을 어긴 것보다 더 큰 손해를 입힌다. 많은 근친 성폭력 피해자는 자신의 손으로 아버지를 고소했다는 사실, 자신이 겪은 일이 도덕적으로 금기시된 일이라는 사실을 고통스러워한다. 근친상간이 엄격하게 금기시된 사회에서 위력을 가진 성년의 보호자가 미성년의 피보호자에게 성관계를 제안하는 행위는 그 자체로 삶을 도덕적 파탄에 빠지게 한다. 그래서 이런 경우 삶을 다시 회복하기 위해서는 사회가 가해자의 행위를 용납하지 않는다는 점을 분명하게 보여줘야 한다. 그러지 않으면 수희의 표현대로 "삶이 개판 같은 느낌"에서 벗어날 수 없게 된다.

도덕적 침해가 다른 침해보다 덜한 고통이 아닌데도 법적 처벌과 굳이 구분하는 이유는 '동의' 여부를 성폭력의 핵심조건으로 보기 때문이다. 동의라는 개념은 자유주의 이론과 실천의 핵심이다. 하지만 여성의 일상생활에서 여성의 비동의가 쉽게 무시되어왔다는 점은 결코 간과할 수 없는 문제다. 강제적인 신체 접촉은 종종 과감한 접근으로 낭만화되고, 여성의 거부는 여성스러운 매력으로 번역되고 해석된다. 강간은 남녀 사이에서 용인되는 자연스러운 애정 표현의 스펙트럼에서 가장 극단에 있긴 하나, 얼마든지 '있을 수 있는 사건'으로 축소해서 다뤄져 왔다. 이 문제를 해결하기 위해 반성폭력캠페인의 핵심 슬로건은 전 세계에서 지난 30여 년 동안 "NO MEANS NO"였다. 동의 여부가 판단기준이 되려면 동의와 거부를 자유롭게 표현할 수 있어야 한다. 하지만 여성의 의사 표시를 무시하는 사회에서 동의 여부가 어떻게 판단기준이 될 것인가? 캐럴 페이트먼Carole Pateman의 표현을 빌리자면, "여성의 발화는 민주주의의 근본인 동의라는 핵심적 문제에서 체계적으로 그리고 지속적으로 무효화되어왔다." 동의에 대한 여성의 발언이 이처럼 끊임없이 남성의 편의대로 재해석된다면, 여성은 시민으로서 어떻게 동등하게 토론에 참여할 수 있을 것인가?[20] 싫다는 말을 수용하지 않는 사회에서 동의는 적극적으로 해석된다. 망설임은 암묵적 동의로, 곤란하다는 예의 바른 거부는 동의와 거부의 경계지대에 있는 표현으로 이해된다. 싫다고 말해도 상대가 수용하지 않았을 때 법은 어떻게 판단할 것인가?

박경신은 폭행 및 협박을 구성요건으로 보는 강간최협의설을 비판하며 "동의 여부를 중심으로 강간법체계가 바뀌어야 한다"고 주장한다.[21] 나 역시 강간 최협의설에 대한 문제의식에 동의한다. 하지만 판단기준은 동의 여부가 아니라 권력과 권력의 실행 방식에 관한 맥락적·종합적 사유에 있어야 한다. 실제로 최근 대법원에서는 여러 판례를 통해 최협의설을 완화해 폭행 및 협박이 있었는지에 관한 증거주의적 단순판단에 그치지 않고, 폭행 및 협박의 내용과 정도, 피해자의 거부 의사가 제압당한 사정 또는 객관적으로 볼 때 저항이 어려울 만한 사정을 종합적으로 판단하는 추세다.[22)]

그렇다면 맥락적·종합적 판단은 어떤 방식으로, 누구를 기준으로 할 것인가. 박경신은 합리적 남성의 입장을 합리적 여성의 입장으로 바꿔 객관적 판단을 하자는 제안이나 피해자중심주의를 피해자 관점으로 바꾸자는 제안이 모두 사실상 유사한 말이며, 사건을 합리적으로 처리하는 데는 도움이 되지 않을 것이라고 주장한다.[23)] 이것은 모두 피해자 관점을 중심으로 사실 판단을 한다는 명제에서 나온 것이므로 다를 바가 없다는 것이다. 피해자중심주의는 피해자 개인에게 판단을 일임하는 것이고, 피해자 관점은 피해자와 유사한 처지에 놓인 사람이라면 누구라도 그러한 상황을 피해로 인식했을 것인가를 기준으로 삼는다. 이 두 가지가 '다를 바 없다'니, 사실판단에 있어서 입장과 위치를 초월한 '신의 관점'이 가능하기라도 하다는 말인가?

박경신은 엘리슨Ellison 대 브래디Brady 사건에서 주장하는 '합리적 여성' 관점의 진보적 가치는 '피해 자체가 있었는가'를 묻는 단계에서 작동하지, '거부했거나 거부했을 것이라고 보이도록 행동했는가'라는 피해자 자신의 행위 판단에 관한 평가기전 차원에서 작동하는 것은 아니라고 주장한다. 대가성과 적대적 환경에 관한 체감으로 피해가 있는지 없는지 판단하는 것과 별도로, 대가성 섹스를 제안하고 반복적 구애 행위를 할 때 개별 당사자가 거부 의사를 어떻게 표현했는지에 관한 판단이 있어야 한다는 의미일 텐데, 이 두 가지는 분리되어서 판단될 수 있는 문제가 아니다. 승진이나 고용유지 권한을 가진 자가 피감독 또는 피고용관계에 있는 이에게 성관계를 제안할 경우, 제안 자체로 인해 피해가 발생했다고 판단할 수 있다. 이때 피해자가 명시적인 동의 의사를 밝히지 않은 것이 분명한 상태라면 거부 의사를 얼마나 제대로 표현했는지에 따라 사실관계가 달라지지는 않는다. 다만 피해자의 거부 의사 정도와 방식을 가해자의 범의犯意 판단에 사용하여 양형에 참작할 수는 있을 것이다. 질문의 방식이 달라져야 한다는 말이다. EEOC 실무지침에서는 이런 경우 피해자에게 "거부 의사를 표현하지 못할 만한 이유가 있었는지", "불이익에 대한 우려가 있을 만한 상황이었는지" 등을 질문하도록 한다. 암묵적으로든 명시적으로든 동의했다면 내밀한 개인의 사생활에서 일어난 문제이며, 여기에 국가를 비롯한 제3자가 개입할 수 없다는 자유주의적 논리는 여성의 거부 의사를 제도적·문화적으로 제압해온 현실을 전혀 반영하지 못한다.

요약하자면 이렇다. 성폭력이 어떤 문제인지에 관한 인식은 반성폭력운동의 역사와 여성의 사회적 지위, 정조에서 성적자기결정권으로 바뀌어간 법제도, 성폭력 문제에 관한 공동체의 책임과 개인의 실천 등을 거쳐 계속 변화해왔다. 피해자중심주의는 그동안 피해자의 입을 막고 가해자의 관점에서 사건을 재구성해온 성폭력 사건의 서사를 바꾸기 위해 도입된 급진적인 인식론이지만, 이것이 구체적인 사건에 관한 판단기준이 되는 순간 피해자 개인의 주관주의에 판단의 최종심급을 위임했다는 점에서는 무책임한 방법론이 되었다. 피해자중심주의는 형사재판에서 요구하는 엄격한 증거주의의 반대항에 서 있는 것처럼 보였지만, 사실은 피해자의 주장이 어떤 맥락으로 구성되는지, 그 서사의 합리성과 일관성이 있는지에 관해서 말할 기회는 오히려 잃어버리게 했다.

과연 피해자중심주의가 대안인가

피해자중심주의라는 말은 성폭력 판단기준에서 여성주의적 원칙처럼 사용되고 있다. 그러나 이것이 과연 대안일까. 더 근본적인 질문을 던져보자. 정말 피해자중심주의가 여성주의적 원칙일까? 피해자중심주의라는 말은 2000년 운동사회 성폭력 뿌리뽑기 100인 위원회 활동을 통해 퍼지기 시작했고, 2003년 10월 100인 위원회 활동이 공식적으로 끝난 이후 성폭력 사건 해결의 원칙으로 폭넓게 언급되었다. 당시 100인 위원회에서는 피해자의 진술에 대해 다음과 같은 입장이었다.

우리는 성폭력의 개념이 피해자의 경험에 기반해 성립되어야 한다고 생각한다. 성폭력 사건의 특징이 사적인 자리에서 은밀히 발생하는 폭력이라는 것을 전제한다면, 또 객관적 증거나 증인의 부재, 가해자와 피해자의 상반된 기억을 전제한다면, 피해자의 진술만으로도 성폭력 사실 자체가 성립할 수 있다는 것이 우리의 생각이다.[24)]

피해자중심주의는 가해자와 피해자가 서로 다르게 증언할 때 피해자의 진술을 신뢰하는 것으로 이해되어왔다. 오랫동안 성폭력 관련 사건을 담당해온 박은정 검사의 말에 따르면, 성폭력 가해자와 피해자는 거짓말 탐지기가 소용없다고 한다.[25)] 서로 자신의 진술이 옳다고 믿기 때문이다. 실제로 대부분의 성폭력 사건에서 사실관계를 완전히 부인하는 사례는 거의 없다. 결국 해석의 문제다. 피해자중심주의라는 말은 가해자 중심의 사회를 비판하기 위해 사용한 말이지만, 점차 성폭력에 관한 판단기준을 피해자에게 일임하는 것으로 변화해갔다. '피해자 중심'이라는 언어에 '주의'가 붙여져 새로운 권위의 언어로 바뀐 것이다. 전희경은 이를 운동의 언어에서 절차의 언어로 변화해갔다고 표현한다.[26)]

무엇보다 가장 큰 오해는 피해자중심주의가 논의의 여지 없이 여성주의적 원칙이라는 생각일 것이다. 상당수의 여성학자와 여성단체 활동가는 피해자중심주의라는 말이 나온 순간부터 지금까지 계속해서 이 단어가 가진 한계를 우려하고 걱정해왔다.[27] 그중에서도 특히 정희진은 피해자중심주의는 여성주의적 언어가 아니라고 강하게 비판한다. 피해자에게 객관성의 지위를 독점하도록 하는 것은 남성 중심적 사회를 해체하지도, 객관성에 관한 새로운 인식론을 전개하지도 못한다는 것이다.[28] 이렇게 되면 성폭력 사건의 객관성 증명 책임을 피해 여성에게 떠넘기는 부작용마저 막을 수 없게 된다. 성폭력 사건의 객관성은 피해 여성이 증명하는 것이 아니라 사회가 여성의 목소리를 존중하는가 아닌가에 달려 있다.[29] 나 역시 다른 글에서 피해자중심주의가 피해자 되기 경쟁을 만들어내서 결국 피해자의 경험을 존중하는 데 실패하고 있다는 점을 지적한 바 있다.[30]

마지막으로 피해자중심주의의 가장 큰 문제는 사실상 그 말이 지시하는 구체적인 내용이 없다는 데 있다. 이것이 어떤 방식으로 작동할 수 있는 프로그램인지에 관한 지식이 축적되어 있지 않은데도 사람들은 피해자중심주의에 관해 안다고 착각한다. 전희경은 성폭력 사건 해결 과정에서 많은 사람이 성폭력에 대해 '알고 있지만 이해하지 못하는' 상황이 드러나는 경우가 많다고 지적한다. "피해자중심주의에 대해서 다들 공감을 하고 알고 있는 상태인데, 그 너머를 체험해보거나 학습해보거나 하는 경험이 없는 사람들이 대부분"인 상태라는 것이다.[31] 성폭력 사건 해결을 위한 전문가 자문회의에 참석하거나 비상대책위원회에 들어갔을 때 가장 많이 듣는 말 중 하나는

"피해자 중심의 사건 해결을 원한다"이다. 이 말에 동의하지 않는 사람은 없다. 그러나 실제로 문제 해결 과정을 진행해보면 피해자 중심의 해결이 정확히 어떤 원칙인지, 무슨 프로그램인지 아는 사람은 '없다'. 여성주의적 원칙으로 이견 없이 제안된 바 있는 것은 수사와 재판 절차에서의 성인지감수성이다. 절차에서 성인지감수성을 견지하는 것과 피해자의 의사대로 사건을 해결하는 것은 매우 다른데도, 많은 사람은 '가능하면 피해자가 원하는 대로' 하는 것을 피해자중심주의로 이해한다. 반복해서 강조하고 싶다. 피해자 개인에게 사건의 모든 규정과 처벌방식까지 일임하는 것은 피해자에게 부담을 지울 뿐만 아니라 성폭력을 사회적인 문제로 접근하지 못하게 한다. 피해자는 계속 변화하는 존재이며, 피해 경험은 피해자의 삶의 일부일 뿐이다. 하지만 피해자중심주의는 피해자의 주체성이 변화하는 과정에 관심을 두지 않는다.

피해자 주체성의 변화

여성이 경험하는 섹슈얼리티가 대체로 착취적이고 학대적인 성격을 띨 때 중요한 것은 저항 여부도 동의 여부도 아니라 일단 그 관계에서 벗어나 '살아남는' 것이다. 전시 성폭력 피해자인 일본군 '위안부'

송신도는 자신의 삶을 이렇게 증언한다.

> 열여섯 살이 되던 해인 1938년, 어머니가 혼처를 정해 시집보냈지만, 혼례를 올린 그날 밤 도망쳐 나왔다. 처음 보는 남편이 무서웠다. …… 어느 조선인 여자가 나에게 "전쟁터에 가면 결혼하지 않고도 혼자서 살아갈 수 있다"고 하면서 같이 가자고 했다. 도착한 곳은 중국 호북성 무창의 '세계관'이라는 위안소였다. …… 처음에는 우는 일밖에 할 수 있는 것이 없었다. 그러나 군인의 말을 듣지 않으면 관리인이 때렸다. 군인은 칼로 위협했다. 죽는 것만은 정말 싫었다. 필사적으로 일본어도 배우고, 맞지 않도록, 죽임당하지 않도록, 뭐든지 열심히 했다.[32)]

성폭력 예방 교육에 소리를 질러라, 저항하라, 의사 표현을 분명히 하라 등의 말은 있지만, 그 무엇보다도 당신의 목숨과 안전이 가장 중요하다는 말은 해주지 않는다. 그러나 피해자는 위기의 순간에 살아남기 위해 때로는 가해자와 협상하고, 달래고, 때로는 가해자의 행동을 적극적으로 수용하는 척하기도 한다. 하지만 법정에 가면 이 모든 행동이 개인의 안전을 위한 합리적 행동이 아니라 동의를 했다는 모호한 증거로 이해되곤 한다. 피해자의 거부 의사는 가볍게 부인되고, 위기 상황을 벗어나기 위한 전략은 의심스러운 행동이 된다. 이런 상황에서 피해자가 말하기 위해서는 무엇이 필요한가? 흑인 페미니스트 레즈비언 시인인 오드리 로드Audre Lorde는 "나는 단지 피해자인 것만은 아니다. 나는 전사다"라고 선언하며, "나의 침묵은 나를 보호해준 적이 없다. 당신의 침묵도 당신을 보호해주지 못할 것"이라고 말한다.

> 우리는 두려움이 엄습해오더라도 각자가 할 일을 하고 할 말을 하는 법을 배워야 한다. 왜냐하면 우리는 우리 자신에게 필요한 언어와 그것의 의미를 중시하기보다 두려움을 더 중시하도록 사회화되어왔지만, 두려움이 완전히 사라진 사치스러운 최종적 순간만을 기다리며 침묵한다면, 그 침묵의 무게는 우리를 질식시킬 것이기 때문이다.[33]

하지만 피해자가 입을 열었다고 해서 주변 사람들이나 사회가 곧바로 귀를 기울이지는 않는다. 말하기를 시도한 사람들은 대가를 각오해야 한다. 불신과 오해를 감수하고라도 말하는 것이 나을지 고민하는 피해자들이 결국 말하기로 선택했을 때, 그 결과는 어떻게 될까? 세라 아메드Sara Ahmed는 다음과 같이 말한다.

> 말하는 것으로 인한 대가가 무엇이든 간에 말하지 않음으로 인해

치러야 할 대가가 항상 더 크다. …… 분노에서 나온 말하기라는 건, 뭔가를 존재로 이끄는 것이다. 감정은 언어를 부여받음으로써 잡을 수 있는 것, 실재하는 것이 된다. 우리가 서로 사랑한다는 것은 우리 중 일부가 사랑받을 만한 존재가 아니라고 판단하는 세계를 거부하는 것이며, 이 세상을 살아남는 방법이다.[34]

성폭력 피해자는 피해 당시의 경험자이자 피해에서 살아남은 생존자이자 자신의 피해를 사회문제로 공유하려는 활동가이자 자신의 삶에 관한 전문가로, 다양한 위치에서 자신의 피해 경험과 함께 살아간다.[35] 피해자의 주체성은 살아남기(생존자)-말하기(피해 경험자)-행동하기(활동가)라는 형태로 시간에 따라 달라지고, 피해자의 말을 들어주는 공동체의 존재 여부에 따라서도 달라진다.

여성주의 상담가와 활동가 들은 피해 자체뿐 아니라, 피해로 인해 잃어버렸다고 가정되는 가능성에 대한 믿음을 회복하는 과정에 관심을 기울였다. 정조의 박탈 또는 권리의 침해라는 개념은 '피해 당시의 사건'에 대해서만 말한다. 하지만 피해자가 잃어버린 것은 보통의 '일상'이다. 오스트리아에서 일어난 실제 사건을 바탕으로 2015년에 만들어진 레니 에이브러햄슨 감독의 영화 〈룸Room〉은 피해자에게 일상이 얼마나 중요한지를 일깨워주는 영화다. 영화는 컨테이너에서 태어난 어린 아들과 7년째 감금된 상태로 살아가는 피해 여성의 일상을 끈질기게 따라간다. 강간, 납치, 감금, 폭행, 아동학대 등 끔찍한 일은 카메라 바깥으로 비켜난다. 외려 영화가 가장 공들여서 재현하는 장면은 주인공이 매일 운동을 하고, 이를 닦고, 밥을 먹고, 아이에게 이야기를 들려주는 일상이다. 주인공은 컨테이너를 탈출하는 데 성공한다. 친족 성폭력 피해 생존자인 김영서(은수연)는 자신도 일상을 살았기 때문에 탈출할 수 있었다고 말한다.[36)]

피해자가 미래를 상상하기 위해

이처럼 일상을 살아가는 힘, 생존 자체에 가치를 부여하기 등은 피해자가 자신의 미래를 다시 상상하고 계획할 수 있는 능력으로 이어진다. 이런 것들이야말로 피해자가 자신의 피해 경험을 부인하지 않으면서도 그 경험으로부터 자신을 이동시키는 일이 될 수 있다. 이때 피해자 관점은 이런 역사성을 반영한 여성-소수자 정치에서 새로운 정치적·윤리적 기준이 될 수 있다. 반면, 피해자중심주의에서는 피해자의 위치를 고정불변의 것으로 상상한다. 피해자의 진술이 진리이며 믿을 만한 사실로 여겨지는 이유는 피해자가 상처받았다는 것 자체에 의미를 부여하기 때문이다. 주디스 버틀러Judith Butler는 이렇게 되면 상처를 극복해야 할 억압으로서 재구성할 수 없게 된다고 본다.

억압을 극복하기 위해서 억압에 대한 인정을 요구하는 것과 그 상처에 의해 규정되는 정체성에의 인정을 요구하는 것 사이에는 차이가 있습니다. 후자의 경우 문제는 그와 같은 정체성에의 인정이 정체성에 상처를 기입한 뒤 그것을 정치적인 자기-표상을 가정하는데 사용한다는 것에 있습니다. 이로써 우리는 상처를 극복해야 할 억압으로서 재구성할 수 없게 되는 것이지요. 상처를 강조하는 것에서 억압을 강조하는 것으로 전환하는 것은 정체성의 범주가 역사적인 것이 되도록 만드는 것입니다.[37)]

성폭력에 있어서 피해자중심주의를 주장하는 이들은 어떤 여성도 자신에게 쏟아질 불이익을 감수하고 이런 종류의 일에서 거짓을 말할 이유가 없으므로 피해자의 말을 신뢰할 수 있다고 말한다. 내 생각은 다르다. 피해자는 자신의 피해 경험을 아무런 해석의 과정 없이 투명하게 증언할 수 없다. 인간의 기억은 한번 이론화되어 '진리'를 형성하게 될 '사실들facts'을 일일이 다 기록할 수 없다. 어떤 성추행 사건 또는 다수의 성추행 사건과 관련된 사실들을 한 치의 오차도 없이 정확히 기억해내는 것도 불가능하다. 성추행 사건에 의해 만들어지는 의미는 희생자의 의식에 천을 짜듯이 형성된다. 그러한 사건과 의미는 서로 연결되어 언급되고, 때때로 아주 천천히 재조정된다.[38] 피해자가 자신이 경험한 일을 피해로 인식하고, 그것을 용감하게 말하고, 그 말이 받아들여지는 경험을 통해 사회로 다시 통합되기 위해서라도 피해자중심주의는 재고되어야 한다. 그러나 피해자중심주의를 비판하면서 다시 자유주의적 법제도로 돌아가는 것은 논의를 두 단계 더 물러나도록 만든다는 것 역시 잊지 말아야 한다.

그렇다면 피해자의 말은 어떻게 들을 것인가. 피해자의 말을 존중하기 위해서는 그 말의 맥락을 특정한 방식으로만 소모하지도 소비하지도 않아야 한다. 피해자의 말을 전달하는 과정에서 얼마나 자주 자기애적인 망각과 강박관념, 편견, 선입견 등이 드러나는지 모른다. 도미니크 라카프라Dominick LaCapra에 의하면, 우리가 우리 자신의 갈등적이고 구성적인 맥락을 이해하듯이 타자의 목소리를 들어야 자기애적 해석이나 선입견의 문제를 성찰적으로 극복working-through할 수 있다.[39] 피해자가 바라는 것은 다시 인간적 존중을 찾는 것이지, 계속해서 피해자로 사는 것은 아니다. 그런 점에서 상대를 성역화하지도, 자신의 해석을 일방적으로 강요하지도 않으면서 복잡한 상호작용 속으로 들어가야만 '동등한' 인간의 말로서 상대의 목소리를 비로소 들을 수 있다. 피해자중심주의로는 충분하지도 가능하지도 않은 일이다.

6장

미투, 대중화된 페미니즘 정치의 새로운 가능성

피해자 정체성 정치를 넘어

미투운동이 그 전의 반성폭력운동과

질적으로 달라지는 부분이 바로 이것이다.

미투라는 말이 보여주는 것처럼

피해자들은 사건을 개별화하지 않고,

사회적으로 고립되지 않고,

더 많은 사회적 연대의 장을 마련할 수 있었다.

페미니스트 대중의 탄생

2020년 2월, 잡지 《코스모폴리탄》의 기자가 전문가 자문을 얻고 싶다고 연락을 해왔다. 그는 20대와 30대 독자 531명을 대상으로 페미니즘 관련 설문조사[1]를 했는데, 페미니즘에 대해 부정적이거나 유보적인 시각을 보인 여성이 상당수 있었다며 왜인지 궁금하다고 했다. 페미니즘에 대한 대중의 반응은 아직도 많이 부정적이구나 생각하면서 메일함의 자료를 열어보았다. 하지만 기자가 보내준 조사 결과는 예상과 완전히 달랐다. "스스로 페미니스트라고 말하곤 한다"는 질문에 무려 57.6%가 '그렇다'고 답했다. 아니라고 응답한 42.4% 중에서도 '자신이 없어서', '잘 몰라서', '남녀평등이라는 말이 더 나아서'라는 답이 대부분이었다. 페미니즘 자체를 부정적으로 인식하는 경우는 전체의 7.5%에 불과했다.

"페미니즘 자체에 피로감이나 거부감을 느끼는지"라는 질문과 그에 대한 응답은 더 흥미진진했다. 피로감과 거부감은 상당히 다른 차원의 감정인데, 이런 식의 질문은 두 가지를 같은 범주로 합침으로써 응답자의 의견이 부정적으로 편향될 우려가 있다. 만약 전문적인 연구작업이었다면 질문이 편파적이었다고 지적받았을 것이다. 이것은 답변자가 꽤 강력한 지지의견을 가지고 있어야만 '아니오'라고 대답할 수 있다. 그런데 정말 놀랍게도 이 질문에조차 75.3%가 '아니오'라고 답했다. 이쯤 되니 가장 놀라운 건 기자의 질문이라는 생각이 들었다. 응답자의 절반이 넘는 사람들이 자신을 페미니스트라고 하는데도 너무 적다고 생각하다니! 지난 몇 년 동안 페미니즘이 정말로 대중 속으로 들어갔다는 걸 실감하는 순간이었다.

이런 변화의 배경에는 2015년부터 시작된 새로운 페미니즘 대중운동이 있다. 지난 몇 년 동안 여성들은 자발적인 열정으로 스스로 페미니스트라고 선언했고, 페미니즘의 언어가 빠르게 대중 속으로 퍼졌다. 페미니즘의 의제가 제도 안으로 흡수되면서 운동의 급진성이 사라지고 사회정책 전반에 끼치는 영향력이 약화하는 상황에서 새로운 대중운동으로서의 페미니즘을 통해 오래된 교착 상태를 풀고 새로운 가능성을 열었다. 하지만 역사에 등장했던 성공한 대중운동 대부분이 그렇듯 대중화된 페미니즘도 외부와 내부의 경계를 분명하게 세우고 대립감정을 강화해 상호적대를 통해 최대의 정치적 자산을 만들어내는 경향이 뚜렷하게 나타났다. 최근 몇 년간의 페미니즘 대중화에서 떠오른 쟁점 상당수가 주로 여성에게 가해지는 폭력 문제였다는 점을 고려해보면 대중주의에 내재한 문제들이 드러난 것은 놀라운 일이 아니다. 특히 안전에 관한 요구가 집중될 때 이런 문제들은 더욱 증폭되는 경향이 있는데, 여성을 대상으로 한 폭력에 반대하는 것은 '안전'에 관한 대중의 감정을 불러일으킬 수 있는 의제이기 때문이다.

반성폭력운동가들은 성폭력 문제가 해결되기 위해서는 일상적인 성적 괴롭힘이 문제라는 인식부터 확실하게 자리 잡아야 한다고 주장해왔지만, 성폭력 문제에 관한 대중 감정이 들끓는 순간은 대체로 '인면수심' 등으로 표현되는 악랄한 범죄가 발생할 때다. 피해자가 취약할수록, 가해자의 행위가 지독할수록 대중의 분노는 타오른다. 우리 사회에서는 지난 2004년 A지역의 미성년자 집단성폭력 사건에 이어 2008년 조두순, 2010년 김길태, 김철수 사건 등 아동성범죄 사건이 잇달아 발생하면서 '아동을 대상으로 한 낯선 타인의 악마적인 행위'로서의 성폭력이 대중 감정을 지배해왔다. 아동성폭력에 관한 대중의 감정이 더욱 격렬해질수록 가족이나 학교, 직장에서 아는 사람에 의해 일어나는 일상화된 성폭력 문제는 사소화되거나 비가시화되었다. 이런 오래된 교착 상태를 돌파한 것이 2018년의 미투운동이었다. 이런 돌파가 가능했던 이유 중 하나는 미투운동이 피해당사자의 목소리에서 시작되고 '미투'라는 형식을 통해 대중화되었기 때문이다. 하지만 미투운동의 힘은 다시 빠른 속도로 꺼지는 중이다. 이 글에서는 반성폭력운동으로서 유례없는 대중성을 획득했던 미투운동을 중심으로 페미니즘 대중운동의 가능성과 한계를 짚어보고자 한다. 그것은 어떻게 가능했고, 그 잠재성의 불씨는 어디에 남아 있을까.

포퓰리즘의 양면성과 대립감정

이 글에서 포퓰리즘은 그 자체로 부정적이거나 긍정적인 의미는 아니다. 포퓰리즘의 핵심 중 하나는 부패한 엘리트와 순수한 대중[2]을 극단적으로 대립시키는 것에 있다. 마즈시마 지로水島治郎의 다소 익살스러운 표현을 빌리자면 포퓰리즘은 언제나 기득권층에 대한 비판과 보통 사람들에 대한 과찬을 포함한다.[3] 따라서 이 대립이 가능하기 위해서는 먼저 민중이 자신을 개별적 개인으로 인식해야 하고, 그것이 가능할 수 있는 자유주의와 민주주의가 제도화되어야 한다. 포퓰리즘은 그 자체로 민주적이거나 반민주적인 게 아니라, 민주주의에 내재한 일부('민주주의 그 자체에 의해 드리워진 그림자')이면서 민주주의를 위태롭게 하는 반민주주의적 계기('민주주의를 끊임없이 위협하는 내적 주변부')로 이해해야 한다.[4]

포퓰리즘은 민중이 자신을 개별적 개인으로 인식하는 토양에서 배양되고 자유민주주의 체제 안에서 탄생한다. 만약 그 대중이 조직된 피지배계급으로서의 '민중'이었다면 혁명이 될 테지만, 단순히 기득권에 반대하려고 뭉친 대중이 권력을 잡으면 그들은 다시 엘리트 기득권이 된다.[5] 이런 모순을 해결하기 위해 포퓰리스트 정치인이라고 불리는 이들은 대부분 스스로 보통 사람의 대변인을 '참칭'하며 대중적 인기를 끌었다. 포퓰리즘의 부정적 측면을 고스란히 보여주는 이들 중 상당수는 엄청난 부동산 재벌이거나 명망 높은 자선사업가거나 어떤 이력을 가졌는지 알 수 없으나 대중의 주목을 받은 유명인사 등 예외적이거나 매우 운이 좋은 '특이한' 인물이다. 다른 상황이었다면 의심스러운 경력이 되겠지만 대중의 감정이 폭발하는 포퓰리즘 국면에서 이러한 배경은 전통적인 엘리트 기득권이 아니라는 이유로 오히려 환영받기도 한다. 이들은 기득권에 반대하면서 스스로 기득권이 되려는 목적을 숨기는 정치적 기술들을 가졌다는 점에서 사기꾼처럼 보이기도 한다. 이런 이유로 포퓰리즘적이라는 말이 거의 경멸적으로 사용된다. 주목해야 할 것은 이들이 대립감정 자체를 가장 필요로 한다는 점이다. 이들은 기존 엘리트 집단과 자신의 차이를 보여주는 것만으로도 자신이 (민중이 아닌) 대중의 편에 서 있다고 믿게 한다.

그러나 모든 포퓰리즘이 대중에게 영합하여 인기를 끄는 데 성공한 사기꾼의 선동기술 같은 것만은 아니다. 포퓰리즘은 현재의 고착된 상황을 바꿀 힘이기도 하다. 포퓰리즘이 이용하는 대립감정은 그동안 대의민주주의 체제에서 결국 아무도 원하는 것을 가지지 못하게 하여 정치적 효능감이 땅에 떨어졌을 때 적절하게 정치에 분쟁을 다시 도입하도록 촉진한다.[6] 샹탈 무페는 수많은 위기에서도 신자유주의가 위협받지 않은 이유가 정치와 경제를 분리함으로써 대중을 급속하게 정치에서 멀어지게 만든 상황이라고 보고, 포퓰리즘이

라는 새로운 국면을 통해 현재의 대안 없는 신자유주의 비판의 출구를 찾을 수 있다고 보았다.[7)]

정리하자면 이렇다. 대의민주주의 제도가 더는 우리를 대변해주지 않고, 신자유주의 체제가 수많은 문제를 가지고 있긴 하지만 대안이 없다는 무기력이 대중의 정서를 지배하고 있을 때 포퓰리즘이 발흥할 수 있다. 과연 최근 20년간 신자유주의 질서가 강고해지면서 정치의 역할이 줄어들었다. 거대정당들 간의 정치적 견해 차이도 점차 줄었고, 이들은 모두 공공부문을 민영화하고 규제 완화에 몰두하며 성장동력을 찾겠다며 신자유주의 질서를 공고하게 하는 정책을 도입했다. 기존의 대의제 정치에서 희망을 찾지 못한 사람들은 왜 점점 더 오래 일하지만 더 적게 벌고 있는지, 왜 아무런 안전장치 없이 벼랑 끝에 몰리는지, 왜 선거는 다 비슷비슷한 정책이어서 차별화가 되지 않는지 의문을 품기 시작했다.

이때 오래된 좌파조직이나 시민사회단체들보다는 자발적으로 나선 조직되지 않은 대중의 시위가 상황을 임시적이나마 일부 반전시키는 계기가 되었다. 2011년 에스파냐의 15미터 운동, 2012년 미국의 점령 운동, 2017년 한국의 이화여자대학교 시위, 2019년 프랑스의 노란 조끼 운동 등은 모두 신자유주의적 구조조정에 따른 대중의 반발로 촉발되었고, 기존의 사회운동과는 다른 양상으로 군중이 운집했고, 현 기득권 세력에 대한 총체적인 반대감정을 자양분으로 삼고 있으며, 자신을 (유일하게 정당성을 가진) '순수한 시민'으로 내세운다는 점에서 포퓰리즘적 성격을 띠고 있다. 다만 이 시기에 새롭게 등장한 포퓰리즘은 나를 대의하겠다고 나서는 카리스마적인 지도자를 필요로 하지 않는다는 점과 여러 개의 대중 집단으로 드러난다는 점이 다르다. 그리고 페미니즘도 정확히 그러했다.

새로운 질서가 오지 않았을 때

페미니즘의 이름을 내건 대중운동이 부상하게 된 배경에는 무엇보다 경제 위기와 그에 따른 사회변동이 있다. 1997년 구제금융 위기와 2008년 미국발 경제 위기 이후 신자유주의는 한국 사회를 완전히 바꾸어놓았다. 노동자의 지위가 매우 불안정해지면서 가족임금 모델은 개인 노동자 모델로 이동했고, 기존의 자본축적과 사회적 재생산 간의 협력적 분업 관계에 균열이 생기기 시작했다. 신빈곤층 10대 청소년들을 연구한 민가영은 두 번의 경제 위기를 겪으면서 한국 사회는 각자도생의 신자유주의 질서에 깊게 침윤되었고, 이에 따라 남성생계부양자 중심의 가부장제 질서의 위력도 상대적으로 줄어들었다고 분석한다. 남성의 지위가 내려갔다고 해서 여성의 지위가 올라간 것은 아니다. 가족의 생계를 책임지는 남성의 경제활동이 위기를 맞자 전업주부였던 여성이 경제활동에 나서게 된 것을 여성의 지위가 올라갔다고 볼 수는 없다. 오히려 노동자이자 시민이자 가족의 일원으로서, 사회의 구성원으로서 여성의 역할이 더 늘어나고 지위는 더 불안정해졌다는 의미이기도 하다.[8] 기존의 가부장제를 유지하게 하는 자원과 동력은 점점 고갈되었지만, 이전과 같은 수준의 지위를 원한 남성들은 자신들의 지위가 불안정해질수록 더 많은 폭력을 행사했다.[9]

기존 질서가 무너졌으나 새로운 질서는 아직 오지 않았고, 폭력이 질서를 대체하는 순간처럼 포퓰리즘이 불붙기에 좋은 환경은 없다. 여기에 생존의 위협이 현실화하고, 그 문제의 책임을 떠넘길 만한 적당한 외부가 있다면 더욱 완벽하다. 부정적인 의미에서의 포퓰리즘은 첫째, 수평적인 상황 차이보다는 수직적인 위계 차이를 강조하여 상대(엘리트, 운동권, 기존 여성단체 등)를 기득권으로, 자신들을 순수한 대중으로 나눈다. 둘째, 이들은 대립감정을 최대한 활용하는데, 이때 피해자 정체성은 중요한 무기가 된다. 셋째, 이들은 자신들의 정당성을 단일한 의견을 가진 대중적 지지에서만 구하며, 오직 자신들만 대중의 마음을 안다고 주장한다.

최근 몇 년 사이에 부상한 대중화된 페미니즘은 이른바 '여성 우선 페미니즘'으로, 내부의 동질성을 확고하게 하는 데 집중하고, 피해자로서의 여성이라는 정체성의 정치학을 강력하게 주장한다.[10] 여성

살해, 불법촬영과 유포·협박, 가장 쉬운 돈벌이가 된 성착취 산업 등에 포위된 여성들은 지금 이 시대에 다시 '생존권'을 이야기해야 하는 현실에 분노했고, 방향을 찾지 못한 분노는 때로 제주에 온 예멘 난민 혐오와 조선족 혐오 등의 목소리로 튀어나오기도 했다. 여성에게 가해지는 폭력 대부분이 친밀한 관계에 있는 자국민 남성에 의해 일어나는데도 말이다.

누적 참가인원 35만여 명이 모인 역사상 최대 규모의 여성 대중시위가 된 불법촬영·편파수사 반대 '혜화역 시위'는 생물학적 여성만 시위에 참가할 수 있다는 조건을 걸어서 트랜스 여성을 배제한다는 비판을 받았다. 남성의 참여를 금지함으로써 시위를 안전하게 진행하겠다는 의도였겠으나, 실제로 이 조건을 명시하는 홍보물에서 조롱의 대상이 된 것은 남성이 아니라 트랜스 여성이었다. 인터넷을 기반으로 새로 만들어진 여성 모임들이 이 시위를 조직했는데, 이들이 주최한 낙태죄 반대 시위, 불법촬영 반대 시위, 리얼돌 반대 시위 등은 모두 같은 조건을 내걸었다. 혜화역 시위의 진행자가 되기 위해서는 이중 삼중의 신체검사(목소리 확인, 손목 사진, 신분증 인증 등)를 통과해야 했고, 행사 당일에 경찰들에게 남성 시위 참가자를 막아달라는 요구가 전달되었다.

혜화역 시위 참가자 기정(가명, 20세, 총 4회 참석)은 트랜스 여성이 배제되는 것은 안타깝지만, 그런 조항이 없으면 시위장에 난입하여 방해하려는 생물학적 남성들이 자신을 트랜스 여성이라고 주장할 때 막을 방도가 없으므로 어쩔 수 없는 조치라고 생각한다고 했다. 하지만 또 다른 참가자 리한(가명, 22세, 총 5회 참석)에 따르면 생물학적 남성 배제라는 원칙은 현장에서 실제로 실행할 수 없는 규칙이었다. 경찰들이 겉보기에 '여성스럽지 않은' 옷차림과 머리 모양을 한 이른바 '탈코르셋' 참가자를 막자 진행자들이 항의하는 소동이 벌어지기도 했고, 나중에는 거의 단속이 없었다고 한다.[11] 같은 날 집회에 참석한 《한국일보》 기자가 쓴 글에서도 '생물학적 남성 배제'라는 구호는 상징적일 뿐, 특별히 참가자를 단속하는 모습을 찾아보기 어려웠다는 내용이 나온다.[12] 그렇다면 생물학적 남성 배제라는 문구를 내걸고, 사실상 트랜스 여성을 조롱하는 내용의 홍보물을 통해 대립감정을 극대화함으로써 안전하다는 '감정'을 느낄 수 있게 되었다는 말이다.

공통의 피해 경험을 강조하여 내적 동질성을 획득하는 전략이 인기를 끄는 이유는 개인이 대중의 일원이 되면서 자아를 확장하고 강화하는 경험을 제공해주기 때문이다. 대중의 일원이 되는 체험을 할 때 (이전의 대중심리 연구자들이 말하는 것과는 달리) 자아를 상실하는 것이 아니라 오히려 자아강화ego strength가 이루어진다.[13] 강남역 여성혐오 살인사건 이후 여성에 대한 폭력 사건에 분노한 여성 대중의 집단적 시위 참여 서사의 핵심에는 "그것은 나의 사건이기도 했다"는 인식과 지금 중요한 변화를 일으키는 역사의 한가운데 있다는 자부심이었다. 이들은 '익명'의 여성이 겪은 폭력에 공감하고 무기력함을 느꼈으나 성공적인 대중시위에 참여함으로써 다시 용기와 일체감을 경험하고 집단의 위력과 자아를 일치시키는 경험을 한다. 이렇게 대중이 일으킨 역사적 사건에 참가한 경험은 개인의 기억 속에서 자신의 중요성이 높아지는 결과로 이어졌다. 시위 참가자에게도 철저하게 익명으로 남을 것을 서로 요구하는 이유는 익명성을 유지함으로써 자원이 독점되고 내부에 또 다른 권력층이 생기는 문제를 미리 막기 위해서다. 포퓰리즘 운동이 외부적으로는 반민주적이고 반인권적인 메시지를 담고 있다는 이유로 비판을 받는데도 운동의 정당성에 대한 믿음이 쉽게 꺼지지 않는 이유는 내부의 민주주의를 위해 대안적 방식들을 적극적으로 채택하고 있기 때문이다.

내부의 동질성을 강화하고 외부를 철저하게 대립적으로 구성하며, 그 대립감정을 공개적으로 활용하는 방식은 이전의 반성폭력운동, 특히 아동성폭력반대운동의 감정 전략에서 익숙하게 사용되어 왔다.[14] 한국의 반성폭력운동을 이끌던 여성단체들은 1990년대 성폭력특별법 제정운동의 결실을 본 이후 2000년대에 아동성범죄 문제가 부상하면서 성폭력에 분노하는 대중 감정과 어느 정도 거리를 두면서 긴장을 유지해왔다. 아동성범죄자의 잔혹한 범죄가 드러나면 반성폭력운동에 대한 지지는 높아졌으나 대중의 요구는 엄벌주의와 가해자 신상 공개 등에 집중된다. 또한 아동 피해자를 응원하는 목소리가 높아지는 것과 반비례하여 성인 여성 피해자의 피해는 점점 더 의심스러운 것으로 취급된다.

이성애자 여성과 남성의 성애적 관계에서 여성을 잠재적 피해자로만 보는 것이 오히려 여성의 자율성을 무시하는 일이라는 의견이 때로는 페미니즘의 언어로 때로는 반페미니즘의 언어로 등장했다. 반면 여성은 남성과의 관계에서 약자이며, 이성애를 중심으로 하는 가부장제 사회에서 여성은 남성이 강간할 수 있는 대상물fuckee로 격하된다는 주장 등은 페미니즘의 이름으로 널리 유통되었다. 반성폭력운동가들은 성보수주의, 법만능주의, 남성혐오자 등 다양한 오명과 함께 피해자 정체성의 정치를 통해 대중의 시선을 끌려 한다는 포퓰리즘의 혐의까지 받아야 했다. 그런 가운데 페미니즘이 대중화되고, 대중화된 페미니즘이 만들어낸 조건 속에서 '미투'운동이 벌어졌다. 그렇다면 '미투'는 어땠을까.

미투, 대중운동이 되다

2018년 1월 서지현 검사가 jtbc 채널의 〈뉴스룸〉 생방송에 나왔다. 서 검사는 8년 전 상관에게 성추행을 당했고, 당시 여러 명의 목격자가 있었으나 오히려 피해자인 자신이 인사 문제에서 불이익을 당했다고 밝혔다. 서 검사의 미투는 한국 사회에 큰 충격을 주었다. 피해자가 검사인데도 자신이 당한 성추행 피해를 해결할 방법을 찾을 수 없었다는 점이 다른 피해자들에게 충격적인 전환이 되기도 했다. 혜화역 시위 참여자 경험을 연구하는 과정에서 만난 한슬(가명, 22세)은 20세에 성폭력 피해를 당한 뒤 학교를 그만두고 로스쿨을 준비하던 차였다. 한슬은 서 검사의 미투 장면을 보던 순간의 기억이 생생하다고 했다. 그는 참고 견뎌서 더 높은 지위와 더 많은 권력을 손에 쥐면 문제가 해결될 거라는 믿음이 한순간에 사라졌다고, 갑자기 맥이 풀리고 무력해졌는데, "그동안 내가 가드를 너무 올리고 살았구나" 싶었다고 말했다.

미투운동은 개인의 노력으로 문제를 해결하는 데 익숙해져 있던 이들에게 '네 잘못이 아니다', '당신은 혼자가 아니다'라는 사실을 알려주었다. 서 검사는 〈뉴스룸〉에서 자신의 피해 사실을 밝히는 이유는 자신과 같은 일을 겪은 피해자에게 '네 잘못이 아니야'라는 말을 전하고 싶었기 때문이라고 했다. 이후 서 검사는 검찰 내부 인트라넷 '아프로스'에 자신이 엄마로서, 검사로서, 피해자로서 겪어온 삶을 돌이켜보는 글을 썼다.[15] 서지현 검사는 《82년생 김지영》[16]을 읽고 난 다음 1972년생인 자신의 인생을 되돌아보았다고 했다. 한국의 페미니즘 대중화 시대를 가늠하는 징표가 된 조남주 작가의 소설 《82년생 김지영》은 한국 사회의 성차별 문제에 관한 수많은 통계와 기사의 인용으로 이루어져 있다. 이 소설은 성차별이 여전히 존재한다는 사실을 부인하고 싶어 하는 사람들을 설득할 수 있는 아주 많은 정보를 담고 있다. 2015년 이후 각성한 여성 대중의 존재 없이는 이 소설의 대중적 호응을 설명할 수 없는데, 여성 대중은 성차별이 지금의 한국 사회에서 존재하는 방식을 탁월하게 그려낸 이 소설의 메시지에 열광했다. 《82년생 김지영》, 서지현 검사, 로스쿨 학생 한슬은 바로 대중화된 페미니즘의 등장, 전문직과 문화예술계를 중심으로 시작된 미투운동의 부상, 여성의 각성과 참여가 어떠한 여성-대중으로서의 연결을 만들어주었는지 보여준다.

2018년부터 2년여 동안 한국에서 일어난 미투운동은 피해자들의 자발적인 참여로 시작되고 대중적 호응을 얻었다. 그동안 성폭력 문제가 해결되지 못하는 핵심 이유 중 하나가 피해자가 나서지 못했기 때문이라는 점을 떠올려볼 때 정말 예외적인 상황이었다. 성폭력은 피해자가 숨기고 싶어 하고 가해자는 이를 빌미로 협박하는 것이 가능했기 때문에 해결하기 어려운 범죄였다. 그래서 오랫동안 피해자 없는 범죄라 불렸고, 피해자의 숫자를 파악할 수 없어 암수범죄暗數犯罪로 분류되었다. 그런데 피해자가 '집단으로' 등장한 순간, 그 구조를 만들어온 단단한 조건 하나가 흔들렸다. 이것만으로도 가히 혁명적인 변화라고 할 만하다. 거기에 대중적 지지가 따라오면서 미투운동은 대중운동으로 나아가게 된다.

또한 페미니즘 대중화의 흐름 속에서 성폭력 피해자가 자신을 성폭력이라는 구조적 문제를 고발하는 사람 중 한 명으로 생각하게 되었다는 점이 중요하다. 성폭력은 개인적 불운의 문제가 아니라 여성의 지위를 불안정하게 만들어 남성지배구조를 지속시키는 통치수단의 하나라는 페미니즘 문제의식의 핵심이 (잠재적) 페미니스트 대중에게 전달된 것이다. 성폭력은 가해자 개인의 문제를 넘어 가해행위를 지속할 수 있게 한 성별권력관계의 문제라는 점을 그 어느 때보다도 잘 이해하는 여성-대중의 각성 속에서 탄생한 미투운동은 가해자와 가해 집단을 향한 적대감을 높이고 내부를 동질화하는 혐오 정치와는 다른 방향의 가능성을 열어주었다. 미투운동의 참가자들이 원한 것은 가해자 처벌과 피해자 보호를 넘어서 있었다. 이들이 원한 것은 가해행위가 얼마나 '정상적인' 문화로서 오랫동안 지속되었는지 철저히 반성함으로써 위계를 이용한 젠더 기반 폭력의 구조적 조건을 바꾸는 데 있었다. 미투운동은 '안전'이 아니라 '권력'을 이야기했고, 기득권의 남성 카르텔을 문제 삼으면서도 해당 집단의 재건과 보존을 중요하게 생각했다. 많은 사람이 만연한 폭력을 고발하고 대중의 호응이 이어졌는데도 포퓰리즘의 그림자 같은 면은 드러나지 않았다.

미투운동이 돌파한 것

아무리 높은 지위에 오른 여성이라도 남성 중심 사회에서 여성이 겪는 문제들에서 벗어날 수 없다는 점이 분명해졌기 때문에 미투운동은 신자유주의가 말하는 '파워 페미니즘'류로 빠지지 않을 수 있었다. 또한 미투운동은 외부의 낯선 타자에 의해 촉발된 위험이 아니라 이른바 '정상적'이라고 간주되는 남성의 일반문화로 인해 발생하고 유지되어온 '내부'의 문제였으므로 혐오와 배제의 선동 정치와는 거리를 둘 수 있었다. 피해자가 고발하고, 이어서 다른 피해자가 그 고발이 사실이라는 점을 뒷받침하며 자신의 증언을 이어갔다는 점도 중요하다. 여기에서 가시화되는 것은 피해자 개인이 아니라 피해를 당하게 된 문화와 구조 자체다. 가해자들 중 특히 해당 영역의 대표적인 인물들이 소환되었고, 그 과정에서 (고은 시인이나 이윤택 연출가처럼) 상징적 아버지의 목이 (상징적으로) 잘렸다.

이전의 성폭력반대운동이 맞닥뜨린 딜레마는 자신의 피해 경험을 드러내는 순간, 그것을 증명하라는 요구 때문에 증언을 반복하는 과정에서 피해자라는 처지가 일종의 정체성으로 고착된다는 점이었다. 하지만 2018년의 미투운동은 피해자 개인의 문제가 아니라 복수의 피해자가 반복적으로 겪은 문제임을 드러냈다. 이어지는 증언들 속에서 문제는 사회적인 것으로 인지되고, 사회적 지지도 폭넓게 이루어졌다. '나도'라는 맥락 속에서 구성되었던 피해 증언은 말하기라는 형식 안에 이미 이 문제의 사회적 성격과 집단적 경험이라는 의미를 담고 있다. 자신의 경험을 말한 발화자는 그 전의 발화자의 경험을 대변하며, 이어진 발화자는 피해 경험을 신뢰할 만한 사건으로 증언한다. 미투운동이 그 전의 반성폭력운동과 질적으로 달라지는 부분이 바로 이것이다. 미투라는 말이 보여주는 것처럼 피해자들은 사건을 개별화하지 않고, 사회적으로 고립되지 않고, 더 많은 사회적 연대의 장을 마련할 수 있었다.[17)]

미투라는 말로 이어진다는 것은 이 문제가 매우 만연해 있으며, 정상적인 문화로 묵인되어온 문제라는 말이기도 하다. 미투가 한창 뜨거웠을 때 문제는 피해자가 아니라 가해자에게, 개별적인 가해자가 아니라 그러한 행위를 가능하게 했던 사회에 있다는 것을 잠시나마 모두가 아는 순간이 있었다. 미국에서는 "남성 중심의 사회문화를 끝내자"며, 이제 그럴 때가 되었다TIME'S UP고 응답했고, 한국의 미투운동 지지자들은 "WITH YOU"로 응답했다. 2018년 4월 10일부터 11일까지 한국여성정책연구원이 전국 만 19~69세 1,013명에게 설문조사를 실시한 결과 "미투운동에 지지한다"는 사람이 79.8%에 달했고, "미투운동이 권력형 성희롱이나 성범죄의 심각성을 인식하는 데 도움이 되었는가?"라는 질문에는 여성 88.9%, 남성 88.7%가 "도움이 되었다"고 했다.[18)] 한국 사회가 페미니즘이 제기하는 문제에 이 정도의 대중적 지지를 보여준 일은 없었다. 미투운동은 (언제나 그랬던 것은 아니지만) 여성이 약자임을 주장하는 피해자중심주의, 피해를 증명하라는 요구에 응답하는 피해자 정체성의 정치가 아니라 사회에서 정상이라고 받아들여지는 남성지배적이고 이성애 중심적이며 권위주의적 집단문화와 행동규범에 도전했다.

미투운동이 멈춰 선 그곳

2년 후인 지금도 미투는 계속 이어지고 있지만, 미투운동이 보여준 혁명적 가능성이 지속되고 있는지는 의문이다. 우선 미투운동에 대한 대중적 지지가 눈에 띄게 줄어들었다. 폭로 방식의 효용성과 일부 미투 사건에서 불신이 쌓인 결과다.

1990년대만 하더라도 성폭력 피해 증언은 너무나 많은 낙인을 감당해야 하는 일이었다. 그렇기 때문에 성폭력 피해 증언은 견고한 침묵을 깨고 나왔다는 점만으로도 진리에 가까울 것으로 생각되었다. 엄청난 손해를 굳이 감당할 합리적 이유가 없다고 판단했기 때문이다. 1997년 A대학에서 성폭력 가해자와 피해자가 실명 공개 대자보 논쟁을 벌일 때, 많은 여학생과 졸업생이 피해자의 진술을 믿는다는 연대의 글을 붙였다. 그때 "가해자는 (성폭력이 아니라고) 거짓말을 해서 얻을 수 있는 이득이 있지만, 피해자는 (성폭력이라고) 거짓말을 한다고 해서 얻을 수 있는 이득이 없다. 그러므로 피해자의 말이 사실이다"라는 졸업생의 글이 대중적 호응을 얻었다.

하지만 미투운동 이후 침묵의 장벽은 깨졌다. 그리고 지금은 20년 전만큼 성폭력 피해에 대한 낙인이 강력하지는 않다. 미투가 초반에 대중적 지지를 얻었던 것은 피해자가 여러 명이고, 증언이 서로 유사하며, 가해자가 자신의 행동을 부인한 것이 아니라 자신의 행동이 왜 나쁜지 인지하지 못할 정도로 여성의 인권에 무지한 상태에서 성적 착취가 이루어졌기 때문이다. 피해자가 유명인이거나 전문가의 지위에 있는 인물이고, 오래전에 이루어진 피해에 대해 현재의 피해자가 증언을 보충하는 방식으로 이뤄졌다는 점도 중요하다. 특히 유력한 지위에 오른 피해자는 피해 사실을 밝혀서 얻을 수 있는 것이 없었기 때문에 진정성을 인정받았다. 하지만 이런 조건이 아닌 개별 사건의 피해자들은 여론의 지지를 얻기가 어려웠다. 법이 만들어지고, 의료적·사법적·사회복지적 차원에서 피해자의 권리가 최소한이나마 보장되면서 피해 자체에 대한 증언이 사회적인 자원으로 교환될 여지가 생겨난 상황도 피해자에 대한 불신감이 높아진 이유다.

피해자중심주의는 페미니즘의 새로운 원칙처럼 제시되었으나 이는 가해자중심사회의 기울어진 추를 교정하기 위한 (잠정적이고 일시적인) 실천지침에 가까웠다.[19] 여기에서 가해자중심사회란 일선의 수사관이나 법률가가 당사자들의 진술이 엇갈릴 때 가해자의 주관적 판단을 수용하는 경향 등을 말한다. 실제로 수많은 성범죄 관련 사건 수사과정에서 "나는 그가 말을 시작했을 때 그의 말이 신뢰할 만하다는 것을 딱 알아봤다"는 식의 수사관과 법률가의 '직관'이 재판 과정에서 의사결정을 지배한다.[20] 피해자중심주의는 이 같은 가해자 편향을 고발하기 위해 고안된 말이다. 피해자에 대한 편견을 제거하는 것 역시 중요한 문제다. 피해자는 사회적 지위와 성경험 여부 등에 따라 진술의 신뢰도가 다르게 취급된다. 피해자가 유흥업소 종업원이거나 가해자의 전 애인일 때 수사관과 재판관은 그녀에게 실제로 '침해'될 것이 있는가를 문제 삼는 식이다. 피해자에게 "맨날 하는 일인데 뭐 그냥 한번 주고 말아", "어차피 처녀도 아니고" 같은 말들이 쏟아진다. 이렇게 남성 중심적이고 가해자 중심적인 사회가 강력하고도 집요하게 작동하고 있기 때문에 '피해자 중심', '피해자 입장', '피해자 관점' 등의 말이 등장하게 된 것이다.[21]

하지만 페미니즘이 대중화된, 페미니즘 포퓰리즘의 국면에서 피해자중심주의는 일종의 여론재판처럼 사용되었다. 구체적인 사실관계를 신중하게 조사하고 적절히 개입하거나 사건의 성격을 정의하고 해결 방식을 공유하는 등 그동안 축적된 성폭력 사건 해결 방식은 SNS에 폭로하고 연달아 피해자가 나서고 가해자가 빠르게 퇴출당하는 방식과 비교해볼 때 한없이 비효율적이다. 하지만 가해자로 지목된 후 구제 절차를 제대로 이용할 수 없었던 이들이 그 상황에서 순순히 물러날 리 없다. 피해자에게 객관성의 지위를 독점하도록 하는 것은 남성 중심적 사회를 해체하지도, 객관성에 관한 새로운 인식론을 전개하지도 못했을 뿐만 아니라 강력한 반발로 돌아왔다.

미투운동이 대중의 지지를 얻고 전개되었을 때에는 이것이 별다른 문제가 되지 않았지만 모든 미투에 공평하게 관심이 돌아가는 것도, 모든 미투가 대중의 지지를 받는 것도 아니다. 이렇게 되면 미투운동이 다시 대중의 관심과 지지를 받을 수 있는지 여부로 성패가 갈라진다는 점에서, 대중의 지지를 얻을 수 있는 사람의 피해에만 주목하는 상황이 벌어질 수도 있다.

미투운동의 혁명적 잠재성을 위해

우리는 미투운동의 혁명적 잠재성이 윤리-정치의 차원에서도 의미가 있도록 노력해야 한다. 인간의 존엄을 동등하게 존중하는 윤리학이 사람들의 구체적인 삶에 개입할 수 없다면, 우리는 진정한 인간 존재로서 서로 관계를 맺는 데 실패할 것이고, 그와 관련된 적절한 감정을 갖는 데도 실패할 것이다. 그런 점에서 미투운동의 형식에 좀 더 주목할 필요가 있다. 미투운동은 이전처럼 집단적 목소리 안의 개인이 지워지거나, 개인을 강조하다 보면 공동의 목표를 주장하기가 곤란해지는 딜레마를 어느 정도 극복했다. 주디스 버틀러의 표현을 빌리자면, 우리 각자는 동시에 지탱하고 지탱되고 있으며, 우리에게는 서로가 필요하다고 언명하는 것은 사회적인 것을 특징짓는 기본원리들을, 생존 가능한 삶의 민주주의적 조건들을 언명하는 것이다.[22] 미투운동은 '나'에게 주목하는 동시에 '나'는 복수의 '나'에 의해서 지탱된다는 점을 드러냈다. 인간은 서로에게 의존하는 조건에서 살아가고 있고, 인간의 취약성과 상호의존적인 상태는 그 자체로 인간의 조건이다. 이 조건에서 여성이라는 이유로, 소수자나 약자라는 이유로 생존이 위협받는 사회는 민주주의 사회라고 할 수 없다.

미투운동 이후에 나타난 중요한 변화 중 하나는 이제 많은 여성이 여성을 향한 폭력 문제는 여성 스스로 크고 강력하게 이야기하지 않으면 절대 변하지 않는다는 사실을 알게 된 것이다. 소리 내어 입 밖으로 말하는 행동speak-out은 사건의 사회적 의미를 변화시키고, 피해를 폭넓게 이해할 수 있도록 변화시켰다. 하지만 이제 다시 법정으로 들어가고 학교나 직장 안 징계위원회로 들어가면서 보호를 빌미로 삼아 비밀주의의 장막 안으로 가려지고 있다. 공론화가 답이라는 말이 아니다. 공론화는 최후의 수단이었고, 이렇게 퍼지고 박제되기 쉬운 초연결사회에서 공론화를 통해 여론의 힘을 얻을 기회도 공정하게 주어지지 않았다. 미투는 모두 동등하게 취약하거나 서로의 존재가 치명적이지 않게 살아갈 권리를 이야기한다. 이 점이 윤리적이고 정치적인 전환을 만들어냈다고 생각한다.

2018년에서 2019년까지 이어진 미투운동과 불법촬영 반대 시위, 낙태죄 폐지 운동 등에서 여성들은 자신의 몸에 관한 권리를 되찾기 위해 놀라운 용기를 발휘했다. 이 놀라운 용기는 차별과 배제, 혐오라는 사회적 조건 속에서 피어났기 때문에 그 사회의 언어를 많이 닮기도 했다. 우리가 함께 주목해야 하는 것은 여성이라는 정체성이 어떻게 확정되어 있는가 하는 점이 아니라, 취약한 몸과 조건을 가진 사람들이 왜 인간의 보편적 조건에 놓여 있다고 생각되지 않고 비인간이 되는가에 있다.

샹탈 무페는 우파 포퓰리즘에 의해 조장된 (외국인) 혐오 정책들과 싸우기 위해서는 평등을 믿고 사회 정의를 방어하고자 하는 대중의 집합의지를 끌어올릴 수 있는 좌파 포퓰리즘의 기획이 필요하다고 말한 바 있다.[23) 나는 여기에 페미니즘 대중화 시대에 맞는, 혐오와 배제가 아닌 '감정'이 촉진되어야 한다고 덧붙이고 싶다. 포퓰리즘 자체가 아니라 혐오와 배제를 통해 대중을 선동하는 우파 대중주의에 맞서기 위해서라도 대립감정에 의존하지 않는 새로운 정치적 감정이 필요하다. 그래서 미투운동이 혁명적이었던 순간을 기억하는 것이 중요하다. 미투운동은 여성을 인간으로 동등하게 보는 방법을 찾아야 한다는 촉구이자 여성-인간의 권리를 보편적 인권으로 이해해야 한다는 요구이며, 차별에 찬성하고 배제를 권리로 생각하도록 했던 혐오사회의 흐름을 다시 인간적이고 민주적인 것으로 갱신해야 한다는 긴급한 요청이었다. 그리고 무엇보다도 평등과 사회정의에 대한 대중적 집합의지가 생존에 대한 긴급한 요구와 만나는 방식으로 (좌파) 대중주의가 성공적으로 작동했던 순간이었다. 바로 이것이 미투운동을 여성주의적으로, 급진적 민주주의의 기획으로 만들기 위해서는 안전보장이 아니라 삶에 대한 민주적 권리로, 피해자중심주의가 아니라 상호의존적인 인간다움에 기반한 새로운 상식을 구성하는 피해자 합리성으로의 전환이 중요하다고 생각하는 이유다.

세 번째

어제의 여성에서 내일의 여성으로 나아가는 길

7장

‘여성 대통령’은 어떻게 탄생했는가

박근혜 시대의 여성 정치

박근혜는 '여성'을 혁신의 상징이자 약자의 대표라는

이중적 의미로 사용하면서

자신에 대한 공격을 약자에 대한 공격으로 치환할 수 있었다.

이 모든 것은 여성의 과소대표문제에 관한 정치토론장이

백지상태여서 가능한 일이었고,

대표되지 않고 있는 수많은 목소리를 철저하게 배제한

진영론의 구도여서 일어난 일이었다.

여성이 처음 당선된 대통령 선거

2012년 12월, 한국 최초의 여성 대통령이 탄생했다. 하지만 차마 기뻐할 수가 없었다. 선거 전반에서 '여성'에 관한 정치토론은 전혀 이루어지지 않았다. 심지어 역대 대선에서 항상 개최되었던 여성정책 토론회조차 열리지 못했다. '여성'은 선거의 핵심 이슈로 떠올랐지만 진지한 토론의 대상이 되지는 않았다. 아니, 더 정확하게는 우리 사회가 '여성'에 관한 정치적 토론을 제대로 할 수 없는 조건이자 수준이라는 게 만천하에 드러났다고 봐야 할 것이다. 그런데 가장 '여성정치'가 실종된 선거에서 여성이 대통령이 되었다. 대체 이 간극을 어떻게 이해해야 할까.

대략 당시의 소동을 되짚어보자. 여기 한 여성 정치인이 있다. 그는 "아버지가 하신 일에 대한 왜곡과 잘못된 것을 바로잡기 위해" 정치에 입문하게 되었다고 여러 번 인터뷰를 통해 말했고, 그 말을 지키는 데 무엇보다 충실했으며, 아버지처럼 국가를 위해 헌신하겠다고 다짐했다. 그가 당 대표로 있었던 기간 동안 정당 내의 남성 정치인들은 각종 성적 추문을 일으켰지만, 이들 중 누구도 제명되거나 징계의 대상이 되지 않았다. 그러던 그가 2012년 8월, 공식적인 대선후보로 선출되고 난 후 갑자기 여성 대통령이라는 슬로건을 들고나왔다. 그러자 그의 반대자들은 그녀가 생물학적으로만 여성일 뿐, 여성의 정치적·사회적 지위 변화와는 관련이 없는 인물이라고 비판했다. 문재인 후보의 선거운동 차량에서는 "결혼해서 아이를 낳아보지도 않은 여성이 어떻게 여성을 대표할 수 있느냐"며 "퇴근하는 남편의 저녁을 준비해보지도 않은 여성이 평범한 여성의 심정을 어떻게 알겠냐"는 내용의 호소가 흘러나왔다. "생물학적으로만 여성일 뿐"이라는 말은 한 남성 심리학자에 의해 "생식기만 여성"이라는 말로 변주되었고, 한 민중 화가는 박정희 시대의 대표적 국가폭력이었던 유신을 비판하는 전시회에서 박근혜의 자궁을 통해 유신이 태어나는 모습을 그리기도 했다. 실제로 박근혜 출산설 등이 꽤 널리 퍼지기도 했다. 박근혜 후보 측은 미혼의 여성 후보에 대한 성적 공격이라고 반발했고, 그제야 반대자들은 박근혜를 향한 공격은 여성 폄하와는 관련이 없다며 목소리를 낮췄다.

이 소동이 투표 선택에 결정적인 영향을 미쳤는지에 관해서는 의견이 분분하다. 개표 결과 박근혜는 저소득, 블루칼라, 여성, 40대 이상, 경상도에서 더 많은 표를 얻었다. 이 집단들은 이전 선거에서도 새누리당을 지지하던 이들이어서 이 결과만으로는 여성 대통령론이 박근혜의 당선에 결정적인 계기를 마련했다고 보기는 어려울 것이다. 하지만 지금까지 여성을 대변하는 어떤 정치적 행보도 보여주지 않은 인물이 '여성'이라는 기호를 선취하는 데 성공했다는 점만은 분명하다. 그리고 최초의 여성 대통령이 발표한 첫 인선에서 여성 장관은 단 두 명에 그쳤다. 하지만 박근혜의 지지자 중 누구도 "박근혜가 '여성 대통령'을 내세웠는데 어떻게 이럴 수 있는가"라고 실망한 이들은 없다. 이는 '여성'이라는 단어가 구체적인 역할이나 정책이 아니라 '기호'로 사용되었기 때문이었다.

생물학적으로만 여성이라는 말

먼저 짚어보자. 반대자들이 말한 "박근혜는 생물학적으로만 여성"은 무슨 뜻이었을까. 이 말은 마치 1970~1980년대 페미니즘에서 제기한 생물학적 섹스와 사회적 젠더에 관한 설명을 인용하는 것처럼 보였고, 성별 권력관계에서 약자인 여성의 사회적 위치를 환기하는 진보적인 언설로 들리기도 했다. 하지만 발화자의 의도와는 달리 이 말은 여성 정치인의 신체를 부적절하게 환기하는 낡아빠지고 불쾌한 성적 공격처럼 들렸다. 우선 첫 번째 패착은 1990년대 이후 페미니즘, 퀴어이론, 문화이론 등 다양한 비판이론에서 섹스/젠더의 구분이 육체의 물질성을 극복대상으로 삼는 또 다른 이분법적 폭력을 낳는다는 반성이 널리 공유되었는데도 이러한 지적 작업이 철저하게 무시된 채 논의가 전개되었다는 점이다.

흑인여성해방운동가 소저너 트루스Sojourner Truth의 "두꺼운 팔뚝과 새까맣게 그을린 피부색을 타고난 나는 여성이 아닙니까?"라는 일갈은 여성은 남성 욕망의 대상으로만 존재하지 않는다는 사실을 일깨웠다. 문제의 본질은 진정한 여성은 어떤 여성이라든지, 바람직한 여성상이 무엇인가 따위가 아니라 "누가 여성인가"를 결정하는 권력이 누구에게 있느냐의 문제다. "여성은 태어나는 것이 아니라 만들어지는 것이다"라는 시몬 드 보부아르의 선언은 "사람으로 태어나는 것이지 여성으로 태어나는 것이 아니다"라는 모니크 위티그 Monique Wittig의 부연을 통해 보충되었고, 신체·행동·발화를 규제하는 권력을 통해 젠더가 반복적으로 수행된다는 주디스 버틀러의 분석은 젠더 규범의 안정성을 흔들어놓음으로써 여성을 단일한 정체성으로 정의하려는 지식 권력을 효과적으로 해체했다.

그러나 선거 과정에서 사용된 생물학적으로만 여성이라는 말은 젠더라는 개념을 통해 성별을 생물학적으로 구분함으로써 여성의 위치를 어머니로 본질화하려는 데 반대하고자 했던 페미니즘 · 퀴어 담론의 역사성과 정치성을 삭제한 채 섹스/젠더의 개념적 구분을 그 자체로 진리 담론으로 유통해버렸다. 생략하면 안 되는 문장이었던 "생물학적으로는 여성이나, 사회적으로는 여성인 적이 없다"는 말이 "생물학적으로만 여성"이라는 말로 압축된 것도 문제였다. 이는 "A는 장애인이지만, 장애인의 권리를 위해서 아무런 기여도 하지 않았다"는 말을 "A는 단지 장애인일 뿐이다"로 요약한 것과 다름없다. 말의 위치와 맥락이 삭제된 채 유통되는 과정에서 아무런 정치적 의미가 없는 동어반복이 된 것이다.

더구나 생물학적으로만 여성이라는 말이 "생식기만 여성"이라는 말로 변용되면서 불평등한 여성 지위에 대한 정치적 문제 제기라는 의도가 전달되기는 더 어려웠다. 생물학적 또는 해부학적이라는 말은 사회적 또는 정치적이라는 말과의 대비를 만들어낸 반면, "생식기"라는 말은 매우 구체적인 신체 기관을 지칭하는 동시에 그 기관에 대한 비속어를 떠올리게 했다. "생식기만 여자다", "생식기만 남자다"라는 말은 생식기만으로는 성차를 구분하기에 충분하지 않다는 말이지, 그 반대가 아니다. 그리고 "생식기만 여자"라는 말은 생식기의 생김새가 성별을 결정한다는 "가짜 뉴스"를 생산할 뿐이었다.(부연해서 강조하자면, 인간은 오직 두 개의 성별만이 있고 그 성별은 타고난 외부 생식기의 형태로 결정된다는 말은 '생물학적'으로 진실이 아니다.) 이 말이 맥락이 삭제된 채 사용되면 생식기와 분리된 유동하는 성별을 상상하게 하지 못한다.

박근혜의 여성 대표성을 둘러싸고 벌어진 생물학적으로만 여성이라는 표현 논란은 여성의 신체적 차이가 생식기와 자궁으로 과잉 대표되는 생물학적 환원론을 비판하지도 못하고, 사회적 집단으로서의 여성을 가시화하지도 못한 채 이해할 수 없는 언어로 미끄러졌다. 그리고 박근혜의 비판자들이 제기한 "사회적 약자로서의 여성"

이라는 말은 "저녁밥을 짓고 남편을 기다리는 여성"과 함께 등장하면서 사실상 "생물학적으로 여성에게 기대되는 성역할에 충실한 (어머니이자 아내인) 여성"이라는 말과 동의어가 되어버렸다. 이 소동을 통해 여성 범주는 해체되지 않은 채 젠더 규범이 더욱 강화되었고, 여성과 남성의 신체적 차이를 가름하는 기준선은 더욱 강력하게 생식기와 자궁에 정박했다.

여성이 대표되기 위한 전제조건

정치를 복수의 인간이 사는 사회에 질서를 부여하고, 그에 대한 동의 기반을 얻어내는 통치기술이라고 간단하게 정의해보자. 이때 정치에서 중요한 것은 우리 사회에 누가 어떻게 살아가고 있는가에 관한 이해다. 통치의 단위가 커지면서 한 명 한 명의 고유한 차이를 모두 인지하는 것이 사실상 불가능해졌고, 이 문제를 해결하기 위해 고안된 것이 보통선거제도였다. 보통선거제도는 인간을 개인으로서 환원되지 않는 고유의 인격을 가지고 있으며, 동시에 모두 자율적인 존재로서 보편성을 가질 수 있는 존재로 이해한다. 대의제도는 인간 간의 차이를 추상적 개인으로 전환하고, 다시 이를 보편화하는 과정 없이는 발전할 수 없었다. 아리스토텔레스의 말을 빌리자면, 정치란 내가 도시국가의 일원으로서 스스로 개인이라고 자각하는 것에서부터 형성된다. 근대 정치의 핵심은 이렇게 인간을 모두 자유롭고 평등한 개인이라고 간주하는 것에서부터 시작했고, 이것이 민주주의의 시작이었다.

그러나 여성은 자유롭지도 평등하지도 않았으며 개인도 아니었다. 현대 여성운동은 여성 역시 시민의 일원이라는 믿음에서 시작한다. 지난 100여 년 동안 여성은 여성의 신체에 대한 소유권을 주장하는 억압적 권력과 싸워왔고, 여성도 보편적 인간이며 인간의 권리를 동등하게 분배받아야 하며, 그런 차원에서 인간이라는 종적 공통성을 가진다고 주장했다. 또한 노동시장에서의 차별, 재생산과 가사노동이라는 이중부담, 성적 폭력과 착취 등이 여성을 동등한 인간으로 만들지 못하고 있으며, 여성에 대한 차별을 지속시켜왔다고 비판했다. 여성을 둘러싼 부정의와 차별의 문제들은 인간의 보편적 권리에 대한 동어반복적인 선언으로는 해결될 수 없는, 정치 공동체 내부의 권력관계 변혁을 요구하는 의제들이었고, 여성의 정치참여는 현대 민주주의 정치제도의 약점을 폭로하면서 대표성을 둘러싼 논쟁을 만들어갔다.[1)]

현대 자유주의 정치에서 개인들은 추상적 개인으로 간주되기 때문에 개인들의 차이를 드러내는 '정체성' 문제는 '정치'의 관심사가 아닌 것으로 여겨졌다. 차이는 그 자체로 공적 의제라기보다는 '내적·사적 속성'으로 이해되었다. 이러한 정치적 변형과 재배치 과정에서 타자화된 정체성 문제는 사생활 보호와 존중이라는 방식으로 해결될 것이라고 믿어진다. 그러나 여성 대표의 사생활은 언제나 남성보다 더 쉽게 드러나고 더 취약한 고리가 되며, 소수자 집단의 사적 도덕성 문제는 기득권의 공적 부패보다 더 엄격한 잣대로 처벌된다. 성적 타자의 위치에 놓인 이들은 내적·사적 속성으로 인해 차이화되었고, 그 차이화를 통해 대표성의 자격을 획득하기 때문에 이들의 사생활은 사적 보호의 대상이라기보다는 공적 자원의 하나로 간주되었다.

여성 정체성의 정치학은 이렇게 성적으로 타자화된 여성의 사회적 지위를 공적 무대 위에서 정치화하려는 움직임으로 등장했고, 이렇게 해서 "사회적 약자로서의 여성"이라는 말이 등장했다. 이러한 맥락에서 정치에서의 여성과소대표성 문제는 두 가지 전략으로 나누어졌다. 하나는 주로 북유럽과 미국에서 도입한 성평등할당제로, 보편의 사각지대로 존재해온 여성이 특수한 상황들을 강조함으로써 한시적으로 여성 정치인에게 일정한 자리를 할당하는 정책이었고, 다른 하나는 프랑스의 '남녀 동수parité' 정책으로, 여성이라는 성적 차이를 특수나 예외가 아니라 새로운 보편의 조건으로 구성하기 위한 기획이었다.

다시 강조하자면, 대의민주주의제도에서 정치적 대표자는 특정 집단을 대리하는 것을 넘어서 추상적 개인으로서 보편화되어야 한다. 내가 개인이 아니라 나 자신이 속해 있는 집단의 일원으로서만 사회에 존재하게 될 때 개인인 나를 대표하는 것은 불가능하다. 즉, '개인'이 될 수 없으면 민주주의 정치는 성립할 수 없다. 그런데 여성은 우선 '개인'이 되는 것부터 문제에 부딪혔다.

사회적 약자로서의 여성?

인간의 보편적 평등을 주장하는 진보주의자들 사이에서 이른바 '진보'를 표방하는 여성 정치인들은 가족의 대리자가 아니라 개인으로서 선거에 참여하고자 했다. 여성이 그동안 남성이 누려왔던 특권의 일부에 편입하는 것이 아니라 동등한 개인으로서 남성과 경쟁관계에 뛰어들면 남성의 평가와 견제를 받게 된다. 경쟁자로서는 당연한 일이지만, 그 여성을 평가하는 과정에서 남성 정치인의 기득권에 도전하려 한다는 괘씸죄가 추가된다는 게 문제다. 2010년 지방선거에서 정치에 뛰어든 진보정당의 여성 정치인들은 거리에서 만나는 시민들에게 "남편과 애들은 어떻게 하고 정치하러 나왔나?"라는 질문을 들어야 했다고 토로했다.

2012년 4월의 19대 국회의원 선거에서 민주당의 남성 초선의원들은 선거의 패인을 성평등할당제처럼 '부차적'인 문제를 공천기준으로 삼았던 한명숙 대표에게 돌렸다. 18대 대선 직후였던 2013년 1월에 민주당이 개최한 대선평가토론회에서는 "한명숙 대표와 일부 최고위원과 여성 공심위원이 합세하여, 여성 단수 공천이라는 탱크로, 공정하고 투명한 공천 시스템을 깔아뭉개면서" 대선 패배가 예정되어 있었다고 분석했고, 민주당 지도부가 이 분석에 크게 공감했다고 전해진다.[2] 공천 10% 할당제는 여성이 당 대표가 되었을 때 생겨날 수 있는 대표적인 여성의 정치적 지위 향상을 위한 기획이었고, 새누리당과 가장 비교될 수 있는 정책이었는데도 민주당 남성 의원들의 반발로 인해 혁신이 아니라 계파정치의 또 다른 모습으로 비쳤다. '사회적 약자'를 위한 적극적 조치인 성평등할당제를 도입한 목적과 의미는 완전히 훼손되었고, 민주당은 '사회적 약자로서의 여성'을 호명할 자격을 잃었다. 이처럼 진보 성향의 정당에 속한 여성 정치인은 여성의 정치적 지위 향상에 적극적으로 개입하려는 순간 정당 내부에서는 여성이라는 '특수'의 이해관계만 대변하려 하느냐는 공격을 받고, 정당 바깥에서는 '남자를 이기려 드는 기세고 권력지향적인 여성'이라는 이미지 때문에 곤경을 겪는다.

반면 보수정당의 여성 후보자들은 상대적으로 성역할의 책임을 다했냐는 공격으로부터는 오히려 자유로운 편이다. 이들은 개인으로서가 아니라 가족의 일원이거나 국가와 자신을 직접적으로 동일시하면서 공적 영역에 진출하기 때문이다. 영국의 마거릿 대처, 미국 공화당의 세라 페일린Sarah Palin, 독일의 앙겔라 메르켈 등 보수당의 여성 정치인들은 대부분 보수당의 남성 정치인들이 정당을 거의 파국에 가깝게 망가트렸을 때 등장했다는 공통점이 있다. 나라가 어려울 때 행주치마에 돌을 담고 장롱 속의 금붙이를 팔아 나라를 구하는 애국적 어머니상은 보수당의 여성 정치인들이 가장 선호하는 이미지다. 이들은 개인-가족-국가의 관계를 유기체적이고 위계적으로 사고하며, 개인보다는 가족을 위한, 가족보다는 국가를 위한 헌신을 강조한다. 이러한 보수당 출신의 여성 정치인들의 수사는 아이러니하게도 2012년 18대 대통령 선거 당시 문재인 후보가 강조했던 이미지이기도 했다.

누가 어떻게 박근혜를 '여성'으로 호명했는가

한국의 군사독재 시기에는 국가의 존립 위기가 곧 개인의 절멸로 이어진다며 공포정치와 국가폭력이 용인되었다. 민주화운동 이후에 한국의 국민은 비로소 국가를 구성하는 권력이 국민에게 있다는 믿음 위에 주권 국가의 민주 시민이라는 관계를 새롭게 형성하기 시작했다. 거센 민주화운동을 통해 얻어낸 직선제 대통령 선거는 국가-

국민 관계를 적어도 표상적 차원에서는 변화시켰다. 이때부터 후보들은 절대권력의 담지자가 아니라 자신도 국민의 한 사람이라는 점을 강조했다. 대통령 후보들은 대중에게 다가가기 위해 자신들의 특권적 위치를 감추는 수사법을 구사한다. 전두환 정부의 2인자이자 육사 출신의 군인이었던 노태우는 대중이 민주화운동으로 얻어낸 직선제 대통령 선거에 '보통 사람'이라는 수사를 내걸고 도전했고 당선되었다.

박근혜에게 '여성'이라는 기호는, 노태우의 '보통 사람'과 같은 위치였다. 박근혜는 성차라는 특수성을 경유하는 성평등할당제 같은 장치 없이도 정계에 입문할 수 있는 특권적 지위를 가진 '아버지의 딸'이었고, 스스로 아버지와 남편의 '대리자'를 자처했다. 이 점은 남편/아버지의 후광을 입고 등장한 아시아 남미 일부의 여성 지도자들과 유사한 형태였다. 그런데도 박근혜가 갑자기 "여성 대통령"이라는 슬로건을 차용한 이유는 그가 '보통 사람'이 아니었기 때문이다. 박근혜가 가장 처음 발표한 슬로건인 "내 꿈이 이루어지는 나라"는 크게 실패했다. 한국에서 과연 박근혜와 나를 동일시할 수 있는 사람이 누가 있겠는가. 이 실패를 통해 박근혜에게 놓인 과제는 더욱 분명해졌다. 그는 군사독재정권의 망령이 부활하는 것이 아니냐는 대중의 두려움을 돌파하기 위해 반드시 보통 사람이 되어야 했고, 아버지의 정치적 유산을 지켜내면서도 동시에 아버지의 과오를 인정하고 반성하는 어려운 과제를 풀어야 했다. 이 위기의 국면에 등장한 것이 “준비된 여성 대통령”이라는 슬로건이다. 박근혜가 후보로 확정되자 당 대표인 황우여는 “여성 대통령 자체가 혁신”이라는 내용의 인터뷰를 했고, 박근혜는 김성주와 손수조를 전면에 내세우며 여성혁명시대를 선포했다.

하지만 이때까지만 해도 박근혜가 사회적 약자로서의 여성을 대변할 자격이 있는가 하는 의심과 냉소가 좀 더 지배적이었다. 박근혜는 여전히 박정희의 딸일 뿐, 여성 정치인으로 호명되지 않았다. 그래서 박근혜가 자신을 “여성 대통령”이라고 부르는 광경은 낯설었다. 정체성은 호명과 발화, 응답의 반복을 통해 구성된다. 그리고 이때 여성의 정체성은 스스로 “여성”이라고 부르는 직접적 방법으로 이루어지는 것이 아니라 “여자 맞나”, “여자가 어떻게” 같은 부정성의 거울을 경유하여 타자화된 형태로 구현된다. 이러한 구성방식에 거의 노출된 적이 없었던 박근혜가 임신 및 출산설을 비롯한 각종 스캔들과 여성혐오적인 욕설 등에 노출되면서 그는 비로소 ‘여성’으로 재현되기 시작했다. 이는 역설적으로 지금까지 정치인 박근혜가 한 번도 여성으로 재현된 적이 없으며, 여성 재현은 곧 성적 타자화를 동반한다는 사실을 알려준다. 박근혜에 대한 폭로성 공격들은 아버지의 대리인이라는 정체성에 묶여 있던 그의 족쇄를 풀어주면서, 그의 결여를 폭로하기보다는 오히려 공백을 채워주는 반동효과를 일으켰고, 결과적으로 박근혜는 자신을 "사회적 약자로서의 여성"에 동일시하게 만드는 데 성공했다.

박근혜는 '여성'을 혁신의 상징이자 약자의 대표라는 이중적 의미로 사용하면서 자신에 대한 공격을 약자에 대한 공격으로 치환할 수 있었다. 이는 민주당이 남성 중심적이고 진영논리 중심적이지 않았으면 불가능했을 일이다. 또한 진보정당의 여성 후보들이 '혁신'으로서의 여성이라는 의미를 먼저 차지했다면 불가능했을 일이다. 이 모든 것은 여성의 과소대표문제에 관한 정치토론장이 백지상태여서 가능한 일이었고, 대표되지 않고 있는 수많은 목소리를 철저하게 배제한 진영론의 구도여서 일어난 일이었다. 여성 대통령 박근혜와 여성 정치 사이의 긴장과 모순을 다시 말하기 위하여, 나는 박근혜 시대에 여성의 정치 투쟁에서 남은 것과 버려진 것의 목록을 다시 작성해야 한다고 생각한다. 지금 이곳에는 사회적 약자로서의 여성도, 여성이 개인이 되고자 했던 100년간의 투쟁도, 여성의 정치참여를 위한 전략과 기획도, 촛불부터 희망버스에 이르기까지 새로운 사회연대의 흐름을 만들어냈던 그 많던 여성의 목소리와 새로운 정치적 주체들의 탄생도 모두 사라져버렸다. 그리고 우리에게 남은 것은 아버지의 정치적 유산을 잇는 것이 자신의 정치적 목표라고 공언하는 단 한 명의 여성 대통령이다.

에필로그: 최초의 여성 대통령이 지나간 자리

2013년에 여기까지 글을 쓰고 7년이 지났다. 박근혜는 임기를 마치지 못하고 탄핵당했고, 현재는 뇌물수수 및 뇌물요구, 업무상 횡령, 공무상 비밀누설 등의 혐의로 수감되어 있다. 탄핵 과정에서 박근혜에 대한 공격은 명백하게 여성혐오적인 양상으로 이루어졌다. 탄핵 집회에서 박근혜는 미용성형에 중독된 '미쓰 박'으로 공표되었다. 집권 내내 박근혜를 비판하는 자들이 사용했던 별명은 '수첩공주'와 '닭'이었다. 여성의 지적 능력을 향한 불신과 조롱이 '공주'와 '닭'이라는 호명으로 드러났다면, 미용성형 시술 의혹과 함께 수많은 성적 스캔들이 양산되었던 것은 남성 중심적인 공간에 '분내'를 풍기는 여성성을 향한 혐오 그 자체였다.

하지만 박근혜 스스로도 그 지지자들도 '여성'을 적극적으로 활용했다. 박근혜의 변호를 맡은 유영하 변호사는 2016년 11월 15일 기자회견에서 "박 대통령이 대통령이기 전에 여성으로서 사생활이 있다는 점을 고려해달라"라고 발언하여 박근혜를 '공사 구분을 하지 못하는 여자(대통령)'로 만들었다. 그의 측근이었던 김기춘은 미용시술 의혹에 대해 "여성 대통령이어서 (물어보는 건) 결례"라고 생각했다고 밝혔고, 정윤회는 거기에 한술 더 떠 "내가 좀 남자다운 편이라 약한 여자를 보면 지켜주고 싶었다"는 내용의 인터뷰를 한 바 있다.[3)]

여자 대통령 박근혜를 향한 여성혐오적 공격은 무엇보다 집단으로서의 여성에게 큰 해악을 끼쳤다. 당시 원로정치인 박지원은 탄핵 과정에서 "대한민국에서 앞으로 100년 내로는 여성 대통령은 꿈도 꾸지 마라"고 한 바 있다. 한 여자가 저지른 잘못은 모든 여자의 문제가 되고, 한 남자가 저지른 잘못은 그 남자만의 문제가 된다. 한 여자의 성취는 그 여자만의 예외적인 성공으로 받아들여지고, 한 남자가 뛰어나면 모든 남자의 가치를 높이는 근거가 된다. 박근혜는 보호받아야 하는 위치에 있을 때만 '여성'이라는 점을 드러냄으로써 최초의 여성 대통령이 가지는 역사적 의미를 스스로 퇴행시켰고, 박근혜를 향한 여성혐오적 공격이 이처럼 폭넓게 이루어지면서 이른바 '진보'는 이제 여성을 배려하지 않아도 된다는 면죄부라도 받은 것처럼 고삐를 풀기 시작했다. 그리고 대중문화에서 현실정치에 이르기까지 널리 퍼진 여성혐오가 최초의 여성 대통령이 지나간 자리에 남겨졌다.

8장 성적 차이는 대표될 수 있는가

여성 정치의 대표성과 특수성

여성이 단지 여성이라는 이유만으로는
결코 여성을 대표할 수 없으며,
최초의 여성이 등장했다고 해서 이것이
여성 집단 전체의 권한이 강화되는 증거라고 보기도 어렵다.
하지만 이들이 여성으로서 그 자리에 있다는 사실을 자각하고,
성적 타자이자 사회적 약자라는 여성의 처지에서
목소리를 내기 시작한다면 이야기가 달라진다.

누가 여성을 대표할 수 있는가

초등학교 5학년 때였다. 그 전까지의 반장선거는 선생님이 후보를 미리 성적순으로 정해두고 시작했는데, 이때만은 달랐다. 보통선거라는 말이 하도 낯설어서 아주 선명한 기억으로 남아 있는데, 의욕으로 가득 찬 젊은 담임선생님은 우리에게 반장선거를 통해 보통선거와 민주주의에 관해 알려주겠다고 했다. 반 아이들의 절반 이상이 자천타천 후보자로 추천되었고, 첫 번째 투표를 통해 공부 잘하고 말 잘하는 선희와 장난기가 넘치고 남을 웃기는 재주가 있는 영호로 후보가 추려졌다.

결선투표를 앞두고 선생님이 한 마디 툭 던졌다. "남녀대결이네?" 그러자 교실 뒤편에서 한 남자애가 깐족거리며 "여자는 대통령이 될 수 없으니까 반장이 될 수 없어"라고 말했다. 그 말을 듣고 여자아이들은 모두 "우~" 하고 야유를 보냈다. 처음에는 장난처럼 시작하다가 각자의 자존심이 건드려지면서 성대결의 분위기가 점점 높아졌다. 그때 몇몇 남자아이가 문제를 제기했다. "남자 수가 두 명 적어 불리합니다." 선생님은 그럼 여자 반장과 남자 반장을 한 명씩 뽑는 것이 어떠냐는 절충안을 내놓았고, 점점 흥미를 잃어가던 아이들은 따분하게 결과를 받아들여 반장은 여자 반장과 남자 반장 두 명이 되었다.

그렇게 하여 내 인생 최초의 보통선거는 비교적 평화롭게 마무리되었지만, 나는 가끔 궁금했다. 만약 투표했다면 어떻게 되었을까? 정말 남자는 남자를, 여자는 여자를 뽑았을까? 선희와 나는 여자라는 공통점이 있지만, 선희보다는 영호가 반장인 게 더 재미있을 것 같았다. 하지만 그렇게 투표했다면 여자들은 여자를 찍자는 암묵적 약속을 배신하는 게 될 터였다.

이때의 기억이 다시 떠오른 건 대학생이 된 이후 총여학생회장 후보로 출마하면서였다. 당시 나는 대학교 2학년 때부터 총여학생회에서 하는 빈민탁아운동이나 반성폭력학칙제정운동 같은 것에 참여하고 있었고, K는 주로 학과 내에서 학생회 활동을 했다. 그런데 K가 출마한다는 소식이 들리자 주로 내가 활동하던 학생회관을 중심으로 K가 여학생들을 위해 한 일이 뭐가 있냐는 여론이 만들어졌다. K는 "여학생회에서 활동하지 않으면 출마 자격이 없다는 것은 이상하다"며 항의했다. 그리고 현재의 총여학생회가 '지나치게 정치적인' 관점을 가지고 있다며, 자신은 페미니스트가 아닌 보통 여학생을 대표하고자 출마하는 것이라고 말했다.

K가 내세운 공약으로 미루어볼 때 '보통' 여학생이란 취업을 대비한 화장법과 면접 방법을 고민하는 여자 대학생을 의미했고, 그가 지적한 '정치적'인 행동이란 동성동본 금혼규정 철폐를 환영한다는 대자보를 붙인 행동, 동성애자 연사를 불러 강연회를 열었던 일, 여성

의 몸을 거대구조물로 형상화한 전시회 등이었다. K 측에서는 지난 여학생회 활동 중 '일반 학우'에게 공감을 얻었던 사업은 생리대 자판기 설치와 반성폭력학칙제정운동 등이었고, 나머지는 지나치게 정치적인 일들로 모든 여학생의 이해를 아우르는 여학생회의 사업으로는 걸맞지 않은 일이라고 비판했다. 총여학생회는 모든 여학생의 이해와 요구를 수용해야 하는 곳일까. 그런 일은 대체 어떻게 가능하단 말인가.

K의 중도사퇴로 경선은 무산되었지만, 나는 K의 질문에 반론을 준비하면서 여학생의 대표자는 과연 어떤 사람이어야 하는지 대답하는 일이 생각보다 훨씬 어렵다는 걸 깨달았다. 여성의 대표라는 말에 여성운동가보다는 미스코리아를 떠올리는 사람이 더 많은 현실에서, 여성이라는 성역할을 거부하면서도 여성이라는 집단적 정체성을 재구성하고, 또 이를 대표하기까지 한다는 것이 과연 가능한 일일까.

최초의 여성, 최소의 여성

오늘날 세계에서 활약하는 여성 정치인의 수는 적지 않다. 독일의 앙겔라 메르켈, 아르헨티나의 지우마 호세프, 미국의 힐러리 클린턴,

칠레의 미첼 바첼레트, 라이베리아의 엘런 존슨설리프 등 각국의 유력한 여성 정치인들은 대부분 최초의 여성이라는 수식어와 함께 등장했다. 이 '최초의 여성'들은 대부분 경쟁자 남성들을 압도하는 특별하고 대단한 여성들이다. 이들의 성취는 "남미 최초의 여성 대통령", "더는 성역 없어"와 같은 식으로 성차별이 사라지고 있는 징표로서 가시화된다. 징표가 된 여성들은 여성을 대표하지 않음으로써 여성을 대표하게 된다. 가야트리 스피박Gayatri Spivak의 말을 빌리자면, "하나의 징표token로서 비추어진다는 것은 언제나 침묵당하는 행위와 밀접한 관계가 있다. 왜냐하면 그러한 입장에 처해진다는 것은 지배권이 행하기 쉬운 동질화와 일맥상통하면서, 그 말하기를 듣고 있는 지배권의 청중은 그 징표적 입장이 대변하고 있는 그룹의 관심사를 모두 포함했다고 생각되기 때문이다."[1)]

최초의 여성은 특별취급을 받지 않겠다며 성차를 부인하거나, 여성의 성역할에 경도된 여성일수록 여성으로서의 목소리를 내는 일에는 오히려 인색한 경향이 있다. 대중정치인으로서 어느 정도 인지도와 영향력을 쌓은 여성 정치인 중 많은 수가 여성 정치인에게 제공하는 성평등 정책을 오히려 거절한다. 이 예외적인 인물들은 여성이라는 성별을 '극복'의 대상으로 삼고, 남성 중심적인 정당 정치 안에서 자신의 자리를 찾기 위해 가장 치열하게 싸워왔다. 이들은 여성'으로서'가 아니라 여성'인데도' 오직 능력으로 자신의 위치를 다져

왔다고 생각한다. 그래서 이들은 여성으로서의 이해관계를 대변하기보다는 스스로 생존과 지위를 향상하는 것이 곧 정치에서의 여성 문제를 해결한다고 생각하게 된다. 이것이 여성이 징표적 대표에 머물렀을 때 전형적으로 생겨나는 위험 중 하나이며, 최초의 여성이 최소한의 여성에 머무르게 되는 이유이기도 하다.

비단 여성뿐만 아니라 소수집단을 최초로 대표하는 이들 중에서도 이렇게 소수를 대변하기보다는 오히려 더욱 중립적인 태도를 보이는 경우가 종종 있다. 예를 들어 미국 역사상 두 번째 흑인 출신 연방대법원 판사로 임용되었던 클래런스 토머스Clarence Thomas는 법관 임기 내내 인종차별과 관련해서는 오히려 보수적이거나 중립적인 판결을 내려 흑인을 대변하지 않고 공화당의 눈치만 봤다는 비판을 받기도 했다. 배제된 집단에게 문호를 개방할 때 "들어와서 앉아, 단 너는 우리 규범을 준수한다는 조건으로 여기 있을 수 있어"라고 말하는 것은 곧 이들에게 임시로 일회적인 영주권만 발급하는 것이다.[2] 이 임시 영주권으로는 배제의 규칙이 바뀌지 않으며, 기존의 규칙이 '특권'이었다는 점을 드러내지 못한다. 최초의 여성이 징표적 대표에 머무르며 기존의 규칙을 전혀 바꾸지 않는다면 최초의 여성이 될 수 있는 여성은 계속 '최소'한도로 좁혀지고, 이들의 성취를 통해 만들어진 '최소'한의 자리에 일부 특권층 여성이 돌아가면서 앉게 되면서 공적 의미를 점차 잃어버리게 된다.

이러한 사례에서 볼 수 있듯이 여성이 단지 여성이라는 이유만으로는 결코 여성을 대표할 수 없으며, 최초의 여성이 등장했다고 해서 이것이 여성 집단 전체의 권한이 강화되는 증거라고 보기도 어렵다. 하지만 이들이 여성으로서 그 자리에 있다는 사실을 자각하고, 성적 타자이자 사회적 약자라는 여성의 처지에서 목소리를 내기 시작한다면 이야기가 달라진다. 2012년 7월 10일, 두 번째 여성 대법관인 전수안 대법관은 퇴임사에서 양심적 병역거부 인정, 사형제 폐지 등의 소신을 밝히며 여성 법관들을 향해 "언젠가 여러분이 전체 법관의 다수가 되고 남성 법관이 소수가 되더라도, 여성 대법관만으로 대법원을 구성하는 일은 없기를 바랍니다"라고 말했다. 전수안 대법관이 "대법관을 13명 선출하는 것은 각자의 경험치가 가지는 한계를 극복하고 우리 사회의 다양성을 반영하고자 하는 헌법정신에서 비롯된 것"이라고 말한 것은 두 가지 측면에서 의미가 있다. 하나는 여성으로서의 경험을 사회적·정치적 맥락에 놓인 역사적 기억과 지식으로 만들어가야 할 필요가 있다는 것, 또 하나는 여성은 당연히 서로 다른 경험치를 가지고 살아가고 있다는 것이다. 여성이 여성으로서, 인간 전체의 일원으로서 대표성을 가지기 위해서는 이 두 가지가 모두 중요하다.

여성 정치인에 대한 이중잣대

실제로 비례대표 의원이나 임명직 공무원에는 평등의 가치를 반영하여 점진적인 변화가 일어나고 있다. 하지만 단 한 명만 선출하는 지역구 국회의원이나 대통령의 경우에는 평등 원칙만으로는 부족하다. 유권자가 여성 후보에게 적용하는 기준이 이중적이기 때문이다. 여성 후보는 유능하면서 동시에 호감 가는 인물로 보여야 하는데, 이것이 쉽지 않다. 대중문화가 유능한 여성을 얼마나 정형화된 모습으로 그려내는지 떠올려보라. 유능한 여성은 대부분 성격파탄자로 묘사된다. 여성 리더는 어떤가. 똑같은 자질에 대해 성별에 따라 다른 평가가 내려지는 경우가 종종 있다. 대중은 책임감 있고, 신중하며, 타인의 의견을 잘 듣는 남성 대표에게는 리더의 자질이 있고 책임감 있다take-charge고 평가하는 반면, 여성 대표가 이런 자질을 가졌을 때는 그저 조심스러운take-care 행동으로 이해한다.[3]

여성 정치인은 위기상황에서 감정을 통제할 능력이 있는지도 늘 의심받는다. 남성 정치인의 눈물은 인간적인 공감을 자아내지만, 여성 정치인의 눈물은 유약함의 징표가 된다. 그렇다고 해서 감정통제를 잘하는 여성 정치인을 칭찬하는 것도 아니다. 이런 여성은 피도 눈물도 없는 냉혈한의 이미지가 붙여진다. 이들은 남성보다 더 남성 같으며, 여성으로서 공감할 수 있는 부분이 거의 없는 '철의 여인'으로 불린다. 이렇게 여성 대표들은 너무 남성 같아 보여서도 안 되고, 여성스러워 보여서도 안 되는 상황에 놓여 있다.

힐러리 클린턴이 이러한 이중기준에 노출되었던 대표적인 여성 정치인이다. 2008년 대통령 예비 선거에서 힐러리에 대한 대중의 선입견을 분석한 결과, 대중은 그녀가 솔직하지 않고 신뢰할 수 없는 인물이라고 생각한다는 보고서가 제출되었다. 유권자들은 그녀가 어떤 사람인지 모르겠다고 했고, 힐러리의 진정한 모습은 무엇인지 혼란스러워했다. 자신의 '진정한' 목소리를 보여주는 것이 힐러리에게 놓인 과제였다. 힐러리는 "자신이 유권자의 아이들과 즐겁게 놀아줄 수 있는 사람인 동시에 이란의 핵무기도 다룰 수 있는 사람이라는 걸 어떻게 설득하면 좋을까?"[4]라는, 남성 후보들에게는 주어지지 않는 질문지도 받은 상태였다.

이중기준에 지칠 대로 지친 힐러리는 거의 패색이 완연할 무렵 우연히 한 유권자 앞에서 눈물을 비추었다. 눈동자에 맺힌 힐러리의 눈물을 포착한 미디어는 이 눈물로 인해 힐러리의 패배는 결정된 것이나 다름없다고 보았다. 여성은 정치를 하기에는 너무 나약하다는 편견과 들어맞는 행동이었기 때문이다. 그러나 놀랍게도 뉴햄프셔의 여성 유권자 중 절반이 힐러리의 눈물에 마음을 움직였다. 투표하러 온 한 여성 유권자는 힐러리의 눈물을 보고 그녀가 '약하다'고 생각했다기보다는 수많은 갈등과 오해 때문에 고통스러워 보였으며, 눈물이 맺혔지만 흘리지 않으려고 눈가에 힘을 주는 모습에서 강한 의지도 볼 수 있었다고 말했다. 그녀의 눈물을 약함의 증거가 아니라 여성 정치인이 겪는 어려움을 표현한 '진심'으로 이해한 유권자들은 당시 뉴햄프셔 선거에서 힐러리를 선택한다. 힐러리는 승리 연설에서 "(드디어 진정한) 자신의 목소리를 찾았다"고 화답했다.

대표로서의 여성이 진정한 자신의 목소리를 찾는 길은 험난하다. 징표적 대표에 머무를 수도 없고, 이중구속도 통과해야 하며, 평범하지 않은 여성으로서 평범한 보통 여성을 대변해야 하기 때문이다. 한국의 여성 정치인 중 이러한 이중구속으로 곤란을 겪은 인물이 강금실이다. 2006년 서울시장 후보로 나선 강금실은 최초의 법무부 장관이라는 이력을 바탕으로 '따뜻한 카리스마', '매혹의 카리스마'라는 이미지를 가지고 있었다. 상대편 진영에서는 강금실의 대항마로 오세훈을 선택했다. 두 후보 모두 기존의 전형적인 성역할 규범과는 다소 다른 이미지를 표방했고, 대중의 이목이 쏠렸다.

그러나 두 후보의 차이는 결정적이었다. 오세훈은 두 딸과 부인과 함께 있는 모습을 자주 노출하며 부드럽고 가정적인 남성의 이미지를 여성 유권자에게 호소했다. 강금실도 '따뜻한 카리스마'라는 이미지를 통해 여성이나 남성을 떠나 리더의 자질을 표현하고자 했다. 그러나 오세훈이 부드러움을 강조하며 남성성을 훼손하지 않는 범위에서 여성 친화적이라는 인상을 주는 데 성공한 반면, 강금실은 카리스마와 능력을 강조하면 남성적으로 보이고, 여성적 매력을 강조하면 다른 여성들과의 차이가 부각되었다.

> 평소 여성지에 소개될 때도 오세훈 씨는 항상 부인, 두 딸과 함께 사진을 찍는데 굉장히 가정적이고 자연스러워 보였어요. 저 사람이라면 여자들의 마음을 잘 이해해주겠구나, 저런 사위를 얻고 싶다는 생각이 들거든요. 반면에 강금실 후보는 남자들에겐 여성적인 매력이 있는지 모르지만, 여자들이 보기엔 남성적인 면이 강해요.[5)]

인용한 기사처럼, 오세훈의 부드러운 이미지는 가부장제 사회에 저항하려는 욕망이 있으나 현실적인 협상을 하는 여성들이 호감을 느낄 수 있게 최적화된 반면, 강금실은 여성들에게 '더 나은 이미지'를 가진 여성이기는 하지만 때로는 여성들의 욕망과는 배치되는 존재다. 이혼한 여성, 아이 없는 여성, 그런데도 공적으로 성공한 여성 강금실은 20~30대 독신 여성들에게는 매력적인 존재이지만, 그렇지 않은 여성들에게는 비교와 경쟁의 대상이 되는 '위협적'인 존재였다. 수재나 D. 월터스Suzanna D. Walters는 "더 많은 여성, 더 나은 이미지가 우리의 문화적 지평을 확장시킬 수는 있지만, 가부장적 시각 양식을 근본적으로 변화시키지는 못한다. 스테레오타이프가 아닌 다른 이미지를 만들어내라고 주장하는 것은 애초에 그러한 이미지를 생산해내는 데 관여한 의미화 과정의 심층적 구조의 문제를 건드리지 못한다"[6]라고 지적한다.

실제로 선거에서 '더 나은 이미지' 또는 '다른 이미지'를 가진 것만으로는 결코 따라잡을 수 없었다. 전형적인 여성 이미지가 범람하는 사회에서 다르게 사는 여성이 자기 이미지를 원하는 방식대로 통제하는 것은 거의 불가능에 가까운 일이다. 그 결과, 강금실의 선거전략은 매우 극단적인 이중성을 띠게 되었다. 선거 초기에 보육·교육·문화·복지에 중점을 두고 '생활 정치'를 표방한 전략은 그다지 눈길을 끌지 못했다. 경쟁적 담화와 선거라는 게임의 법칙에 익숙한 사람들은 강금실이 처음 내세운 생활 정치라는 의제는 '선거용'이 아니라고 단언했다. 심지어 이런 정책들은 선거라는 경쟁적 상황에 익숙하지 않고 선출직 경험이 없는 강금실의 아마추어리즘을 대변한다고 평가하기도 했다.

이 과정에서 선거용으로 적합하고, 득표에 도움이 된다고 가정된 기준에 적합한 몇 가지 쟁점이 다시 선택되었다. 그것은 '중심적'이고, '거대하며', '여성은 못할 것이라고 생각되는' 대규모 도시계획 프로젝트인 "역사문화도시 서울"과 "용산 플랜", "서울광장 조성" 등이었다. 하지만 용산 플랜은 상대 후보들에게 공격의 빌미를 제공하여 선거가 끝날 때까지 구체적인 숫자를 검증해야 했다. 이후 강금실이 다시 보육·교육·문화·복지로 정책의 핵심 쟁점을 재구성하려 했으나 이미 때를 놓친 터였다. 여성에 대한 이중잣대와 이미지 통제의 실패가 불러온 결과였다.

'보통' 여자는 누구인가: 모성 정치의 한계와 가능성

한국의 여성 국회의원은 1996년 3%, 2000년 5.9%에서 2004년 17대 국회부터 13%로 크게 늘었다. 비례대표 성평등할당제 도입이 가장 큰 변수가 됐다. 이후 2008년 18대 13.7%, 2012년 19대 15.7%, 2016년 20대 17%로 거의 제자리걸음에 가깝다. 여성의 과소대표 문제에서 눈에 띄는 진전이 있으려면 지역구 의원이 늘어나야 한다는 이야기다. 이 시기 여성 국회의원 수의 증가는 조금씩 늘어가는 지역구 의원의 숫자와 비례한다. 2008년 18대 국회의 여성 국회의원 수는 41명(비례 28명, 지역 13명)으로 전대에 비해 단 2명이 늘어나는 데 그쳤지만, 지역구 국회의원으로 당선된 여성들은 10명에서 13명으로 3명 늘었다. 19대 국회에서 지역구로 당선된 여성 국회의원은 19명, 20대 국회는 26명으로 점점 늘어나고 있다. 하지만 지역에서 여성 정치인이 넘어야 할 벽은 여전히 높다. 20대 국회의원 지역 후보자 중 여성 후보가 공천되는 비율은 전체의 10.5%에 불과했다.[7] 공천 과정에서부터 유리천장이 공고하다. 공직선거법 47조 4항에서 전국 지역구 총수의 30%를 여성으로 공천하도록 명시하고 있지만, 권고 사항일 뿐이다. 변화를 위해서는 공직선거법 47조 4항을 의무조항을 바꾸어야 한다는 내용으로 4명의 여성 국회의원이 공직선거법 개정안을 제출했으나 회기 내에 논의조차 되지 못했다.

지역구에 기반한 국회의원이 되는 것은 비례로 선출되는 것과는 질적으로 다른 대표성을 띤다. 정당 지지율을 바탕으로 하는 비례대표는 각 정당이 지향하는 가치 또는 세력을 대변할 수 있는 인물들을 먼저 배치하는 경향이 있다. 즉, 성별·지역·장애·나이 등의 차이가 고려되고 노동자·군인·농민 등 각 정당의 지향에 맞는 직능별 대표성을 염두에 둔다. 미디어에 많이 노출된 분야별 전문가나 미담의 주인공 등을 전격 발탁하는 사례도 있다. 이렇게 당내 비례 명부를 통해 선출된 비례후보는 정당 내 기여도와 인지도를 바탕으로 (당내 경선을 거친다고 해도) 정치적 역학관계에 의해 결정되기 때문에 아이러니하게도 자신이 대변하고 있는 집단을 대표하는 것이 아니라 당에 충성하기를 요구받는다. 2012년 여성의무공천제를 문제 삼은 정청래는 "당의 배려로 비례대표로 국회의원 배지를 단 사람은 다음 총선에서 당에 결초보은하는 것이 정치도의이고 상도덕입니다. 대개 당에서 가장 어려운 지역에 출마하여 당세를 확장하는 데 도움이 되어야 합니다. 16대 비례대표 국회의원이었던 허운나 전 의원은 17대 총선에서 분당에 출마하여 낙선의 고배를 마셨지만, 당의 명령에 따랐던 모범적인 케이스"라고 말한 바 있다. 비례대표를 '당의 배려'로 국회의원이 된 사람이라고 생각하는 것이다. 여성이 비례대표로 국회에 진출한다 해도 그다음 지역구 공천을 보장받기가 어려운 이유다.

그러나 유권자의 투표로 결정되는 지역구 국회의원과 지방자치단체장 및 의원은 당내 정치 역학에서 상대적으로 자유롭다. 공천을 받는다고 해도 끝이 아니다. 지역 사람들에게 표를 얻는 선거에서는 '보통' 사람으로서의 대표성을 획득하는 게 중요해진다. 지역구 선출직 의원에 도전하는 여성 정치인들은 '차이'에 기반을 둔 비례후보의 대표성과는 달리, 여성으로서 얼마나 '보통'이라는 범주의 실천적 보편성을 획득할 수 있는지가 중요하다. 지역사회에서 '가족'의 일원이 되는 일이 곧 지역사회의 '보통' 사람으로 인정받는 빠른(어쩌면 유일한) 길일 때, '보통' 여성의 대표가 되기 위한 보편적 운동 방향은 정확히 가족을 향하게 된다. 그래서 "○○의 딸", "참 잘 들어온 큰며느리" 같은 구호가 등장한다. 그중에서도 전 세계적으로 새롭게 인기를 끌고 있는 여성 정치인의 슬로건은 바로 '엄마'다. '엄마'는 2000년대 이후 여성 정치인들이 가장 선호하는 이미지였다. 2011년 서울시장 보궐선거 때 박영선 후보의 슬로건은 "엄마서울주식회사"였다. 평소에 박영선 후보는 정당 내 성평등할당제 같은 여성 정치인을 위한 제도에 무관심한 편이었고, 대중에게는 '저격수'라는 강인한 이미지가 각인되어 있었다. 그런데 시장 선거에서 박영선 후보는 자신을 설명하는 대표적인 수식으로 '엄마'를 가져왔다.

2006년의 지방선거에서는 당시 열린우리당의 여성 조직과 진보 여성운동 진영이 함께 '모성 정치 선언'을 발표했다. 언론도 이에 발을 맞추어 새로운 여성 리더십은 남자 같은 여자가 아니라 부드럽게 보살피는 '엄마형'으로 바뀌고 있다고 진단[8]했고, 한국의 대표적인 여성 정치인들의 모성적 리더십 여부를 평가의 주요 잣대로 삼기도 했다. 예를 들어 강금실은 애인 리더십, 추미애는 유사-남성 리더십, 한명숙과 박근혜는 모성적 리더십에 가깝다는 식의 평가가 이루어졌다.[9]

2010년 지방선거에서는 구청장 후보로 나선 일군의 여성 후보가 모성 정치를 다시 대중 언어로 풀어낸 '엄마 구청장'이라는 현수막을 내걸었다. 적어도 여성 후보들에게 모성 정치는 '대세'였다. 그러나 육아부터 가사노동, 간병에 이르기까지 사회 안전망의 대부분을 이미 어머니들의 너무 많은 돌봄노동으로 해결하고 있는 한국 사회에서 '모성 정치' 선언과 '엄마 구청장'이라는 구호는 여성에게 권력을 부여하기보다는 '엄마 노릇'의 피곤한 현실을 떠올리게 했던 것 같다. 선거 당시 내가 사는 지역에도 예비후보의 '엄마 구청장' 현수막이 걸렸는데, 이를 본 동네의 중년 여성들은 "아니, 엄마가 얼마나 바쁜데 구청장 노릇을 할 시간이 있어?"라며 '엄마' 정치인의 등장에 실소를 보냈다. 사회적 맥락을 만들어내지 못하고 선언만 존재한 모성 정치 선언이 정상 가족 중심적이고 성별 분업을 지지하는 구시대적인 낡은 언어로 보인 셈이다.

실제로 모성 정치와 엄마 정치인이라는 수사로 새로운 여성적 보편의 언어를 만들려는 시도들은 종종 가장 보수적인 방식으로 수용되었다. 미국의 경우 2012년 대선을 앞둔 미국 공화당의 세라 페일린이 '엄마 곰Mama Grizzlies 캠페인'으로 다시 대중적 주목을 받았다. 페일린은 '엄마들은 안다'라는 내용의 이 캠페인을 통해 가족애와 모성애를 정치의 영역으로 끌어오자며 미국의 보수 여성들에게 호소한다.[10) '뉴 마미즘New Momism'은 여성 정치인의 선거전략에서 점점 중요하게 떠오르고 있지만, 가족의 가치와 여성의 역할을 강조하는 신보수주의와 손을 맞잡을 가능성이 농후하다.

그렇다고 모성을 강조하는 것이 반페미니즘적인 것만은 아니었다. 모성적 가치, 즉 돌봄·상생·살림을 새로운 시대의 대안적 가치로 강조하는 전략은 한국의 여성운동 진영에 '끼워 넣기'가 아니라 '새판 짜기'가 필요하다는 문제의식으로 2000년 이후부터 꾸준히 주장되었던 의제다. 엄마로서의 경험이 좀 더 사회적인 문제로 이해되어야 한다는 점에서, 이 경험에 대한 정치적 목소리가 거의 없다는 점에서 모성 정치는 여성 정치의 또 다른 가능성의 이름이기도 하다. 그런 점에서 시민단체 '정치하는 엄마들'의 활동은 중요한 의미가 있다. '정치하는 엄마들'은 유치원 비리를 막아내고, 핑크노모어 캠페인을 통해 장난감의 성별 고정관념 문제를 제기하고, 보육교사 처우 개선, 학교 미투 연대활동 등을 펼치고 있다. 이들은 사회적으로 강제된 모성의 틀에서 경쟁적으로 엄마 노릇을 하라고 강요받고, 아이가 볼모가 되어 학교의 부조리에도 침묵할 수밖에 없었던 문제들에 대해, 즉 엄마의 눈으로 본 부정의한 세상에 개입하는 직접 행동주의자들로, "엄마가 무슨 정치야?"라는 고정관념에 저항하고, 엄마라는 존재를 정치적이고 사회적인 발화를 하는 공공의 시민으로서 각인시키는 활동을 하고 있다. 19대 국회의원이었던 장하나 의원은 임기를 마친 후에 시민단체 '정치하는 엄마들'을 함께 만들었는데, 국회의원이 시민단체의 주축 활동가가 되어서 활동을 이어가는 것 역시 한국 사회에서 보기 드문 행보다.

북유럽과 미국의 성평등할당제

여성의 과소대표성을 해결하기 위한 시도 중 가장 널리 알려진 정책은 성평등할당제다. 이를 세계 최초로 실시한 나라는 핀란드다. 핀란드는 놀랍게도 1907년 첫 민주 선거부터 성평등할당제를 실시했다. 핀란드는 개혁 국회 이후 첫 선거에서 "여성이 원하는 것을 가장 잘 아는 것은 여성"이라는 슬로건으로 10% 여성 의원 할당제를 실시하여 세계 최초의 여성 의원을 배출했다. 이후 점진적으로 여성 의원의 수가 늘었으며, 1993년에는 40% 성평등할당제를 도입했고, 2010년에는 정치 영역뿐만 아니라 공기업의 이사직에도 최소 40% 이상의 여성이 배치되도록 법안을 개정했다.[11] 스웨덴의 여성할당제도 세계적인 성공 사례로 꼽힌다. 스웨덴의 여성 의원 비율은 할당제 도입 이전에도 30% 이상이었는데, 1993년 할당제를 도입한 이후에는 40%대로 변화했다. 노르웨이도 1988년 할당제를 도입하여 한 성이 40% 이상을 넘지 못하도록 법으로 명시하고 있다.

북유럽 국가들의 실험이 눈에 띄는 성공을 거두면서 여성할당제에 대한 관심이 점차 높아지던 때에 성평등할당제에 대한 중요한 이론적 진전이 있었다. 스웨덴의 정치학자 드루데 달레룹Drude Dahlerup은 1988년 여성이 상징적 존재에 머무르지 않으려면 집단 내에 일정한 수(최소 30%) 이상이어야 한다는 '임계 수치Critical Mass' 개념을 제시했다.[12] 임계 수치가 확보되면 소수의 대표자가 상징적이고 예외적인 존재라는 압박감에서 벗어날 수 있게 되며, 남성 정치인의 네트워크에 집중된 자원이 약해져서 다양한 방식으로 자원을 조직할 수 있게 되고, 이를 통해 권력 관계가 실질적으로 바뀔 수 있다는 것이 달레룹의 주장이다. 임계 수치 이론은 북유럽 국가들을 넘어 전 세계적으로 성평등할당제를 추진하는 데 중요한 이론적 자원으로 널리

인용되었다.

북유럽 국가의 할당제가 여성 참정권 투쟁의 오랜 역사와 남녀고용평등법 및 차별금지법의 제정 등을 거쳐 사회적 합의가 잘 이루어진 편이라면, 미국의 할당제는 역차별이라는 논란 속에서 치열한 사회 갈등을 겪었다. 북유럽 및 아프리카 국가의 할당제가 보편적 대표성에 관한 성별 고려라는 차원에서 이루어진 것이었다면, 미국에서의 할당제는 유색인종에 대한 우대 정책의 하나로 1961년 케네디 정부에서 고안한 정책이었다. 이민자들로 구성된 미국의 국가 정체성은 다양한 차이를 가진 개인들의 집합이라는 인식이 우세하다. 그리고 할당제는 이런 차이를 좀 더 잘 보장하기 위한 '적극적 조치'의 하나로 인식된다. 이러한 적극적 조치는 미국식 다문화주의라는 이념으로 정당화되었다.

동수법과 추상적 개인

미국에서 성차가 인종이나 종교, 성정체성 등 여러 차이의 하나로 인식되었다면, 2000년 6월 프랑스에서 입안된 동수법에서 '성차'의 의미는 완전히 달랐다. 여성 친화적인 나라라는 이미지와는 달리 프랑스는 유럽에서 뒤늦게 여성의 완전한 참정권을 인정한 나라 중 하나다. 1789년 프랑스혁명은 여성과 남성의 평등을 인정했으나 여성의 참정권은 유보했다. 1849년에는 잔 드루앵Jeanne Deroin이 여성의 투표권과 함께 입법부 의석을 요구했으나 거절당했고, 1880년 위베르틴 오클레르Hubertine Auclert는 도지사에게 "투표권이 없다면 세금납부도 안 하겠다"라는 도전적인 편지를 보내고 보통선거제도에 여성이 완전히 접근할 것을 요구했으나 무위로 끝났다.[13] 이후 1919년 제1차 세계대전 후 하원에서 여성의 투표권을 인정하는 법안이 제출되었으나 이 역시 부결되었다. 여성은 가족 내의 남편 또는 아버지에게 종속된 존재로 살아가기 때문에 독립적인 개인으로서 정치적 권리를 행사하기에 적합하지 않다는 생각이 지배적이었기 때문이다. 1944년 샤를 드골 정부에 의해서 가까스로 여성의 투표권이 허용되었지만, 프랑스의 여성 의원 비율은 1946년 6.8%, 1958년 1.5%, 1978년 3.7%, 1993년 6%로 세계 최하위 수준에 머물렀다.

프랑스에서 "여성이 원하는 것은 여성이 안다"라는 핀란드식 슬로건이 절대 허용되지 않았던 이유는 '공화주의'가 전제하고 있는 보편주의에 대한 믿음 때문이었다. 1992년부터 2000년까지 동수법 제정을 둘러싸고 벌어진 논쟁도 그 믿음이 훼손되지 않을까 하는 우려가 중심을 차지했다. 동수를 반대하는 공화주의 비판자들은 성적 차이로 프랑스가 분리될까 봐 우려했다. 미국식 소수집단 우대 정책이나 할당제처럼 특수 집단을 '특별 보호'하는 권력 배분의 정치는 프랑스적인 것이 아니었다. 그래서 동수 지지자들은 이 정책이 남성과 여성을 각각 분리해서 통치하자는 발상이나 배제된 집단을 미국식으로 우대하는 정책이 아니라고 강조했다. 즉, 동수는 배제된 집단에 대한 과거의 차별을 교정하는 적극적 조치가 아니라, 성의 물질적 차이가 보편적이라는 사실에 기반해 인간을 정의하는 방식을 일원론(인간-남성)에서 이원론(인간-여성/남성)으로 바꾸려는 시도라는 것이었다. 보편성에 입각한 동수운동은 성차 자체의 물질성, 즉 개인은 남성이나 여성으로 환원할 수 없는 특수성으로 이루어져 있음을 드러냄으로써 대의제에 전제된 남성성이라는 성적 특성을 없애려는 주장이었다. 그러므로 당연히 이 주장이 처음 제기되었을 때 동수가 여성과 남성의 차이를 영속적이고 고정불변의 것으로 만드는 생물학적 본질주의에 빠지게 되지 않을까 경계하는 사람이 많았다.

하지만 동수주의자는 성차의 특수성을 추상적 개인 속에 녹여 보편을 추구하려는 목표를 가지고 있었다. 바로 이것이 여성성을 남성성과 완전히 분리되는 '특수'로 구성하고, 특수성 자체의 의미를 고정하려는 해부학적 이원론에 기반한 생물학적 본질주의와 구분되는 점이다. 동수 지지자들은 동수 정책으로 선출된 여성 대표들이 과연 모든 여성을 대표할 수 있을까 하는 질문 자체가 동수를 보편주의적 주장으로 이해하지 못한 것이라고 보았다. 이들에 따르면 여성은 여성만 대표하지도, 여성의 이해관계를 대리하지도 않는다. 동수는 "여성을 대표하는 여성에 관한 문제가 아니라, 남성만큼이나 여성에게도 공동의 운명에 영향을 미칠 수 있는 '가능성을 부여하는 것'에 관한 문제"로서 제기되었다.[14] 프랑스공화국을 대표한다는 것은 추상적 개인이 된다는 것이며, 이는 모든 차이에서 비롯된 특수주의적 이해를 버리는 걸 의미한다.

이런 견지에서 여성은 여성이 아니라 '여성이면서 동시에 추상적 개인'이 되어야 했다. 동수주의는 추상적 개인이라는 개념을 파기하거나, 성차가 없는 것처럼 생각하자는 것이 아니다. 성차화된 개인들이 동수로 후보에 진입하고 대표로 선출되며, 실제 통치 행위에서는 성적 차이가 고려되지 않는 형태를 추구하는 것이다. 그동안의 여성운동과 역사에서 비판받은 점들을 신중하게 고려하는 것은 중요한 문제였다. 그 결과 생물학적 성차를 문화적으로 더욱 강화하지 않으면서도 현실적인 평등을 안겨줄 수 있는 동수제가 제안된 것이다.

하지만 여전히 성차화된 개인이 어떻게 해서 추상적 개인이 될 수 있는가 하는 문제가 남는다. 추상성은 특수하고 구체적인 사물들 사이에 공통으로 발견되는 전형성을 기반으로 형성되지만, 전형성 그 이상을 의미한다. 전형성이 차이를 배제한다는 점에서 전형화의 위기를 내포한 개념이라면, 추상성은 이미 드러난 과거의 전형성에 아직 오지 않은 잠재성을 덧붙여 구성되므로 새로운 보편성을 만들어낼 수 있다. 이런 점에서 보편적 인간형을 성차화된 개인들로 구성된 추상적 개인으로 재정의하자는 제안은 성차를 보편적 조건이자 추상적 개인에 내재된 '잠재성'으로, 즉 '조건인 동시에 가능성'으로 이중화해서 사용하려는 시도였다. 그러나 여성답다거나 남성답다는 식의 젠더 전형성이 점점 약화되는 상황이라고 해도, 성차의 보편적 지위를 주장하는 것은 생물학적 조건이 성차의 근거라는 믿음을 강화할 위험이 있었다. 동수제가 성공하기 위해서는 조건과 가능성이라는 이중화 과정의 긴장이 잘 유지되어야만 했다. 그러나 '혼성'이라는 개념이 등장하면서 이 긴장이 무너졌고, 성적 차이는 차이의 '특권화'라는 새로운 문제에 직면하게 된다.

혼성으로서의 남녀동수

실비안 아가생스키Sylviane Agacinski는 1998년 출간된 《성의 정치》에서 추상적 개인이라는 개념 자체가 이미 남성 중심적이기 때문에 남성편향을 깨기 위해서는 '혼성mixité'의 정치가 필요하다고 주장했다. 아가생스키는 "모든 사람을 추상적 개인으로 동등하게 사고해야 한다는 공화주의는 매우 아름답게 들리지만 사실상 이것은 남성의 권력 독점을 유지하는 술책이며, 남성중심주의는 전적으로 남성적 인간성 속에서 모든 인간성을 보며, 그 나머지를 일부분으로 간주한다"[15] 고 주장했다. 아가생스키의 주장은 여성의 해방을 위해서는 여성이 인류의 일부로서 섞여 들어가야 한다는 공화주의적 보편주의를 비판하는 점에서는 동수의 초기 주장과 유사했으나 접근방식은 완전히 달랐다. 아가생스키는 성차를 남녀 간의 '환원 불가능한 상보성'으로 규정하며, 성차를 고려하되 궁극적으로 성차를 이분법적 틀에 고정시키지 않기 위한 노력을 기울였던 초기 동수운동의 입장과 선을 그었다.

아가생스키는 인간성의 단일 모델론이 깨지지 않는 이상 여성이 정당하게 인간성의 한 형식으로 결코 인정받을 수 없다며 인간은 여성과 남성 두 성으로 이루어져 있다는 점을 강조하는 전략을 사용한다. 이 과정에서 아가생스키는 성차의 지위를 민족이나 인종, 계급 같은 다른 차이들과 병렬되는 것이 아니라 보편적으로 실재하는 모든 차이에 대한 공리axiom로 끌어올린다. 아가생스키의 '혼성'에 대한 주장을 요약하면 다음과 같다. 세포의 분화 과정이 하나에서 둘로, 둘에서 넷으로 갈라지면서 이루어진 것처럼, 인간의 생명은 남성과 여성의 생물학적인 차이에 의존하며, 이 차이가 분화하고 반복하는 과정에서 개체로서의 한 인간이 고유하고도 특수한 존재로 형성된다. 아가생스키는 "세상이 존재하기 위해서는 사실상 반드시 하나가 둘로 이어져야 한다. '둘'은 복수로, 수천으로, 수만으로 열린 길이다. 말하자면 둘은 첫 번째의 복수이며, 열림이며, 탄생"이라고 했다.[16]

이때 성차의 이원적 구성, 즉 남성과 여성이라는 구분은 단순히 생물학적 성차의 문화적 규범으로 존재하는 것이 아니라 공시적으로 실재하는 것이며, 이러한 분리는 보편적이다. 혼성주의에서 인간은 여성과 남성이라는 '둘로서 하나'로 정의된다.

아가생스키의 혼성 개념은 성차의 이원성duality을 '실재'로서 다룰 것을 요구했다. 이것은 남녀의 이원론dualism과는 다르다. '인간을 지탱하는 두 다리'는 서로 환원되거나 대체될 수 없으며, 다리가 둘로 나뉘어 있을 때만 하나의 인간을 (상상적으로) 형성하는 것처럼 상보적인 성질을 띤다. 이때 성차는 추상적 개인의 구체적 '실재'의 자리에 놓여 있으며, 어떤 인간의 조건도 이러한 성차의 실재성을 반박할 수 없다는 점에서 보편적이다. 아가생스키는 이 같은 혼성 개념을 통해 이성애적 커플의 상보성에 기반을 둔, 여성/남성 간의 성적 결합을 통해 인간이 탄생해왔다는 점을 거듭 강조한다.

아가생스키는 남녀 동수가 하나의 프랑스를 둘로 나눌 것이라고 우려하는 공화주의자들은 사실상 남성에 의해 국민이 대표되고 있는 현실에는 침묵을 지킨다며, 1867년 왕정복고를 반대한 공화주의자 쥘 시몽Jules Simon의 예를 든다. 그는 여성의 투표권에 대해 "가족은 하나의 투표권을 갖는다. 한 가족이 두 개의 투표권을 가지면 가족은 분리되어 파괴될 것"이라고 말한 바 있다. 이렇게 정치가 부부를 분리할 것이라는 불안이 여성의 투표권을 금지했다면, 성차가 국가를 분리하지 않을까 하는 불안은 여성의 과소대표 문제를 해결할 수 없는 것으로 만든다. 아가생스키는 여성에게 투표권이 주어졌다고 해서 가족이 파괴된 것은 아니며, 소멸한 것이 있다면 아버지와 남편이 아내와 자식에게 행사하던 권력 그 자체이지 않았냐며 공화주의의 비판에 응수했다.

초기 남녀동수주의의 주창자 중 한 명인 준비에브 프레스Geneviève Fraisse는 혼성에 관한 주장에는 동의하지 않았지만, 동수운동 과정에서 벌어진 논쟁들로 인해 지금까지 명백하게 추상적 개인이 남성으로 대표되어온 사실이 만천하에 드러나게 되었고, 이제 그러한 추상적 개인은 마땅히 바뀌어야 할 위기에 처했다는 점만은 단언할 수 있다고 말했다. 남녀 동수에 관한 주장이 지금까지 특정 계층의 남성이 사실상 추상적 개인을 대표하고 있었다는 사실을 폭로하는 데 역할을 한 것은 분명하다. 그렇다면 남성이 과잉대표하고 있는 추상적 개인에 어떻게 성차를 반영할 수 있을까 하는 질문이 남는다. 아가생스키는 혼성이라는 개념으로 분리의 보편성만 설명했을 뿐, 차이화된 성차의 추상 가능성에 관해서는 다시 문화적 전형성이라는 문제로밖에 답하지 못했다. 성차로 분리된 여성과 남성을 추상적 개인이라는 총체성으로 수렴하는 과정에서 이성애 경험은 문화적으로 보편적이며 생명 탄생에 유일하고도 직접적인 계기로서 본질화된다.

따라서 혼성은 결코 새로운 보편주의적 주장이 될 수 없었다. 혼성이라는 개념은 모든 것을 생물학으로 설명할 수 있다는 생물학적 환원론이나 성차의 본질주의에 기반을 둔 이원론과는 구분될 수 있을지 몰라도, 문화적으로 편재遍在된 '이성애적 커플의 상보성'을 부인할 수 없는 사실로 각인시키면서 스스로 성차의 추상화·상징화 가능성을 포기하기 때문이다. 이렇게 이성애적 커플에 기반을 둔 혼성의 민주주의에 관한 주장은 성적 차이의 다양한 형태와 양상을 무시한 채, 이원화된 성차를 모든 문화의 보편적 전형으로 전제하는 치명적인 오류를 안고 있었다. 즉, 성차를 인간의 의식이나 메시지가 개입되지 않는 사물 그 자체의 존재 방식인 '실재적' 지위로 재각인하는 혼성주의는 필연적으로 가족 중심주의와 이성애 중심주의를 본질적인 차원으로 격상시키는 근본적인 문제를 안고 있었던 것이다.

특권화된 성차

성차에 관한 문화분석과 정치이론은 '성차는 있다/없다', '성관계는 있다/없다', '여성은 있다/없다' 등을 반복하는 성차의 허구와 실재에 관한 숨바꼭질 놀이로 이어지거나, 성차라는 범주를 구성하는 권력을 심문할 것인가 아니면 성차 자체를 해체할 것인가 아니면 성차라는 범주를 문화적이고 영속적인 것이 아니라 역사적이고 맥락적인 것으로 다시 사고할 것인가를 둘러싼 경합 사이에서 교착되었다. 페미니즘에서 성차 문제는 무엇보다 여성 주체성의 전략적이고 저항적인 위치를 어떻게 설정할 것인가를 두고 이루어졌는데, 남성 중심 사회에서 타자로서 범주화된 '여성'이라는 오염된 이름을 계속 사용할 것인가, 타자성을 중심으로 여성성을 대안적으로 구축할 것인가 등이 이 작전 회의의 내용이었다. 그러나 성차 논의는 종종 '목욕물 버리려다 아기 버린다'는, 모성의 죄책감을 불러일으키는 질 나쁜 경구를 반복하는 효과를 생산해내는 무리수로 빠지기도 했다.

동수법과 관련된 논쟁은 이제까지의 성차 논의에서 특히 성차의 지위를 어디에 둘 것인가 하는 문제에 천착한다. 한마디로 남녀동수법은 분리된 남성과 여성이라는 성적 차이를 반영한 인간의 보편적 형상을 구성하기 위한 투쟁이었다. 이 논쟁의 가장 독특한 점은 성차가 여성 대표성을 제고하려는 매우 구체적이고 실천적인 법과 정책을 만드는 과정에서 본격적으로 논의되었다는 것이다. 페미니즘에서 성차는 언제나 정치적인 이슈였지만, 이를 정치적인 장에서 토론하는 것은 성차를 탈정치화하려는 정치적인 의도들로 인해 저항에 부딪히고는 했다. 성차 문제는 생물학적 또는 종교적인 이유로 정치 외부로 내쫓겼고, 자유주의적 원칙에서 성차는 언제나 특수성의 영역에서 임시적이고 임의적인 정책과 관련된 문제로만 취급되었다. 이런 점에서 남녀 동수 논쟁은 여성을 여성인 인간으로서 호명하면서 성차를 보편화하려고 했다는 점에서 성차를 정치화하는 새로운 방식이었다.

그러나 아가생스키의 혼성 개념과 남성 정치인의 실질적인 이해관계가 결합하여 2000년 6월 동수법이 통과되면서 이 법은 추상적 개인으로서 여성의 대표성을 획득하려는 원래의 의도와는 달리 보호주의적 할당제와 유사한 방식으로 만들어졌다. 즉 배제의 근원적인 이유를 분명하게 밝히지 않은 채, 배제라는 현재의 차별적 사실에 근거해서 단순하게 여성을 더 포함하는 형태의 법이 만들어진 것이다.[17] 더구나 아가생스키가 점점 더 동수운동의 가장 대표적인 인물로 가시화되면서 초기 동수운동에서 조심스럽게 다루어진 성차는 곧 남성과 여성의 이성애적 결합을 의미하는 '커플'이라는 개념으로 굳어지기 시작했다. 이 개념에서 성차의 지위는 다른 차이들과 다른 방식으로 특권화되었다.

성차를 어떻게 사유할 것인가

해부학적 성차와 문화적 성차를 각각 섹스/젠더로 구분할 필요가 있다는 페미니즘 비판 이후, 성차 논쟁의 핵심은 성차의 위치를 어떻게 설명하느냐가 차지했다. 기존의 정신분석학에서는 어머니와의

'분리', 어머니에 대한 애정의 '상실', 거세 공포와 남근 선망이라는 상실의 '수용'이라는 도식으로 성차를 가장 근원적인 차이로 공식화한다. 이 도식에서 상징화되는 것은 아버지의 법이다. 어머니의 질서는 추상화될 수도 재현될 수도 없으나 '실재'하는 것으로 인식된다. 그래서 성차의 상징적 위치는 '남근'의 기표를 둘러싸고 재현되며, 성차의 '정치적' 의미는 아버지와 아들의 권리 투쟁으로 서술되었다. 이러한 상징적 의미작용의 바깥에서 여성은 결코 자기 경험과 감각의 한계를 넘어선 추상적 개인으로 자의식을 가지지 못한다고 간주되었다. 이 도식 속에서 여성은 공동체 안에서 누구를 대표하기는커녕 공동체의 일원으로 재현되는 것마저 불가능하다. 게오르크 헤겔의 표현대로라면 여성은 공동체의 아이러니이며, 스피노자의 표현대로라면 여성은 그 유혹적 나약함 때문에 공동체에 치명적 위협을 가하는 존재로 근원적으로 배제된다.

주디스 버틀러는 이러한 정신분석학, 특히 자크 라캉의 이론에서 성차가 '실재적' 지위에 머물러 있는 점을 비판한다. 라캉은 성차를 전복할 수 있지만 예측이나 개입은 할 수 없으며, 때로는 변화조차 보증할 수 없는 무의식의 장에 있고, 이때 성차는 역사적이자 정치적인 것으로 전환될 수 없는 '실재'의 위치에 놓여 있다고 보았다. 버틀러는 유년기의 성차 분석에 내포된 정신분석학의 성차별주의를 극복하려 한 재클린 로즈Jacqueline Rose나 줄리엣 미첼Juliet Mitchell 같은 이들의 이론조차 "유년기 발달과정의 메타 내러티브의 안정성을 유지시키는 가운데 일관된 젠더를 만들어낸다"는 이유로 거부한다. 성차를 지배하는 규칙의 우연성과 임의성을 역사화하는 데 실패하면 이해할 수 있는 모든 문화의 구체적 토대가 되는 성차를 필연적으로 제정하게 되며, 그 결과 성차가 역사 이전, 의미 이전, 정치 이전의 것으로 회귀하여 인식 불가능, 재현 불가능의 영역에 놓이게 된다고 보았기 때문이다.[18)]

라캉의 성차에 관한 이 집요한 비판을 두고 슬라보이 지제크는 버틀러가 "주어진 장의 포함/배제를 둘러싼 끝없는 정치적 투쟁과 바로 이 장을 지탱하는 보다 근본적인 배제를 혼동"하고 있다고 응수한다. 지제크는 포함/배제의 인정투쟁이 '역사적'인 것이라면, 더욱 근본적인 배제는 (심리적) 주체의 구성 과정에 내적으로 실재하는 결여에 있다는 점에서 '형식적'인 것이라고 구분한다. 그러나 버틀러는 지제크에게 주체의 결여와 외상을 연결하는 라캉주의적 공식에서 거세의 장면과 근친상간이라는 금기를 초역사적이고 초문화적인 구조로 설정하는 것에 관해서 어떻게 생각하느냐고 재차 묻는다. 라캉주의적 공식은 "인간의 사회적 현실을 개시하고 정의하는 결여에 관해 쓰면서 사회적 현실에 초문화적 구조를 설정"하고 있으며, 여기에서 사회적 현실은 "허구적이고 이상화된 친족 위치—이성애 가족이 모든 인간에게 결정적인 사회적 유대를 구성한다고 가정하는—

에 기초한 사회성을 전제"한다는 것이다.[19]

이것은 성차를 정치적인 것으로 만드는 것이 아니라 성차를 구성적 외부, 즉 내부를 구성하는 데 꼭 필요하지만 결코 내부가 될 수는 없는 '유사초월적' 지위 또는 제약을 부과하려는 시도다. 버틀러는 계급과 민족에 관한 분석에서 노동자 계급과 피식민지인이라는 위치는 역사적으로 부과된 것이며, 이때 계급과 민족이라는 개념은 '차이'를 구성하는 포함/배제의 정치 투쟁과 긴밀하게 관련되어 있지, '추상적 인간의 분리 가능성'이라는 차원에 내재한 형식적 결여의 양식은 아니지 않느냐고 답하면서 다시 묻는다. 오히려 계급과 민족이 환기하는 차이, 즉 식민지배자와 피식민지인이라는 차이, 노동자 계급과 자본가 계급이라는 차이는 '인간의 보편성'을 서구 중산층 백인 중심으로 구성하는 인식론적 폭력이었다는 점을 상기시키며, 차이를 생성하는 권력에 대한 저항과 변혁을 요구한다.

민족과 계급이 역사적이고도 정치적인 범주로 생각되는 것과는 달리, 성차는 주체 구성 과정의 '결여'라는 형식적 차원, 즉 유사-초월적이거나 근원적인 토대로 인식되어온 경향이 있다. 에르네스토 라클라우Ernesto Laclau는 라캉적 실재라는 개념 속에서 텅 빈 기표라는 개념이 산출되는 것이야말로 정치와 정치 변동의 조건[20]이라고 했지만, '텅 빈 기표'라는 개념이 '남근'으로 대표되는 이상, 남근의 결여로 정의된 여성은 결코 추상화될 수 없는 파편으로 남는다. 이때 성차는 정치와 정치 변동의 '조건'이 될 뿐, 성차 자체가 정치적 변동의 '대상'이 되지는 않는다.

성차를 정치화하는 과정에서 생기는 곤경을 가장 잘 보여주는 사례 중 하나가 앞서 언급한 프랑스의 남녀동수법과 관련된 논쟁의 양상이다. 1992년에 〈여성들에게 권력을!〉이라는 팸플릿과 함께 대중적으로 전개되었던 남녀동수운동에서 성차는 이성애적인 의미가 아니었다. 남녀 동수는 민주주의에서 차별되고 배제되었던 집단에 더 많은 기회와 완전한 평등을 추구하려는 기획으로 이해되었고, 성차는 그러한 정치적 차별에 관한 구체적이고도 보편적 상징이었다. 그러나 아가생스키가 남녀 동수를 남녀의 분리에 따른 혼성으로 재정의하면서 성차 문제는 차별의 시정과 권력의 공유에 관한 문제에서 차츰 성차 자체의 보편적 '조건'을 증명하는 문제로 이동하게 된다. 이후 동성 커플의 권리를 인정하는 시민연대 협약과 관련된 논쟁에서도 '보편적 토대'로서의 성차는 명백하게 이성애적 상보성을 의미하는 것으로 동성 커플이 보편적 결혼제도에 접근하는 것을 막는 논리로 사용되었다. 이 같은 이성애 중심적인 성차에 관한 이해는 동성애를 특수하고 예외적이며 비생산적인 것으로 생각하도록 만든다. 즉, 동성애가 나르시시즘적 자기애에 기반을 두고 있기 때문에 타자성alterity에 관한 이해를 바탕으로 하는 인간의 추상적 자기초월능력을 방해하는 욕정에 불과하다거나, 동성 커플은 분리에 기반을 둔 상보성의 원리가 적용되지 않기 때문에 사회적인 의미를 생산할 수 없다는 등의 논의가 불거져 나오게 된 것이다.

여성주의 내부에서 완전히 제거하지 못했던 동성애와 성적 소수자에 대한 혐오와 배제의 논리가 남녀 동수 담론의 정당화 논리와 정확히 겹쳐진 것은 단지 우연은 아니었다. 남녀 동수의 정치학이 보편적인 주체의 위치를 재설정하려는 욕망과 연루된 것은 남/녀 이원론을 보편적인 토대로 전제하면서였다. 이원론에 들어맞지 않는 성적 타자는 덜 진화한 자웅동체적이고 자기동일시적인 나르시시스트가 되어 더 근본적인 차원에서 성원권 박탈의 위기에 처했다.

그렇다면 토대나 조건을 다시 확정하지 않으면서, 이미 구성적 권력의 일부로 산출된 주체의 위치를 정당화하려는 욕망에 굴복하지 않으면서 '성적 타자'의 성적 권리는 어떻게 '정치적인 것'이 될 수 있을까. 소수에 대한 인정 또는 관용이라는 휴머니즘적 수사를 넘어서 정치적인 장 자체를 변화시킨다는 의미에서 말이다.

정체성 정치와 사적 개인을 넘어

과소대표되어 있는 소수의 여성 정치인에게 과도한 징표적 상징성을 부여하는 현실에서 이들은 과연 '여성 정치인'이 될 수 있을까. 한국에서는 박근혜를 최초의 '여성 대통령'으로 만들자는 주장이 잠시 나온 적도 있지만, 박근혜가 여성 문제에 관해 어떤 정치적 견해를 가졌는지조차 명확하지 않다. 박근혜는 여성이지만 '여성 정치인'은 아니다. 물론 여성 문제에 관한 뚜렷한 정치적 견해를 가지고 있다고 해서 여성 대표성의 위기가 해결되는 것은 아니다. 힐러리의 사례에서처럼 어떤 여성들은 힐러리가 자신들의 대표자라고 생각하며 환호하지만, 다른 여성들은 힐러리가 전업주부를 깎아내린다며 적대한다. 생물학적으로 여자라고 해서 여성을 위한 정치를 하는 것은 아니며, 여성을 위한 정치를 한다고 해도 여성 중에 어떤 여성을 위한 정치를 하고자 하느냐는 질문은 계속되기 때문이다. 특수를 넘어 보편을 구성하고자 하는 여성 대표성을 향한 운동이 모성과 같은 문화적으로 익숙한 상징을 차용하기 시작할 때 생기는 문제들도 만만치 않다. 모성 정치는 가족의 가치를 영속시키려는 신보수주의와 종종 연합하여 여성의 모성 역할을 다시 한번 강조하는 또 다른 여성 억압의 장치로 기능하게 될 가능성이 크기 때문이다.

그러면 공론장에서 차이는 어떻게 대표될 수 있을까. 가장 오래된 전략은 바로 정체성 정치였다. 정체성 정치는 여성·민족·소수자 등을 고유한 정체성으로 주장하는 집단을 고립시킬 것이라는 우려와 비판을 받아왔지만, 정체성 자체를 완전히 부정할 수 있는 소수성/타자/탈식민/여성주의 정치학은 없다. 이러한 정체성은 적의 언어로 적과 싸우는 역설적 상황 속에서 정치적으로 구성되는 동시에 끊임없이 새롭게 생성된다. 이때 정체성은 변화의 토대 또는 불변의 조건이 아니라 저항과 적대가 발생할 수 있는 정치적 '위치'를 의미한다. 따라서 정체성의 정치학 자체에 문제가 있는 것이 아니라 정체성 문제를 심리적·육체적 자기 동일시의 (내재적이고도 초월적인) 영역에 묶어두는 문화적 습관과 새로운 권력 장치가 된 심리적·의료적 지식 권력에 있다.

문제는 정체성 자체를 정치적인 구성물과 조건이 아니라 본질적이며 불변하는 속성으로 이해하는 것이다. 이때 차이를 만들어내는 권력에 도전하기보다는 그 차이 자체를 지켜야 할 가치로 만들어내게 된다. 여성이건 흑인이건 동성애자건 상관없이 누구나 투표하고 대표가 될 수 있어야 하며, 동시에 이렇게 호명된 과소대표 집단의 조건을 변화시키기 위해서 싸워야 하고, 종국에는 해당하는 범주 자체가 의문스러운 것 또는 공적인 삶에 큰 영향을 미치지 않는 것으로 만들어야 한다.

문제는 남성이 인간의 기본값으로 설정되어 있는 사회에서 여성은 여성이라는 정체성을 바탕으로 특수하게 정의되고, 그렇기 때문에 완전한 시민권을 가지기 위해서 이중의 제약을 통과해야만 한다는 데 있다. 니라 유발-데이비스는 이러한 이중 제약에 대해 그것이 바로 여성들에게만 부과되는 규율이며, 이 점에서 성원권 문제가 발생한다고 지적한다. 즉, 공동체에서 여성의 성원권은 대개 이중적 성격을 지니는데, 여성은 시민 일반에 속해 있는 한편 여성들에게만 적용되는 규율, 규제, 정책이 있다는 것이다.[21)]

여성이면서 동시에 시민이자 개인이 되기 위해서 여성은 여성으로서의 규범과 시민으로서의 의무를 모두 수행하고, 궁극적으로 남성과 유사한 개인이 되어야 한다. 그리고 바로 이것을 불가능하게 만드는 것이 가부장제다. 젠더 규범의 핵심은 규범이 작동하는 영역을 분할한다는 데 있다. 예컨대 남성다움은 공적인 속성으로, 여성다움은 사적인 속성으로 분할된다. 이때 남성에게 사생활은 사적인 것으로 보호받아야 할 권리가 되고, 여성에게 사생활은 차이의 장소이고 정체성의 근거이며 젠더 규범을 제대로 실행했는지 확인받는 자격 조건으로 간주된다. 여성과 소수자는 바로 그 특수화된 사적 차이 때문에 겨우 성원권의 마지막 티켓을 손에 쥐었으므로 이들의 사생활은 사실상 사적 보호의 대상이라기보다는 공적 자원의 하나로 간주된다. 그리고 이것은 종종 공적 영역에는 어울리지 않는 부적절한 것으로 취급되기 쉽다.

민주주의에서 대표자의 자질을 결정하는 것은 높은 학력과 많은 재산, 훌륭한 가문 등과 같은 조건이 아니(어야 한)다. 실제로 이런 자질들이 영향력을 미치기는 하지만, 핵심 자질은 아니(어야 한)다. 특정한 학벌, 신분, 계급 같은 것이 대표의 자격이 되는 순간 민주주의는 의미를 잃게 된다. 민주주의 사회에서 대표는 통치하되 권력의 사적 행사가 금지된다. 선출된 대표는 결코 사적인 존재에 머물러서는 안 되며, 사사화私事化된 권력은 특권의 남용이라는 이름으로 처벌된다. 따라서 대표자의 가장 중요한 자질 중 하나는 사적 개인을 '넘어서' 공인으로 살아갈 준비가 되어 있는가의 여부다. 여기에서 공인으로서의 자질이란 '사적인 개인'으로서 자신의 이해관계가 모두의 이해와 모순 없이 녹아들 수 있는 능력을 말한다. 공인이 사적 개인이기도 하다는 점을 지나치게 강조하는 이들은 사적 이해관계를 추구하는 것이 곧 공익이라고 말하기도 한다. 국회 청문회에서 "재벌이 더 많은 돈을 버는 것이 우리 사회가 성장하는 길이다", "부동산이나 주식 같은 합법적인 부의 증식까지 문제 삼으면 어쩌란 말인가" 같은 말을 사용하는 이들은 그저 최대한도의 이익만 추구할 뿐, 사적 이해관계를 '넘어서'라는 차원을 이해하지 못한다.(한편으로는 바로 이 점에서 자본 자체가 공리가 된 자본주의는 민주주의와 적대적 관계에 놓인다.)

여기에서 '넘어선다'는 말은 배제하거나 제외하는 것apart from도 아니고, 더 높은 수준을 요구하는 것above도 아니다. 이 둘 간의 관계는 동등하기는 하지만 완전히 동등한 것은 아니며besides, 하나가 다른 것을 포함할 수 없는 관계다. 민주주의 대의제에서의 대표성은 바로 이 '넘어서'라는 말을 통해 개인이면서 동시에 전체이며, 개인도 아니고 전체도 아닌 차원에서 형성된다. 민주주의 특유의 정치적 형식은 이중 긍정과 이중 부정의 어느 지점에서도 정박하지 않은 채 균형 상태를 유지하는 이 '넘어서'의 지점에서 출현한다.

누가 국민을 대표하는가

앞서 나는 대표성을 얻기 위해서는 반드시 사적 개인과 사생활을 '넘어선' 존재가 되어야 한다고 전제했다. 사생활을 넘어선 존재가 된다는 것은 사생활로 특별히 구분되는 존재가 되지 않아야 한다는 말이다. 성적 타자들의 대표 가능성은 사생활만 가진 존재로 규정당하지 않는 동시에 공적 공간이 성과 사랑과 관계 맺기에 관한 성적 타자들의 방식에 얼마나 개방되어 있는가에 달려 있다.

그렇다면 '우리'[22]는 누구인가. 어떤 순간에 나라는 개인을 넘어서 타인과 관계를 맺고 있는 나, 즉 우리를 상상하게 되는가. 우리는 타인과 관계를 맺을 때 그들의 삶에서 중요한 관계들이 무엇이었는지 어떤 경험들을 해왔는지에 대해 듣고 싶어 한다. 그런 이야기들을 들으면서 타인은 낯선 타자에서 나와 관계될 가능성을 가진 존재로 변화한다. 이주노동자가 본국에 두고 온 가족 이야기를 할 때 '우리'는 낯선 타자로서의 그들이 우리와 유사한 이웃으로 연결되어 있다고 느낀다. 용서할 수 없는 범죄를 저지른 사람이 자신의 불행한 어린 시절 이야기를 할 때 '우리'는 그가 겪은 불행이 곧 우리 사회의 불행이라고 생각한다. '우리'는 평생을 함께한 파트너의 곁을 지키는 것조차 허용되지 않는 동성애자의 이야기를 들을 때 인간적 연민과 우정 어린 공감이 생성된다.

그러나 타인의 사생활을 누가 어떻게 말하느냐에 따라 익숙한 이웃이 순식간에 낯선 타자가 되기도 하며, 낯선 타자의 이질성이 더욱 부각되기도 한다. 그렇기 때문에 타자가 자신의 목소리로 말하는 것, 스스로 대변하는 것은 언제나 중요하다. 하지만 타자가 타자로서 자신을 대변하면서 또한 '우리'를 만들어내는 길을 멀고도 험하다. 앞서 여성 대표에게 놓인 곤경을 설명하면서 쓴 것처럼, 성적 타자로서의 여성은 타자로서의 위치가 바뀌지 않고 징표적 존재로 고정되거나, 다른 여성과의 관계가 끊어진 채 혼자 예외적인 존재로 부각될 위험에 처한다. 타자화에 놓인 재현의 위기는 고스란히 타자의 몫으로 떨어지며, 여성이 과소대표되고 있는 현실에 관한 매우 간명하고도 명확한 문제 제기는 성차에 관한 해묵은 정치철학적 논쟁을 거쳐 매우 복잡하고도 해결할 수 없는 근본적 문제로 변형된다.

지금까지 여성은 내용·형식·조건이라는 차원에서 대표 가능성의 문을 계속 두드린 결과, 모성과 이성애라는 경험을 성차가 발생하는 불변의 토대로 특권화하면서 보편에 진입할 수 있게 되었다. 하지만 이런 혼성의 민주주의는 여성/남성이 커플로서 인간 전체를 대표하게 함으로써 권력에 의해 비대칭적으로 산출된 성적 차이를 대칭적이며 평등한 차이인 것처럼 보이게 했다. 이때 이성애적 토대를 공유하지 않는 성적 타자는 보편성의 조건 바깥으로 완전히 쫓겨나 소수자로서만 인정될 뿐 결코 보편화될 수 없는 예외의 영역에 놓이게 되었다. 이런 희생을 치렀는데도 대표가 된 여성은 타자로서의 여성을 대표하는 것이 아니라 다시 성 중립화된 추상적 개인으로 행동한다. 최근 선출된 북유럽 국가의 여성 대표들은 여성이라는 성적 차이가 마치 존재하지 않는 것처럼 행동하는 경향이 있다. 이것이 여성 과소대표성의 위기를 벗어난 스웨덴에서 다시 페미니스트 정당이 만들어진 이유이기도 하다. 한국에서는 여성의 과소대표성 문제가 여전히 사라지지 않은 상태에서 여성의제정당이 2020년 3월에 창당되었다. 과소대표성 문제는 여성의제정당의 선명성으로는 해결되지 않고, 여성 대표의 양적 확대가 이루어지더라도 여성의제에 대한 입법적 진전이 반드시 보장된다고는 볼 수 없다. 여성의 정치는 질적으로도 양적으로도 필요한 과제와 전략이 있다. 여성 대표의 수가 늘어난다고 해도 여성에 대한 성역할이 강화되는 방식이 될 수도 있고, 여성이 아니라고 해도 여성을 위한 정치를 펼칠 수도 있다.

앞서 살펴본 모성 정치의 사례를 다시 정리해보자. 모성 정치를 둘러싼 담론과 동수운동이 보편성을 추구하는 과정에서 원래의 목적이었던 평등한 정치참여에서 벗어난 젠더 전형성을 다시 반복하거나 젠더를 무시하는 변형이 일어났다는 사실에서 우리가 배울 점은 '우리'를 만드는 과정에서 정상 가족에 기반을 둔 특정한 문화적 전형들을 반복하지 않도록 주의를 기울여야 한다는 것이다.

관계가 만들어지지 않을 때 타자의 목소리는 들리지 않게 되거나 들을 필요가 없는 것이 된다. 관계가 만들어진다고 해도 문화적으로 더 익숙한 형태의 관계 맺기만 떠올리는 상황이 반복될 때, 타자의 정치적 요구는 쉽게 사랑과 가족의 이름으로 낭만화되기 쉽다. 2011년 초, 홍익대학교의 청소노동자들이 노동조합을 결성했다가 학교 측으로부터 전원 해고 통보를 받은 일이 알려졌다. 청소노동자들이 처한 상황에 분노하며 지지와 연대를 끌어내고자 했던 몇몇 사람이 더 많은 공감을 얻기 위해 "우리 어머니, 할머니"라는 수사를 사용했다. 청소노동자들은 노동자로서 '우리' 중 하나가 되길 원했지만, 노동자의 권리를 인정받기 위해서는 다시 어머니나 할머니가 되어야 했다.[23] 실제로 이 호명을 통해 더 많은 사람이 관심을 가지게 된 것은 사실이나, 가족이라는 익숙한 문화적 전형성으로 보편적 '우리'를 만들려고 할 때 공적 공간에서 정치적 논의를 하기 어렵다. 후에 청소노동자들은 "우리를 어머니나 할머니라고 부르지 말라"고, "우리는 노동자야"라고 말했다.

소수자를 향한 증오는 가끔 극단적인 폭력을 낳기도 하지만, 이보다 더 널리 퍼지는 폭력은 바로 무관심이다. 레즈비언이든 아니든 내가 상관할 바가 아니지만 내 앞에서 말은 하지 말라거나, 동성끼리 좋아하는 것을 인정할 테니 동성애를 싫어하는 마음도 존중하라는 식의 태도는 언뜻 민주주의의 수사를 차용한 자유주의적 태도로 보이지만, 가장 특권화된 방식으로 더불어 살 권리를 거부하는 태도일 뿐이다. 이때 보편적인 것과 대표 가능성의 영역은 완전히 무의미해지고, 나와 관계된 '우리'를 재구성하자는 보편주의적 요청은 거품처럼 사라져버린다.

그렇다고 해서 '우리' 만들기란 애초에 불가능하다고 단언하는 냉소적 태도에 답이 있는 것은 아니다. 나는 보편성을 둘러싼 투쟁은 정상성과 보편성을 독점하는 헤게모니를 해체하는 운동이자, 차이를 사생활의 권리로 수렴하는 자유주의적 보수 정치와의 투쟁이라고 생각한다. 여성의 과소대표성에 관한 요구는 여성도 정치에 평등하게 참여할 자유주의적 권리뿐만 아니라 정치의 남성 중심성을 제거·해체·재구성하겠다는 선언이어야 하며, 소수자 대표는 소수자의 지위를 소수자 정체성으로서 대표하는 것이 아니라, 소수자의 관점에서 소수자의 지위가 앞으로 어떻게 변화할 수 있을지에 관한 전망을 공유하는 사람이어야 한다. 그런 점에서 '여성 정치'라는 명명을 통해 이루어지는 여성정치세력화 프로젝트가 언뜻 분리주의적으로 보일지도 모르지만, 기존 정치의 남성 중심성을 폭로하는 효과를 즉 각 가져다준다는 점에서만큼은 유용하다. 그러나 궁극적으로 여성 정치의 전망은 여성을 여성이, 남성을 남성이 대표하는 이원체계를 공고화하는 것이 아니라 성차가 현존하는 세계의 경험을 반영하되, 성차의 작동 방식을 끊임없이 의심스러워하는, 어제의 여성에서 출발하여 미래의 여성으로 나아가는 기획을 통해서만 성취될 수 있다.

9장

여성주의적 안보 기획은 가능한가

평화의 정치학을 위한 모성적 사유

안보 같은 남성적 영역을 모성적으로 사유하는 것은 어떤 의미인가?
이는 우선 보호자 남성과 피보호자 여성이라는
이분법을 해체하려는 여성주의적 기획이자,
적대적 타자를 설정하여 주체를 구성하고자 하는
근대 남성 중심적 철학의 편향을 고발하려는 탈근대적 기획이며,
생존을 위한 폭력이 아니라 생존을 위한 공존이라는
새로운 대안을 제시하려는 평화주의적 기획이기도 하다.

페미니스트 정치학을 위한 질문

여성이 원래 평화적이라거나 남성이 원래 폭력적이라고 전제하는 것은 불가능할 뿐만 아니라 정치적으로 위험하다. 자칫 생물학적 환원론과 성별 이분법을 지지하게 될 수 있기 때문이다. 그러나 한편 여성이 폭력이나 전쟁, 범죄 등의 행동에 남성보다 형식과 내용에서 역사적으로 적게 관여한 것은 사실이다. 이러한 역사적 경험의 차이를 분석하는 것과 여성의 본성을 본질화하는 것은 구분해야 한다. 여성은 전쟁 참여가 금지되었기 때문에 병사들이 얻은 공민권을 얻지 못했고, 이것은 근대에 여성이 임노동에 참여하고 있으면서도 특정 국가에서 성차별주의가 그다지 깨지지 못한 원인이 되고 있다. 그렇다면 여성도 군대에 가면 문제가 해결될까? 대답은 쉽지 않다. 전쟁과 폭력이 존재하는 한 타자other를 통해 주체를 구성하는 근대의 포함/배제 논리는 계속 작동할 것이고, 여성 역시 그 자장 안에서 영향을 받을 것이기 때문이다. 그렇다면 적극적인 평화주의자로서의 여성 주체를 구성하는 것은 어떨까? 전쟁과 폭력이라는 경험의 부재는 여성을 2등 시민으로만 만든 것이 아니라, 폭력으로부터 비판적 거리를 둘 가능성을 보여주는 것은 아닐까?

페미니즘이 제기하는 수많은 문제 안팎에는 항상 이런 양가적인 질문들이 존재한다. 그중에서도 보살핌의 윤리Care Ethics와 여성적 가치에 관한 논쟁들은 "시스템의 외부에 남아 있다는 것은 시스템을 그대로 둔다는 것이다. 이와 반대로 시스템 안에만 존재한다는 것은 흡수될 위협을 지니게 된다"는 엘리자베스 그로스Elizabeth Grosz의 말처럼[1] 전유와 흡수 양쪽의 긴장관계를 절실하게 보여주는 문제다.

1982년 캐럴 길리건Carol Gilligan은 《다른 목소리로》를 출간[2]하면서 1979년 출간된 로런스 콜버그Lawrence Kohlberg의 도덕발달이론[3]에 내재된 남성 중심성을 비판했다. 캐럴 길리건과 낸시 초도로Nancy Chodorow[4] 같은 여성주의 윤리학자들은 성별 이분법의 '결과'로 존재하는 여성을 도덕적 주체로 다시 전유하려는 목적으로 여성의 도덕적 특징을 이론화하려고 시도했다. 그러나 아이와 엄마의 관계를 통해 구성되는 여성 정체성에 관한 관심은 결국 여성에게 부여된 모성적 역할로 회귀하는 게 아니냐는 비판이 제기되기도 했다. 보살핌의 윤리를 비판하는 논자들은 보살핌의 윤리가 강조하는 이타주의적 책임감으로 인해 보살피는 자의 욕구와 열망이 질식될 수 있다고 주장한다.[5] 포스트모던 페미니스트들은 보살핌을 제공하고 받는 것은 사회에서 도덕적인 주체가 될 수 있는지의 맥락과 연결되기 때문에, 기존의 보살핌 윤리에 관한 여성주의적 관심이 여성과 남성이 젠더화되어 구성되는 과정보다는 젠더화된 여성성이 가진 대안적 가치에 관심을 두기 때문에 결과적으로 여성성을 본질화시킬 우려가 있다고 비판하기도 한다.[6] 이러한 비판들은 주로 여성에게 아이와 남성, 노인을 무보수로 보살피는 노동이 강제되고 있는 맥락에서 결과적으로 젠더화된 여성성을 강조할 우려가 있기 때문이다.

보살핌 윤리를 한 국가 내의 문제나 한 가정 내의 문제로 볼 것이 아니라 초국가적인 맥락으로 이해할 필요가 있다는 주장도 제기되었다. 우마 나라얀Uma Narayan은 식민주의가 '보살핌과 책임감'의 수사학을 통해 도덕적인 정당성을 확보해왔으며, 이런 맥락에서 보살핌의 담론이 권력과 지배의 관계를 은폐하거나 정당화하는 데 이데올로기적으로 활용되기도 한다는 점을 인식해야 한다고 지적한다.[7] 이 같은 비판들은 국내에서 성차별 문제가 해결되지 않은 채 여성이 아이와 노인을 보살피는 의무를 담당하고 있는 현실과 함께, 보살핌의 여성화가 지구적인 차원에서 재구성되고 있는 상황을 인식할 때만 보살핌 윤리가 정치적·사회적으로 의미 있는 논의가 될 수 있다는 점을 보여준다. 지금까지 한국에서 여성주의적 보살핌 윤리는 주로 육아와 노인 보살핌의 사회화, 여성이 무보수로 착취되고 의무이자 강제로서 담당해왔던 영역에서 보살핌 노동의 공공화 및 임금화 등 무임금의 여성 노동 문제를 어떻게 해결할 것인가에 관심을 두고 논의되어왔다. 이는 여성의 보살핌 가치를 재고한다는 측면에서는 충분히 의미 있는 논의지만, "돌봄의 사회화는 돌봄이 사적 영역에 머물러 있던 인식을 문제 삼는 것에서 시작해야 한다"는 허라금[8]의 지적처럼, 보살핌 윤리를 강조하는 것이 성별 분업을 강화하고 여성

노동의 저임금화를 가속시켜 보살핌의 계급화를 만들어낼 수 있다는 점을 고려하는 동시에, 공/사 영역과 근대적 주체 형성에 대한 문제 제기, 도덕성에 대한 새로운 질문들을 포함하는 기획에서 이루어져야 할 것이다.

이러한 맥락에서 이 글은 첫째, 보살핌의 영역이라고 생각되지 않았던 안보 영역에서 보살핌 윤리의 가능성을 볼 필요가 있다는 문제의식으로 쓰였다. 보살핌의 범주를 여성이 전통적으로 수행해온 양육이나 간병 등의 역할에서 확장된 개념으로 제시하는 것도 기존의 성별 분업을 해체하는 방법이 될 수 있다고 생각하기 때문이다.[9)]

둘째, 지구적 차원에서 국가 간의 경계가 허물어지면서 동시에 국가 간의 경제적·정치적 차이가 점점 심화하는 데는 적대적인 국경을 둘러싸고 군사적인 긴장을 유지·강화하는 국제 정치의 안보 개념이 중요한 역할을 하고 있다. 국내 집단 간의 차이에 따른 불평등 문제는 전쟁과 군사적 갈등을 이유로 종종 무시된다. 이때 여성이 제기하는 평화에 대한 문제는 폭력을 회피하거나 거부하는 여성적 본질에서 기인하는 것이라고 취급되며, 종종 비현실적이거나 탈정치적인 문제 제기로 생각된다. 그러므로 지금까지 관습적으로 보살핌의 영역이 아니라고 인식되어온 공적이고 정치적이며 남성 영역으로 생각해온 '안보' 영역에 모성적 사유에 기반한 보살핌 윤리를 적용하는 것은 현실주의 대 이상주의라는 틀에서 더는 진척되지 않고 있는 평화와 공존에 관한 상상력에 새로운 공간을 열어 보이는 효과를 거둘 수 있을 것이다.

마지막으로, 이 글에서는 기존의 이성 중심적 인간관의 대안을 제공하고, 여성을 타자로 만든 근대적 남성 주체를 해체하는 기획으로서 보살핌의 윤리가 유의미하다는 점을 주장하고자 한다. 보살핌 윤리를 실현하기 위한 모성적 사유라는 개념을 가져왔지만, 이 글에서 모성은 생물학적인 경험이 아니라 사회적인 관계를 의미하며, 구체적인 심상을 그려 내보일 수 있는 은유로 사용된다. 이는 '남성=폭력', '여성=평화'라는 이분법적 인식틀에 의거하지 않은, 다시 말해 전쟁을 전제하지 않고 평화를 사유하는 인간성의 가능성에 관한 질문이기도 하다. 또한 모성을 여성의 특수한 경험에 한정시키지 않고 보편적인 인간 활동으로 개념화하려는 시도이기도 하다.

안보담론의 성별 이분법

안보담론security discourse은 공동체를 파괴하려는 외부의 적으로부터 자국을 보호해야 한다는 전제에서 출발한다. 남성 철학자, 사회학자, 자연과학자 들은 전쟁이 공동체의 생존을 지키기 위한 인간의 본능적인 집단행동이라고 본다. 기존 논의에서 전쟁 또는 폭력은 "전쟁이란 적을 굴복시켜 자기 의지를 강요하기 위해 사용되는 폭력행위"(클라우제비츠),[10] "전쟁은 만물의 아버지"(헤라클레이토스), "적자생존의 자연법칙에 따른 인류 집단 간의 투쟁"(다윈), "생산수단의 사유를 유지, 강화, 확대하려는 집단과, 이것을 반대하는 집단 간의 무력투쟁"(마르크스) 등으로 정의되어왔다. 그러나 한나 아렌트는 "전쟁행위가 여전히 존재하는 주요 이유는 인류가 갖고 있는 신비스런 죽음에의 본능이나 억제할 수 없는 공격본능 때문도 …… 군비 축소에 내재하는 심각한 경제적이고 사회적인 위험 때문도 아니며, 국제 문제에 있어서 이 최종적인 중재자의 대체물이 아직 정치무대에 나타나지 않았기 때문"이라며, 그런 의미에서 폭력은 항상 실패한 의사소통이고, "정치란 인간의 복수성human plurality에 근거한 판단행위여야" 한다고 주장한다.[11] 이는 전쟁 같은 인간의 행동을 비판적으로 이해하기 위해서는 자신과 타자가 시공간을 공유하고 있다는 것을 정치적으로 인식해야 한다는 의미다. 달리 말해서 타자성alterity에 관한 이해가 달라져야 폭력이나 전쟁을 비로소 반대할 수 있을 것이다. 이렇게 자신과 타자에 관한 이해가 달라지면 평화를 위한 전쟁, 내적 결속을 위한 전쟁 등은 성립할 수 없는 모순적 어법이 된다.

또 다른 여성주의 철학자들은 "예속의 내적 과정이 이해되지 않는 한, 그리고 피억압자들의 침묵의 '언어'가 공적 언어로 번역되지 않는 한 어떠한 해방운동도 진정하게 의미 있는 것이 될 수 없다"[12]고 주장하며, '타자'를 통해 자아를 구성하는 남성 중심적 인간론을 깨지 않는 한 전쟁 없는 세상은 가능성 없는 희망이 될 뿐이라는 점을 지적한다. 안보담론에서 주체/타자의 도식은 보호와 피보호, 적군과 아군, 민간인과 병사 등 보호하는 남성과 보호받는 여성이라는 이분법적 틀로 수렴된다. 특히 한국 사회처럼 남성만 강제징집되는 상황에서는 '남성=군인', '여성=군인의 피보호자'라는 인식이 남성의 도덕적·정치적 정당성을 보증해주게 된다.[13)]

그러나 흥미롭게도 어머니의 경우에는 결코 일방적인 보호/피보호 관계로 재현되지는 않는다. 군인은 어머니를 생각하는 순간 병사가 아니라 아들이 된다. 자신이 약한 어머니를 지켜주겠다는 생각보다는 어머니의 아들로서 보살핌을 받던 자신이 이제 한 명의 성인이 되어 어머니의 품을 떠나게 되었다는 인식이 그들에게 비애감을 일으킨다. 어머니 앞에서는 눈물도 허용된다. "여자는 약하나 어머니는 강하다"라는 표현은 어머니와 아들의 관계가 기존의 남성과 여성의 성별 질서와는 다르다는 것을 단적으로 보여준다. 이때 어머니는 보호받는 것이 아니라 아들을 보살피는 주체로 인식된다. 어머니와 아들의 관계에서는 남성-주체, 여성-타자 관계가 다시 바뀌는 것이다.

모성에 대한 병사-아들의 향수를 자극하고 반복적으로 재현하는 것은 모성을 다시 강제적이고 신성한 의무로 만들어내는 효과가 있다. 그러나 한편으로 모성에 대한 특별 언급들은 어머니라는 존재가 기존의 성별에 기초한 보호/피보호 관계로는 해석될 수 없었던 영역임을 보여주기도 한다. 보살핌을 주는 존재로서 어머니는 아이들과의 관계에서 자원과 힘이 있는 존재지만, 어머니가 가진 힘은 승리나 권위의 상징으로 전환되지 않는다. 이 관계의 목적이 승리나 경쟁 또는 권위의 취득에 있지 않기 때문이다. 사라 러딕Sara Ruddick은 타자를 폭력과 착취의 합법적인 표적으로 삼는 모든 행위를 전쟁 행위라고 봐야 하며, 남성 중심적 철학에서 감정과 이성, 육체와 정신을 구분하고 이성에 의한 육체의 지배를 용인하는 것을 해체해야 새로운 사유행위가 가능할 것이라고 보고, '모성적 사유'라는 개념을 제안한다.[14] 어머니와 아이는 자원과 경험, 힘의 차이가 있는데도 둘의 관계가 일방적 지배와 피지배 관계가 되지 않는 것은 바로 모성적 사유 때문이라는 것이다.

모성적 사유는 여성의 몸에 있는 자궁이나 출산 행위 등과는 다르다. 이는 사회적 관계에 관한 사유다. 이때 출산자-어머니는 양육자-어머니와 분리되며, 출산 과정은 사회적 과정으로, 양육 과정은 여성만의 문제가 아니라 사회 공동의 보편적인 문제로 다시 통합될 수 있다. 여기에서는 출산자와 모성적 사유가 자동으로 연결되지 않는다. 많은 출산자가 아이들에게 폭력을 행사하고 때로는 착취를 하기도 한다. 자신이 가진 상대적인 우위성으로 인해 이러한 행위들은 쉽사리 행해지기도 한다. 그러나 이들은 아이들이 가진 이기심과 취약성을 증오하면서도 이 증오를 폭력적 지배로 영속시키는 걸 원하지 않는다. 그렇게 된다면 아이뿐만 아니라 자신의 인성도 무너진다는 것을 알고 있기 때문이다. 그러므로 모성적 사유는 출산자에게 자동으로 적용되는 가치가 아니다. 모성적 사유는 불평등한 관계에서 발생하는 폭력과 착취를 당연하게 여기지 않으려는 의지이자 실천이다.

자주국방담론의 주체는 누구인가

"내 몸(영토/국가주권)은 내(국민/병사)가 지킨다"라는 자주국방의 언명은 개인과 국가에 대한 남성적 동일시를 전제하고 있다는 측면에서 보편주의적 명제다. 주디스 버틀러[15]는 미국의 이라크 침공과 그에 환호하는 대중매체가 전쟁에 직접 참여하고 있는 미군과 전 세계의 시청자를 하나의 주체로 호명하고 있다고 본다. 미군의 승리를 자축하는 미국 지역local의 세계적global 미디어가 미국의 시각에서 군사화된 명령을 받는 서구 남성 주체를 보편화하도록 시청자에게 주문하고 있다는 것이다. 버틀러는 보편적인 주체의 위치나 발화에 관한 이론이나 정치학을 정당화하려는 욕망으로부터 거리를 둘 필요가 있다고 주장한다. 이러한 보편성들의 각축장에서 헤게모니가 어떻게 작동되는지 보고, 보편성이라는 개념을 논쟁적으로 만들어야 한다는 것이다. 이는 한국에서 국가안보에 관한 의제가 자주국방의 행위자로 간주되는 병사-남성 주체가 서구 국가들과의 동맹관계를 어떻게 받아들이는가 하는 점을 중심으로 만들어지는 이유를 분석하는 틀을 제공해준다.

국가안보National Security란 "국가가 존재하는 데 필수적인 이익, 가치 들을 모든 직·간접적 위협으로부터 지키는 것"이며, 국가안보를 위한 방법은 "힘에 의한 안전보장"과 "협력에 의한 안전보장"으로 나뉜다. 힘에 의한 안전보장은 주변 이해 당사국과의 갈등이 심하며 신뢰수준이 낮을 때 해결 수단으로 힘(자력 방위, 동맹)을 선택하는 것이고, "협력에 의한 안전보장"은 주변 이해 당사국 간의 상황 차이가 극복되기 쉽고 신뢰 관계를 유지하고 있을 때 선택하는 방법으로, 공동안보와 군비통제 등의 해결책을 사용한다. 현재 한국의 안보담론에서는 불평등한 국가 간의 관계에서 생길 수 있는 분쟁을 해결하기 위해 상대방과 같은 크기의 힘을 가지거나(자주국방), 힘이 가장 센 국가와 동맹을 맺는 방법(한미동맹)이 제시되고 있다. 이들이 말하는 자주국방self-reliant National Defense이란 독자적으로 안전보장을 이룰 수 있는 능력뿐만 아니라 그 능력의 사용에 관한 해당 국가의 주체성과 자율성까지 포함하는 개념이다. 김재엽에 따르면, 한국의 핵심 안보담론은 자주국방(박정희, 노무현)과 한미동맹(국방부, 국방대학원)을 둘러싸고 타협과 갈등이 반복되는 상황이다. 자주국방은 미국과의 동맹에 의존하지 말고 국가의 독립을 위해서 안보가 강화되어야 한다는 관점에서 나온 전략이라는 것이다.[16]

해방 이후 한국이 자주국방을 안보전략으로 주창한 것은 1970년 미국의 대통령 리처드 닉슨이 아시아 외교안보 정책을 선포하고,[17] 주한미군이 일부 철수하면서부터이다. 당시 대통령 박정희는 1971년 국방부 교시를 통해 "남이 우리를 대신해서 지켜주기를 기대해서는 안 된다. 가령 자기 집에 불이 났는데 그 집 식구들이 끌 생각은 안 하고 이웃 사람들이 도와주는 것을 기다리고 앉았다면 소방대가 기분이 나빠서 불을 안 꺼줄 것이다"라며 자주국방을 주장한다. 박정희에 이어 30년 만에 자주국방을 핵심적 안보전략으로 제시한 노무현은 2003년 광복절 경축사 연설문에서 "앞으로 10년 이내에 우리 군이 자주국방의 역량을 갖출 수 있는 토대를 마련하고자 한다"고 천명하며, 2004년 6월 16일 자유민주총연맹 창립 축하 메시지를 통해 "모두가 바라는 조국의 모습은 자신의 힘으로 자유와 안보를 책임지는 당당한 자주독립 국가"라며 자주국방의 필요성을 역설하고 있다.[18]

한국의 1970년대 군사정권과 2000년대의 민주정권이 똑같이 자주국방 개념을 국가안보의 핵심전략으로 채택하고 있는 것은 주목할 만한 사실이다. 냉전 이전의 박정희 시대와 마찬가지로 노무현 정부의 안보 정책에서도 '동북아 중심'과 '당사자주의' 등은 상호신뢰에 따른 협력적 관계를 상정하기보다는 정치·경제·군사에서 힘의 균형을 이루어 평화를 찾자는 주장에 따르고 있다. 약한 한국은 한민족의 수난과 불행만으로 그치지 않고, 항상 동북아시아와 세계에 분쟁과 전쟁의 불씨가 되어왔기 때문에 한국이 강해져야 동북아시아에 평화가 찾아온다는 논리다. 독자적인 안전보장 능력은 그 능력을 사용할 해당 국가의 주체성과 자율성을 포함하는 개념인 '자주국방'으로 이해된다. 이를 위해서는 동일시의 원칙을 통해 개인과 국가의 유기체적 상호관계가 성립되어야 한다. 곧 국익National Interest[19]을 지키는 것과 개인의 이익이 똑같은 이해관계로 만날 수 있어야 한다. 국가의 이익에서 가장 우선순위를 두는 행위 주체는 병사/남성이며, 이들은 국가의 사활을 책임질 수 있는 물리적 힘을 소유하고 있으며, 그렇기 때문에 이들이 곧 국가 자체를 대변하는 집단으로 구성된다.[20] 특히 한국의 경우 식민지와 분단, 냉전과 군사정권 등의 역사적 경험 때문에 자주국방의 필요성에 관한 대규모의 국민적 합의가 손쉽게 이루어져 왔다.

자주국방의 '독립'은 식민지 시기에 주권을 빼앗긴 경험에서 나오는데, 한용섭은 식민지 시기에는 자주적 결정권, 자주적 사용권, 자주적 방위능력 육성을 위한 권한이 없었다고 본다. 일제강점기 때 일본은 조선의 군대를 해산시키고 외교적 자주권도 탈취했으며, 국가로서 인정하지 않았다. 그러므로 자주국방이 논의되려면 독립된 국가와 정부, 군대가 존재해야 한다는 것이다.[21] 그러나 주권을 곧 인권으로 이해하는 방식은 일제강점기에 내선일체정책 등을 통해 국가와 개인을 동일시하려 했던 황국신민화 과정을 비판할 수 없게 한다. 비판이 아니라 극복으로서 식민지 시대를 이해할 때, 반일 민족주의가 남벌 등 한국의 제국주의적 욕망을 자극하는 방식으로 이어지게 되는 것이다. 식민지라는 형태를 만들었던 제국의 지배와 폭력을 은폐하고 식민의 문제를 결국 독립할 능력이 없었던 약소국의 '문제'로 만들어버리는 것이다. 이때 피식민 국가의 남성 주체는 식민 이후 자국의 국민국가를 재건하는 과정에서 식민지 경험을 여성(피해자)화하고, 당시 나라를 빼앗긴 전근대 남성의 무능력으로부터의 (이성적) 분리detachment를 선언하면서 구성된다. 이 과정에서 식민 이후 한국 식민 남성 주체는 여성뿐만 아니라 남성 사이에 존재하는 다른 목소리들도 삭제한다.

조앤 스콧Joan Scott은 주체가 배제 작용에 의해 형성된다면, 구성과 삭제의 작동을 추적해야 한다고 주장한다.[22] 그러므로 역사를 재기술함으로써 삭제된 주체들을 복원하는 작업은 반민족행위자나 사회주의자, 여성해방론자 등 특정한 이데올로기를 지지하려는 행위라기보다는 우리 안에 서구화된 보편적 주체를 해체하려는 기획이다. 그러나 이러한 움직임들은 보편적 주체가 되고자 하는 남성들의 욕망에 의해 차단된다. 한국에서 식민지 체제의 성격에 관한 논쟁은 내재적 발전론(신용하)과 식민지 근대화론(이영훈)으로 대표된다. 이 논쟁의 핵심은 조선 내부에 근대화를 향한 움직임이 있었는지에 달려 있다. 내재적 발전론자는 동학혁명과 실학으로 조선이 내재적인 발전 가능성이 있었다고 보고, 식민지 근대화론자는 일본에 의해 근대화의 초석이 다져졌다고 본다. 여기서 발전과 근대는 그것이 내재적이든 외재적이든 간에 가치적인 측면에서 서구화와 동의어로 사용되며, 전근대와 단절함으로써 획득되는 가치로 이해된다. 따라서 이 두 논쟁은 민족주의(내재적 발전론)와 국가주의(개발독재) 간의 이념 싸움이라기보다는 서구의 보편화된 남성 주체를 모방하려는 식민 남성 주체의 헤게모니 다툼으로 재독해해야 할 것이다.[23]

박정희와 노무현이 주장하는 자주국방 담론은 "내 몸을 내가 지키지 못했을 경우, 그 책임은 1차로 (가해자가 아니라) 나에게 있다"는 인식에서 비롯한다. 이들은 힘이 약해서 피해를 당했으므로, 약함 자체가 악한 것이라고 본다. 이러한 인식은 타자는 적이며, 적인 타자와는 어떠한 관계도 맺을 수 없고, 동맹이나 협력은 자아의 독립을 해친다는 자율적인 개인을 전제로 하는 논리다. 이 언명은 놀라울 정도로 여성폭력피해자에 대한 가부장적 언명[24]과 닮았다. "내 몸은 내가 지킨다"는 말은 국방에 동원되지 않는/못하는 이들에게 주체의 지위를 부여하지 않는 것이다.

후기 식민 남성 주체의 구성

앤절라 레이븐로버츠Angela Raven-Roberts는 분쟁과 분쟁 이후의 상황에서도 여성의 경험이 포함된 여성의 시각이 필요하다고 주장한다.[25] 1995년 베이징 세계여성대회 이후 양성평등의 목표를 달성하기 위해서 평화와 안보 이슈에 여성의 목소리를 내는 것이 꼭 필요하다는 의식이 공유되었다. 전쟁 상황에서 여성, 소녀, 남성, 소년은 폭력의 효과를 각기 다르게 경험하고, 공동체의 파괴도 그들의 삶에 다른 영향을 미친다. 그러나 기존 안보담론에서는 이러한 차이를 사유하기보다는 폭력이 어떻게 발생하게 되었는지에 집착한다. 예방조치로서의 안보담론도 군축보다는 상대방과 싸워 이길 수 있을 정도의 병력을 소유했는지가 중시된다.

대부분의 분쟁국가에서 여성과 소녀는 보조자로, 남성과 소년은 참여자로 구성된다. 1953년 한국전쟁이 끝난 후 분쟁에 참여했는지에 따라 재건과정에서의 성 역할이 달라지기 시작했다. 한국전쟁의 미망인은 남편과 아들을 군대에 보낸 애국자가 되었지만, 경제적으로 더는 남성의 원조를 기대할 수 없게 되었다. 이들이 생존을 위해 경제활동에 뛰어들면서 남편이 아닌 남성들과 새로 친밀한 관계를 맺는 것은 금지되었다.[26] 이는 남성들의 배신으로 전사에 대한 존경심이 훼손되는 일이었기 때문이다. 그러나 사회가 배신에 대한 비난을 미망인 여성에게 집중시킴으로써 남성 간의 배신은 가시화되지 않았다. 여성의 성을 통제함으로써 남성의 명예를 의미 있게 지속시킨 것이다. 일제강점기의 일본인 병사와 한국전쟁 이후 미군 병사에게 제공되었던 한국 여성들 역시 시대의 아픔으로만 재현되고, 여성 개인이 맺는 관계들 사이에서 일어났던 상호작용들은 철저하게 비가시화되었다.[27]

후기 식민국가의 안보담론에서 남성 주체는 보편화한 (제국주의적) 서구 주체와 자신을 동일시하거나 경쟁함으로써 구성된다. 근대적 가치를 획득한 이성적 남성 주체가 되려는 열망은 서구 제국주의적 남성 주체에 대한 경쟁심과 열등감에서 비롯한다. 페미니스트 학자들은 근대적 주체성이 1세계 중산층 성인 백인 남성을 기준으로 삼으면서 (사실상 인간의 삶에서 불가능한) 자율성과 독립성에 독점적인 가치가 부여된다고 비판해왔다.[28] 그 결과 공적 영역은 남성의 공간으로 성별화되었고, 공적 영역에서는 상호의존적이기보다는 자신의 이익 증진을 추구하는 독립적인 동료 관계가 이상화되는 경향이 있다.[29] 한국의 젊은 남성이 국가가 동원하는 병역에 저항하기보다는 병역을 거부한 남성을 비난하거나 병역에 동원되지 않는 여성에 대해 불평하는 이유는 그들이 전체주의적이고 민족주의적이기 때문이라기보다는 국익을 자기의 이해관계와 일치한다고 보고, 병역의무를 수행하는 것은 곧 근대적인 규범적 주체가 되는 것으로 이해하기 때문이다.

그러나 근대적인 규범적 주체는 마거릿 어번 워커Margaret Urban Walker의 주장대로 언제나 "21세, 백인, 자유인"인 남성으로만 재현된다. 즉 이상으로 대표된 도덕 행위자에는 여성, 어린이, 유색인종, 장애인과 함께 언제나 제3세계 남성이 배제된다. 이런 관점에서는 서구인이 아닌 우리 중 누구도 도덕적 행위자일 수 없으며, 우리 중 많은 사람은 한 번도 그런 행위자일 수 없다. 바로 여기에 개발독재 시대의 통치자도, 한국전쟁 시기의 통치자도, 일제강점기 시기의 민족지도자도 아닌 2006년 노무현 정부가 자주국방을 중요시하는 이유가 담겨 있다. 세계 10위권의 경제대국으로서의 책임감과 동북아 중심론을 표방하며 사실상 한국 중심의 안보 연대를 실현하려는 노무현의 자주국방 정책은 "6·25 당시 세계에서 가장 가난한 나라 가운데 하나였던 한국은 이제 세계 12위의 경제강국으로 성장했습니다. 민주주의는 한층 더 성숙하여 지금의 참여정부가 출범했습니다. 한국은 미국과 함께 세계평화와 인류번영에 이바지하고 있습니다. 우리 두 나라 장병들은 지구촌 곳곳에서 세계평화를 지키기 위해 함께 활동하고 있습니다"[30]라 말하며, 미국의 요구 때문에 이라크에 파병

한 한국의 병사라는 맥락을 삭제하고, 세계평화의 동등한 기획자로서 미국과 어깨를 나란히 하는 한국의 달라진 위상을 강조한다.

탈식민적 도덕적 주체 되기의 가능성

보편자가 되고자 하는 욕망은 차이를 모두 특수자로 위치시킨다. 한국에서 병역은 여성과 남성, 장애인과 비장애인, 어린이와 어른 간의 위계를 낳게 되는 핵심적인 기제로 작동하고 있다. 이러한 안보 이슈의 남성성을 허물기 위해 여성주의자들은 국가/세계안전보장기구에 여성, 유색인종, 장애인 등 다양한 민간 주체가 참여할 것을 주장하거나[31] 여성의 전쟁 피해 경험을 드러내면서 전쟁의 비도덕성을 전파하거나(평화를 만드는 여성회), 아들이 병사가 되는 것을 반대하는 어머니 여성의 권리를 주장하거나(전쟁을 반대하는 어머니들의 회합들),[32] 도덕적 주체로서의 여성적 접근이 필요하다고 주장한다(보살핌의 윤리학).

보살핌의 윤리는 피해 여성을 전시함으로써 여성이 쉬운 표적이라는 사실을 알리는 자기모순에 빠지지 않고, 어머니 여성을 강조함으로써 국가와 협상하는 새로운 여성 주체를 강조하거나, 약자를 보호하는 강자라는 위계적 이분법을 거부하려는 도덕 이론이다. 보편자가 되려는 욕망, 곧 나라와 민족을 위한 충성이 가장 우선적인 미덕으로 취급되는 한국 사회에서는 군국주의적 사유militarist thinking가 팽배해 있다. 이러한 사유를 타인을 타자화하지 않고 사회적인 관계 속에서 사유하는 모성적 사유maternal thinking로 바꾸기 위해서는 병역이라는 행위 안에 포함된 가치들을 해체하는 작업[33]이 필요할 것이다. 한국 사회에서 병역은 사회 구성원의 의무, 공동체에 대한 책임, 적에 대항하는 용기, 그리고 그러한 용기를 명예롭게 하는 정의 등의 가치로 구성되어 있는 개념이다.

이마누엘 칸트는 의무를 인간의 의지 및 행위에 강제로서 부과되는 당위이자 도덕적 필연으로 본다. 자기 자신에 대한 의무와 타인에 대한 의무를 구별하여 절대적 자기 목적적인 도덕률을 따를 때 인간의 공동선을 이룰 수 있다고 보았다. 또한 책임은 의식적 행위가 행위 주체에게로 재귀하는 것이며, 사회적 책임에서 개인들의 행위는 자신을 개개의 주체를 넘어서는 초월적 주체로 전제할 때 성립된다. 한 개인이 초월적이고 보편적인 존재가 될 때 비로소 의무와 책임을 다하는 존재가 될 수 있으며, 이런 존재자들의 행동이 명예롭게 이해될 때 그 사회가 정의로워진다는 것이다.

그러나 보살핌의 윤리와 정의의 윤리를 통합하고자 하는 조앤 트론토Joan Tronto[34]는 책임과 의무를 구별해서 사용한다. 트론토의 논의에서 책임은 의무duty와 구별된다. 의무는 본인의 의지와 무관하게 주어진 것이며, 문제 상황과 추상적인 관계를 맺는 반면, 책임은 기꺼이 그 일을 하는 의지로서의 행위이며, 구체적인 관계와 실행 여부와 관련된다. 전쟁에 참여하는 것이 의무이자 책임이며, 정의를 실현하는 일이 되기 위해서는 전쟁을 추상적이고 보편적인 과정으로 이해해야 한다. 곧 살인을 저지르는 일은 구체적인 살인행위라기보다는 타자를 적으로 추상화하고 거기에 어떠한 감정도 개입하지 않는, 철저하게 이성적인 존재로서 그 행위가 실행되어야 한다. 교사의 체벌, 병사의 폭력행위가 감정을 배제한 채로 이루어질 때는 공적인 정의를 실현하기 위한 책임 있는 행동이라고 이해되지만, 이들이 개인적인 복수심과 폭력행위에 개인의 쾌감을 보여줄 때는 무책임하고 감정적인 것으로 비난받는다. 이와 같은 맥락에서 소심한 교사, 탈영자 역시 비난을 면치 못하게 된다.

집안에서도 아버지는 아이들보다 우월한 위치에서 온화하거나 엄격한 아버지가 되어야 한다는 문화적 가정들이 있다. 이에 비해 어머니는 아이들과 같은 눈높이에서 때로는 감정적으로 화도 내고, 때로는 아무리 화가 났어도 아이가 먹을 것을 만들어야 한다는 사유를 멈추지 않는다는 걸 알고 있다. 흥미롭게도 모성을 계속해서 본질화하려는 시도는 어느 시대에도 완벽하게 성공하지는 못했다. 시대에 따라 좋은 어머니상은 계속해서 변화해왔으며, 아이들과의 분리가 좋은 어머니 노릇인 적도 있었고, 출산자로서만 역할이 부여된 적도 있었으며, 자신과 생물학적으로 연결된 것과 관계없이 입양 등의 형태로 모성적 활동을 하려는 여성과 남성도 있다. 이러한 모성적 활동에서 공통적인 것은 이성과 감정이 분리되지 않는다는 점이다.

전쟁 상황에서 병사들은 자신들이 희생자이자 동시에 살인자로 존재하는 양면성에 직면하지 않고 상대를 죽여야 내가 살아남는다는 단일 서사로서만 이해하도록 교육받는다. 클라우스 테벨라이트Klaus Theweleit는 군인들이 육체에서 추상화된 진리와 감정에서 분리된 자아를 상상함으로써 자신의 행위에서 벗어나고자 하는 심리를 분석한다.[35] 사라 러딕은 이들이 연결이 시작되는 의존을 두려워하기 때문에 독립separation과 거리감distance에 의존하는 객관성의 이상을 발전시키면서 분리에 집착[36]한다고 보았다. 개인의 양심에 따른 내재적 의지는 개인이 맞닥뜨린 상황과 감정을 거부하는 과정을 통해 비로소 보편적 도덕률에 도달하는 역설에 직면하게 된다.

안보담론에서의 주체가 의무를 통해 만들어지는 것이라면, 모성적 사유를 통해 평화적 주체가 되는 것은 서로 의존하고 있는 인간 삶의 구체성에 대한 책임 때문이다. 안보 주체는 선험적이고 이성적이고 금욕적인 주체지만, 모성적 주체는 과정적이고 감정과 관계를 중시하면서 서로의 욕구에 반응하는 주체다. 보살핌의 윤리학은 모성적이고 자매애에 기초한 패러다임의 도덕적 관계, 상호의존성, 취약성, 신뢰 상황에서의 도덕적 책임에 관해 이야기한다.[37] 그러나 안보담론은 서로에 대한 불신을 기초로 한 적대적 관계와 타자성과 분리되는 독립적 존재로서 서로를 결코 마주 보지 않는 전우애에 기초해 있다. 반면 보살핌의 윤리는 구체적인 사람들을 세심하게 보살피면서 얻게 되는 관계에 관한 인식을 중요하게 취급했다. 양육 관계 등에 대한 비유는 도덕적 의미를 깊게 하고, 서사적 구성은 실제 개인적이고 상호의존적인 역사의 특수성을 정교하게 만들어준다. 도덕적 관계는 고정된 원칙들에 기초한 일면적 선택을 위한 장소가 아니라, 우리가 서로 타자의 정체성을, 그것을 구성하는 관계를, 그것이 표현하는 가치를 협상하고 인정하는 장소다. 도덕적 결정 지점에서의 소통과 제휴는 책임 있는 도덕적 숙고가 갖는 가장 핵심적인 특징이다.

해체적 기획으로서의 모성적 사유

북한이 망했다는 이야기와 북한이 위협적이라는 이야기를 함께 하는 것처럼 전쟁과 안보에 관한 이야기는 모순적이고 비일관적이다. 전쟁을 억지하기 위해 가장 강해져야 한다는 논리도 마찬가지다. 그러나 우리가 세계 제1의 군사 대국이 될 길은 없으며, 세계 제1의 인구 대국이 되는 길 역시 없다는 걸 모두 알고 있다. 하지만 아이의 성적이 오르지 않아도 학원에 다니지 않으면 불안해하는 부모처럼 이 끝없는 경쟁과 불안의 레일에서 내리는 용기는 쉽게 생기지 않는다. 비겁해서가 아니라 그 용기가 불러올 세상에 대한 이미지가 구체적이지 않기 때문이다. 전쟁에 대한 이미지는 국가별 힘의 균형과 국제정치학, 국경분쟁과 인종갈등, 폭력과 피와 흩어져 있는 살점, 무기와 비극적인 오열 등 지극히 구체적이고 참혹한 현실을 떠올리게 한다. 이에 비해 평화는 비현실적인 이상론이나 유토피아, 깨끗하고 투명한 것, 자연적인 것으로 이해된다.

가장 비극적인 장면들 전에는 항상 다정하고 평화로운 가족의 저녁 식사, 아이들의 웃음소리, 따뜻한 햇볕이 내리쬐는 초록빛 공원 같은 장면들이 등장한다. 사실 이런 장면들은 그다음의 비극적이고 폭력적인 장면들의 효과를 극대화하기 위해서 존재한다. 올리버 스톤Oliver Stone 감독의 〈월드 트레이드 센터World Trade Center〉(2006)는 반테리즘과 휴머니즘 영화라고 포장하고 있지만, 마지막 장면에서 영웅으로 나오는 해군이 이라크로 떠났다는 이야기가 시사해주듯, 사실은 평화를 위해 전쟁이 필요하다는 전쟁 옹호 영화이자 보수적인 가족주의 영화다. 〈월드 트레이드 센터〉에 등장하는 두 명의 남성 소방수가 그토록 고통스러워하면서도 살려고 하는 이유는 가족—여성과 아이들이 있는 곳—에게 돌아가기 위해서라고 묘사된다. 그들은 아내들과 아이들과 충분히 좋은 시간을 보내지 못했고, 그래서 어느 가정에나 있는 '위기'가 가족 안에도 있다. 하지만 그들이 존재의 의미를 가족에게 전면적으로 의존하는 순간, 아이들은 엄마를 배신하고, 아내들은 훨씬 관대해진다. 올리버 스톤의 이전 영화들에서도 주인공이 인간성의 의미를 찾는 계기는 여성과 아이, 노인 같은 약자의 희생, 그리고 아군의 죽음 때문이었다. 그의 영화에서는 언제나 민간인/병사, 여성/남성의 구분이 전쟁/평화처럼 서로 공존할 수 없는 대립 쌍으로 그려진다.

여성 중 최초로 노벨평화상을 받은 베르타 폰 주트너Bertha von Suttner는 "지금 당장 모두 무기를 내려놓는 것"이 평화를 위한 유일하게 현실적인 해결책이라고 말한다. 무기를 든 채 나누는 대화는 불가능하다. 평화는 공존을 전제로 해야 비로소 가능해진다. 그리고 공존은 관계에 관한 성찰에서 나온다. 하지만 현재의 평화담론에서 관계에 관한 사유는 찾아보기 힘들다. 일반적으로 전사의 자질이라고 여겨지는 전쟁 수행 능력은 타인의 고통과 자신의 삶에 관한 무관심에서 비롯된다. 사라 러딕은 남성 특권의 유지에 대한 두려움, 여성의 출산에 대한 선망과 공포 등이 소년-남성에게 엄마-타인m/other을 정복해야만 하는 존재로 인식하도록 만든다고 분석한다.

전쟁을 구체적이고 현실적인 것으로 생각하는 한, 평화가 비현실적이고 추상적이라는 가정은 깨지지 않는다. 하지만 정말 전쟁은 그렇게 불가피하거나 어쩔 수 없는 현상일까? 우위썬吳宇森 감독의 영화 〈페이첵Paycheck〉(2003)에서는 미래를 예언하는 기계가 등장한다. 멸망할 지구의 미래를 본 사람들은 절망에 휩싸여서 정말 인류를 파멸로 이끌어간다. 이처럼 실제 위협이 있다고 믿는 것은 위협의 실존 여부와 분리되어, 기표 자체의 의미작용을 만들어나간다. 그러나 우리에게는 실제 위협이 있는 것만큼이나 개인/집단 간의 차이와 그에 따른 갈등을 해결해왔던 역사가 있다. 그러한 노력은 전쟁보다 먼저 일어나며, 공존을 위해 노력해온 가장 오래된 인간의 관행은 '모성적 활동'에서 찾아볼 수 있다. 사라 러딕은 보살핌의 윤리학이자 새로운 평화의 정치학으로서, 비폭력의 정치학으로서 '모성적m/other 사유'를 제안한다. 모성적 활동을 특징짓는 것은 네 가지 비폭력의 이상인 포기, 저항, 화해, 평화유지라는 국면을 실천하려는 의지다. "평화를 유지하기 위해 평화를 중재하는 어머니는, 아이들과 성인들이 함께 살 수 있도록 …… 이득과 특권을 분배하며, 불평을 경청하며, 성인과 어린이의 나이 차이에서 오는 불가피한 권력과 보상의 차이를 설명한다. 더 힘세고 나이 많은 어린이가 작고 무력한 아이로부터 물건을 뺏는 것을 내버려 두지 않는 어머니는 …… 아이들이 횡포와 탈취의 일시적인 즐거움보다는 정의를 선호할 수 있게 되"기를 바란다[38)]는 것이다.

보호에서 보살핌으로

문제는 서로 어떤 관계를 맺고, 그 관계 안에서의 윤리를 만들어나갈 것인가에 있는데, 점점 관계 자체를 생각하지 못하게 되고 관계를 '게임'이라는 틀로 이해하는 것이다. 스스로 생각할 능력을 잃어버리고 규칙에 의존하기 시작하면 상대방의 마음을 읽지 못하게 된다. 트론토가 제기한 보살핌의 네 가지 원칙 중 '반응성'이 없어지는 것이다. 타인의 고통에 무감해지고 자신의 삶에 관한 질문을 포기하게 만드는 것이 전쟁이다. 전쟁은 구체적인 개인을 적 또는 아군이라는 형태로 추상화한다. 전쟁의 정당성을 확보하는 과정은 보편적 정의에 호소하고 개인의 욕망을 모두 특수한 것으로 만들어내면서 가능해진다. 전쟁이 동일성에 기반해 있다면, 평화는 차이를 견디는 과정으로 이해되어야 한다.

전쟁의 반대항으로 만들어진 궁극적인 평화라는 개념은 궁극적 여성과 비슷한 개념쌍이다. 어머니, 여성, 아이는 무력하기 때문에 평화로운 존재로 그려진다. 그러나 평화라는 개념이 해체되기 시작하고 동일성 안에 포섭되지 않는 차이들이 드러나는 순간(예를 들어 병역거부자나 탈영자 같은 존재자들), 전쟁은 차이들과 공존할 방법을 찾지 못한 주체들의 무능함에서 비롯된 상황으로 해체될 수 있다. 이때 안보담론에서 강자와 약자라는 위계적 구조를 전제한 '보호'는, 서로의 차이를 어떻게 다룰 것인가에 관한 지적이고 사회적 실천이 필요한 '보살핌'으로 전환될 수 있을 것이다.

여기에서 사라 러딕의 모성적 사유는 서로의 차이를 어떻게 다룰 것인가에 관한 방법론을 제시해준다. 러딕의 모성적 사유라는 개념은 여성이 출산과 양육을 통해 생명과 평화, 지구와의 조화로운 공존에 관한 생각을 발전시킬 수 있었으며, 그렇기 때문에 평화적이라는 주장이 아니다. 평화와 여성을 자연스러움과 연결하려는 견해에 관해 역사학자 거다 러너Gerda Lerner는 이러한 주장들이 남성은 수렵 활동을 해오면서 폭력적인 성향이 강화되었고, 여성은 채집과 농경 및 육아를 담당하면서 평화주의자가 되었다는 초기 인류학의 가부장적 설명을 그대로 인용한다는 의미에서 지적 태만이라고 격렬하게 비판한다. 남성 사냥꾼론이 이후 역사학적·인류학적 연구를 통해 허상이라고 밝혀졌는데도 계속해서 이에 기반해서 남성의 폭력성과 여성의 양육적 특징을 강화하는 것은 여성이 어머니이기 때문에 평화적이라는 인과율을 유지하고, 결과적으로 사회관계 안에서의 여성을 다시 자연화한다는 지적이다. 하지만 러딕은 생물학적 운명으로서의 모성이 아니라, 사회적인 활동으로서의 모성적 특징을 사유의 한 방법으로 사용할 것을 제안한다. 러딕은 자신이 좋은 어머니 노릇을 규범화한다거나 어머니가 아닌 사람들을 배제하는 게 아니라고 강조한다. 양육은 평화롭고 즐거운 과정만은 아니며, 아이의 고통과 어머니의 혼란 속에서 어떻게 해야 둘 모두에게 편안한 상태가 올 것인지를 끊임없이 '사유'하는 과정이다. 러딕은 경쟁과 배제를 만드는 이분법적 힘의 논리에 담겨 있는 남성적 주체가 아니라, 공존을 위한 어머니 노릇에 담겨 있는 '비폭력적인 고투' 과정에 주목할 때 평화를 위한 여성주의 정치학이 이분법의 함정에 빠지지 않고 구체화될 수 있을 것이라고 본다.

타자와 함께하는 상호주체성을 위해

안보 같은 남성적 영역을 모성적으로 사유하는 것은 어떤 의미인가? 이는 우선 보호자 남성과 피보호자 여성이라는 이분법을 해체하려는 여성주의적 기획이자, 적대적 타자를 설정하여 주체를 구성하고자 하는 근대 남성 중심적 철학의 편향을 고발하려는 탈근대적 기획이며, 생존을 위한 폭력이 아니라 생존을 위한 공존이라는 새로운 대안을 제시하려는 평화주의적 기획이기도 하다. 세 살 난 조카는 주변 어른들이 큰 소리를 내면 할퀴거나 때린다. 너무 자주 그러기 때문에 이 행동을 어떻게 고쳐야 할지 언니는 늘 고민에 빠져 있다. 화를 내기도 하고, 손을 들고 서 있으라고 하기도 한다. 가장 간단한 방법은 너보다 내가 더 힘이 세기 때문에 너의 폭력적 행동이 아무런 의미가 없다는 걸 알려주는 데 있을지도 모른다. 사실 많은 어른이 아이들의 폭력을 통제하기 위해 더 큰 폭력의 존재를 알려줌으로써 복종하게 한다.

세 살 난 아이에게 맞아도 아프다. 아파서 화가 나고, 기분이 상한다. 그러나 이 작은 폭력은 다시 큰 폭력을 부르는 악순환을 낳지 않는다. 압도적으로 큰 힘을 가진 자가 그렇지 않은 자를 힘으로 제압하는 것은 비윤리적인 행동이기 때문이다. 그러나 안보담론에서는 경제적·군사적으로 더 열악한 국가들의 돌발적인 군사 행위와 테러 등을 무조건적인 악으로 이해한다. 미국이 규범적인 역할을 스스로 자임하는 엄격한 아버지가 아니라, 아이와 자신의 육체적이고 도덕적인 성장을 중요시하는 어머니라고 상상해보자. 모성적 사유는 가족주의적이고 본질주의적인 상징체계들에 의존하는 사유이기는 하지만, 전쟁의 추상성을 다시 구체적인 관계로 상상하게 하는 힘을 가지고 있다. 그러나 보살핌의 윤리, 모성적 사유가 평화를 위한 급진적인 주장이 되기 위해서는 가족 내의 성차별과 성별 분업, 혈연중심적 가족주의에 관한 비판과 움직임을 세계평화를 위한 노력으로 확장해서 이해하는 것이 필요하다. 모성적 사유는 가장 힘 있는 타인을 모델로 삼아 나도 그처럼 되었을 때만 스스로 지킬 수 있다는 군국주의적인 사유를 자신이 가진 자원에 관한 성찰성과 관계 속에서 자신의 위치성을 고민하게 하는 사유로 바꾸어낼 수 있다.

현재 안보담론을 구성하는 자주국방과 한미동맹이라는 틀 속에서 허구적이고 이상화된 자율성이라는 개념은 모성적 사유를 통해 상호관계를 인정하고 역사성을 중시하는 상호주체성intersubjectivity으로 바뀌고, 타자를 적대시하는 이분법의 폭력을 타자성에 관한 이해에 기반한 공존으로 변화된다. 이렇게 모성적 사유는 기존 사유체계에 도전하는 매우 지적인 작업이다. 또한 매우 현실적인 사유이기도 하다. 군부독재를 경험하면서 군대가 자국민을 보호하는 것이 아니라 오히려 가장 큰 위협이 되었던 역사를 성찰한 코스타리카에는 군대가 없다. 모성적 사유를 통한 평화 만들기peacemaker가 결코 불가능한 기획이 아니라는 증거다.

주

들어가는 말

1 프리모 레비, 《가라앉은 자와 구조된 자》, 이소영 옮김, 돌베개, 2014, 253쪽.

2 애나 러셀·카밀라 핀헤이로, 《그렇게 이 자리에 섰습니다》, 조이스 박 옮김, 키스톤, 2019, 6쪽.

1장 왜 김군은 페미니즘에 그토록 분노했을까

1 이와 관련해서는 다음 논문들을 참조할 것. 홍혜은, 〈분절될 수 없는 것들: '넷페미'와 '퀀페미'의 이항대립을 넘어서〉, 《여/성이론》, 제37호, 여이연, 2017.; 류진희, 〈그들이 유일하게 이해하는 말, 메갈리아 미러링〉, 《양성평등에 반대한다》, 교양인, 2016.

2 〈"여성혐오사회에 분노"...2018년 달군 '불편한 용기'〉, 《경향신문》, 2018.12.23.

3 〈7년 만에 심판받는 낙태죄 … 국민은 '폐지'로 기울었다〉, 《한겨레21》, 2019. 04. 09.

4 랜들 콜린스, 〈사회운동과 감정적 관심의 초점〉, 제프 굿윈 외, 《열정적 정치》, 박형신·이진희 옮김, 한울아카데미, 2012, 49~56쪽.

5 대처리즘의 승리는 '신자유주의 지구화에 대안은 없다'는 믿음을 강화했다. 특히 자발적인 점령 시위 등 이후에도 실질적인 변화가 일어나지 않으면서 대안이 없

는 시대라는 정서가 널리 퍼졌다. 샹탈 무페, 《좌파 포퓰리즘을 위하여》, 이승원 옮김, 문학세계사, 2019, 15쪽 참고.

6 Rosalind Gill, "Post-postfeminism? New feminist visibilities in postfeminist times", *Feminist Media Studies* 16(4), 2016, pp. 610~630.

7 〈마지막 '혜화역 시위' … 성 편파 수사 규탄, 그 발단과 논란〉, 《뉴시스》, 2018. 12. 22.

8 〈20대 여성 절반 "나는 페미니스트", 남녀 모두 성차별 문제 큰 관심〉, 《경향신문》, 2019. 01. 15.

9 슬라보예 지젝, 《시차적 관점》, 김서영 옮김, 마티, 2009, 13쪽.

10 천정환, 〈강남역 살인사건부터 '메갈리아' 논쟁까지: 페미니즘 봉기와 한국 남성성의 위기〉, 《역사비평》 제116호, 역사비평사, 2016, 353~381쪽.

11 천관율, 〈20대 남자, 그들은 누구인가〉, 《시사인》 제604호, 2018. 04. 15.; 〈여자를 혐오한 남자들의 '탄생'〉, 《시사인》 제418호, 2015. 09. 17.; 〈정의의 파수꾼들?〉, 《시사인》 제467호, 2016. 08. 25.

12 한윤형, 〈왜 한국 남성은 한국 여성들에게 분노하는가: 여성혐오, 한국 사회가 가지고 있는 어떤 특수성〉, 《문화과학》 제76호, 문화과학사, 2013, 185~201쪽.

13 〈아무 일이라도 주세요: 주부 IMF 시대 생활고 못 이겨 취업 발 동동〉, 《한겨레》, 1997. 12. 10.

14 이 운동은 '아줌마는 나라의 기둥(아.나.기)' 단체에서 '남편과 아버지 기 살리기 클럽'을 창립하는(2012. 10.) 등 지금도 이어지고 있다. 행정안전부는 같은 해 3월 비영리민간단체 공모지원사업을 통해 '남편기살리기' 사업을 지원했다.(〈"오죽했으면…" 여성단체, 남편 기 살리기 나섰다〉, 《뉴시스》, 2012. 10. 29.)

15 Rosalind Gill, "Postfeminist media culture: elements of a sensibility", *European Journal of Cultural Studies* 10(2), 2007, pp. 147~166.

16 지은숙, 〈가족 돌봄자는 한계를 말할 수 있는가?: 젠더와 세대로 본 한국/일본 부모 돌봄자의 '자기성실성'〉, 옥희살롱 오픈크로스세미나, 2019. 07. 13.

17 정희진, 〈메갈리아는 일베에 조직적으로 대응한 유일한 당사자〉, 《한겨레》, 2016. 07. 30.

18 Elisabetta Brighi, "The Globalisation of Resentment: Failure, Denial, and Violence in World Politics," *Millennium: Journal of International Studies* 44(3), 2016, pp. 411~432.

19 김보명, 〈페미니즘의 재부상: 그 경로와 특징들〉, 《경제와 사회》 제118호, 한울, 2018, 99~138쪽.; 김보명, 〈혐오의 정동경제학과 페미니스트 저항: '일간베스트', '메갈리아' 그리고 '워마드'를 중심으로〉, 《한국여성학》 제34권 제1호, 한국여성학회, 2018, 1~31쪽.

20 윤보라, 〈일베와 여성혐오: "일베는 어디에나 있고 어디에도 없다"〉, 《진보평론》 제57호, 메이데이, 2013, 33~56쪽.

21 Eve Kosofsky Sedgwick, *Between Men: English Literature and Male Homosocial Desire*, Columbia University Press, 1992, pp. 23~26.

22 김주희, 〈페미니즘 대중화와 여성 봉기: 동일성의 전술과 차이의 외부세력화〉, 한국여성학회 여름캠프 '여성학 죽이기: 안티페미니즘의 역습과 여성학의 현주소' 주제 발표문.(2018. 08. 16.~17.)

23 한채윤, 〈왜 한국의 개신교는 '동성애 혐오'를 필요로 하는가〉, 정희진 외, 《양성평등에 반대한다》, 교양인, 2017, 191쪽.

24 Zygmunt Bauman, *Modernity and Ambivalence*, Polity Press, 1993, p. 55.

25 Arlene Stein, *The Stranger Next Door: The Story of a Small Community's Battle over Sex, Faith, and Civil Rights*, Beacon Press, 2002, p. 196.

26 지그문트 바우만, 〈목표와 이름 찾기의 증상들〉, 지그문트 바우만 외, 《거대한 후

퇴》, 박지영 외 옮김, 살림, 2017, 55쪽.

27 김주희, 앞의 글.

28 배은경·박홍주·권김현영·김정열·김창수, 〈군 가산점제: 소동에서 논쟁으로〉, 《여성과 사회》 제11호, 창비, 2000, 92~190쪽.

29 국가통계포탈, 경제활동 참가율, 통계청.(검색일: 2020. 04. 28.)

30 경제활동 참가율과 함께 주요한 지표로 사용되는 고용률은 여성이 57.78%로, 2019년 기준 OECD 36개국 가운데 29위, 남성은 75.69%로 18위이다. OECD(2020), Employment rate (indicator). doi: 10.1787/1de68a9b-en(Accessed on 28 April 2020)

31 김상우·노민재, 〈주요국의 여성경제활동 참여 증가 배경 및 시사점〉, 《국제경제리뷰》, 한국은행, 2018. 03. 15.

32 장지연, 〈여성인구변동과 노동시장〉, 《한국인구학》 제21호 2권, 일신사, 1998, 5~36쪽.

33 1975년 여성 15~19세의 47.6%가 주로 공장 등에 취직하여 경제활동에 참가했는데, 1995년에는 15~19세 여성 중 경제활동에 참가하는 비율이 11%로, 20년 동안 1/4 수준으로 대폭 떨어졌다. 장하진 외, 〈근로여성 50년사〉, 한국여성개발원, 2001.

34 〈만점 받아도 불합격 이상한 공무원 채용 군복무 가산점 성차별 논란〉, 《경향신문》, 1998. 09. 16.

35 김수아, 〈온라인상의 여성혐오 표현〉, 《페미니즘 연구》 제15호 제2권, 한국여성연구소, 2015, 279~317쪽.

36 이와 관련해서는 권김현영 외, 《대한민국 넷페미사》, 나무연필, 2017, 40~45쪽.

37 〈https://www.youtube.com/watch?v=HNQo9McK0mM〉(검색일: 2018. 08. 02.)

38 Rosalind Gill, "Post-postfeminism? New feminist visibilities in postfeminist

times".

39 bigkinds.or.kr 검색 결과, 2017년 《중앙일보》에서 단 4건이 검색된다.(검색일: 2019. 08. 01.)

2장 디지털 성착취 연대기

1 jtbc 〈마녀사냥〉 86회, 2015. 04. 03.

2 클럽 버닝썬 이문호 대표 전화 인터뷰, 〈아레나의 모든 틀은 내가 짰다〉, 《주간경향》 1319호, 2019. 03. 25.

3 〈황교안 "n번방 사건 관련자 처벌, 개별적 판단 필요해"〉, 《뉴시스》, 2020. 04. 01.

4 이를 두고 김주희는 "우리 사회에서 남성 집단의 (창작과 성장을 통한) 인간화는 개별 여성의 비인간화를 통해 달성된다"고 지적한다. 김주희, 〈언택트 시대, 여성들을 '새로운 얼굴'로 소비해온 문화 바뀌어야〉, 《한국일보》, 2020. 05. 12.

5 〈https://www.youtube.com/watch?v=iS5BhkBACQo〉(업로드: 2020. 04. 23.), 《한겨레》 젠더미디어 슬랩.

6 〈23년 전에도 존재한 n번방 … '성착취' 악의 연대기〉, 《한국일보》, 2020. 04. 02.

7 파울 파이어아벤트, 《방법에 반대한다》, 정병훈 옮김, 그린비, 2019, 69쪽.

8 〈세계를 사로잡은 플레이보이 모델 이승희〉, 《중앙일보》, 1996. 12. 28.

9 〈학원폭력조직 음란비디오물 유통 개입한 듯〉, 《연합뉴스》, 1997. 07. 15.

10 〈「빨간마후라」 1명 소년원 송치결정…3명엔 보호관찰〉, 《동아일보》, 1997.10.13.

11 "[라디오 재판정] 자녀 유해물 차단앱 "너희를 위해" VS "우리 사생활"", CBS 〈김현정의 뉴스쇼〉, 2017. 07. 05.

12 〈인터넷 음란물 신드롬〉, 《동아일보》, 1999. 03. 17.

13 〈사이버 시대의 관음증〉, 《연합뉴스》, 2000. 12. 02.

14 〈'B양 포르노' 복사 방지 기술 덕에 확산 안 돼〉, 《연합뉴스》, 2000. 11. 26.; 〈'B양

포르노' 복제방지 풀려 확산〉, 《연합뉴스》, 2000. 11. 27.

15 〈B양 비디오 판매 30대 영장〉, 《연합뉴스》, 2000. 12. 08.; 〈B양 비디오 인터넷 게재 20대 구속〉, 《연합뉴스》, 2000. 12. 10.; 〈'B양 CD' 복제 판매 30대 긴급체포〉, 《연합뉴스》, 2000. 12. 13.; 〈B양 비디오 유포 20대 연구원 영장〉, 《연합뉴스》, 2001. 02. 27.

16 〈B양 비디오 유포자 김시원씨 LA서 체포〉, 《미주헤럴드경제》, 2008. 02. 27.

17 외상 후 스트레스 장애(PTSD) 진단기준은 초기 정신의학과 상담학에서 목숨을 잃을 수도 있는 충격적인 사건을 일회적·비일상적으로 겪었을 때 발생하는 것으로 정의되었다. 이에 페미니스트이자 트라우마 연구의 초석을 놓은 주디스 허먼은 이 같은 진단기준으로 인해 일상의 친밀한 관계에서 신뢰하는 상대에게 반복적으로 당한 아동학대나 성폭력 등의 후유증을 외상성 증후군으로 진단받기 어려웠다고 주장한다. 이후 트라우마 연구자들은 이 같은 비판을 수용하여 일회적·비일상적·비대면 사건으로 인한 정신적 외상을 단기외상 또는 단순외상으로 정의하고, 지속적·일상적·관계적 사건으로 인한 정신적 외상을 복합외상·만성외상 등으로 정리한다. 관련해서는 다음을 참고하라. 주디스 루이스 허먼, 《트라우마》, 최현정 옮김, 열린책들, 2012. 200~206쪽.; Christine A. Courtois, "Complex trauma, Complex reactions: Assessment and Treatment", *Psychotherapy: Theory, Research, Practice, Training*, 41(4), 2004, pp. 412~425.

18 하지만 이 두 명의 여성 연예인은 페미니스트들의 지지와 대중의 응원, 본인들의 재능과 노력이 겹쳐져서 무사히 복귀하는 데 성공했다는 것 역시 반드시 기억해 두어야 할 필요가 있다.

19 Jonathan Coopersmith, "Pornography, Technology and Progress", *ICON* 5, 1998, p. 101.

20 여성이 유저에서 콘텐츠가 되어간 과정에 관해서는 다음 책을 참조할 것. 권김현

영 외, 《대한민국 넷페미사》, 나무연필, 2017.

21 〈정부는~ 인터넷 자유 보장하라!〉, 《일간스포츠》, 2002. 08. 07.

22 2008년 2월 이명박 정부가 출범하면서 정부기구 축소 및 개편 방침에 따라 정보통신윤리위원회의 심의 기능은 방송위원회의 심의 기능과 함께 '방송정보통신심의위원회'로 통합되었다.

23 사이버수사대의 과도한 업무량은 경찰대학 치안정책연구소에서 발간하는 사이버팀 업무량 분석 보고서에서도 매년 지적된다. 2016년 상반기 기준 사이버팀 1인당 접수건수는 경제팀 대비 2.1배 높은 것으로 조사됐다. 사이버팀이 담당하는 범죄유형은 인터넷 사기 58%, 사이버도박 25% 등에 치중되어 있다. 정웅, 〈경찰서 사이버수사팀 업무량 분석〉, 경찰대학 치안정책연구소, 2017, 8쪽.

24

2000	2001	2002	2003	2004	2005	2006	2007	2008	2009	2010	2011	2012	2013	2014	2015	2016	2017	2018
44.7	56.6	58.4	65.5	70.2	72.8	74.1	75.5	76.5	77.2	77.8	78	78.4	82.1	83.6	85.1	88.3	90.3	91.5

인터넷 이용율 (단위 %)

출처: 《인터넷이용실태조사》(국가승인 지정통계 제120005호), 과학기술정보통신부 및 한국인터넷진흥원

25 〈https://www.nia.or.kr/files/ko/nia2009/html/nia01/010503.html〉(검색일: 2020. 04. 01), 한국정보화진흥원 IT 역사관.

26 〈"닷컴 재개발" 대량철거 시작됐다〉, 《동아일보》, 2001. 04. 15.

27 〈수익모델 없이 출혈경쟁만〉, 《매일경제》, 2002. 02. 19.

28 〈닷컴 1세대 몰락과 새로운 세대의 도약〉, 《아이뉴스24》, 2003. 01. 02.

29 〈카이스트 출신 병역특례자 포르노 사이트 제작〉, 《중앙일보》, 2004. 06. 18.

30 〈사기성 성인사이트 무더기 적발〉, 《한국경제》, 2003. 12. 10.

31 〈"슈퍼스타 형님 선처해주세요" 누리꾼, 빗나간 "김본좌 옹호"〉, 《노컷뉴스》, 2006. 10. 20.

32 목포경찰서 보도자료, 〈스팸메일 지존 '김하나' 검거〉, 2007. 02. 05.

33 〈당나귀 타고 '포르노 서핑'〉, 《시사저널》. 2003. 01. 27.

34 〈안동환 기자의 현장+, 에로비디오 촬영현장을 가다〉, 《서울신문》, 2006. 04. 08.

35 마사 누스바움, 〈대상화와 인터넷상의 여성 혐오〉, 《불편한 인터넷》, 김상현 옮김, 에이콘, 2012, 119~121쪽.

36 〈여자 어린이 성폭행 뒤 살해 고교생 체포〉, 《한겨레》, 2003. 01. 04.

37 〈'몰카'에 떨던 여성들, '몰카와의 전면전' 나섰다〉, 《헤럴드경제》, 2015. 11. 12.

38 〈음란사이트 '소라넷' 폐쇄돼 … 경찰, 외국 핵심서버 압수〉, 《경향신문》, 2016. 04. 07.

39 이 싸움을 해온 이들의 면면에 대해서는 다음 기획 기사를 참조할 것. 《경향신문》 기획 연재 [디지털 성범죄와 싸우는 여성들 ①~④], 〈회원 100만 '소라넷' 폐쇄 앞장…"성착취 명명, 여성이 싸워온 결과"〉, 2020.04.21.; 〈첫 상대는 웹하드 카르텔로 돈 번 양진호…다음 상대는 성착취 영상 본 '모든 이용자'〉, 2020.04.22.; 〈권주리 십대여성인권센터 사무국장 "'그런 아이' 따로 없어…피해자 중심 법·제도 개선을"〉, 2020.04.25.; 〈"여성을 흥미로 소비하는 문화 버려라, 그러지 않으면 n번방은 또 태어난다"〉, 2020.04.28.

40 "웹하드 불법영상물 싹 지웠더니 수익이 바닥을 쳤다", jtbc 〈뉴스룸〉, 2018.11.04.

41 "웹하드 불법 동영상의 진실", SBS 〈그것이 알고싶다〉 1131회, 2018.07.28.

42 〈경찰 '불법촬영·음란물 유통' 집중 단속 한 달 만에 570명이 붙잡혔다〉, 《서울신문》, 2018.09.10.

43 서울경찰청이 2019년 8월에 실시한 서울 여성 3,892명 대상 범죄별 불안도 설문조사 결과 불법촬영이 32%로 1위였다. 〈공용화장실 불법촬영 공포에… "외출땐 물도 안 마셔요"〉, 《한국일보》, 2019.12.02.

44 법무부 범죄예방정책국, 〈2020 성범죄백서〉, 법무부, 2020, 161쪽.

45 안정배 외, 《한국 인터넷의 역사》, 블로터앤미디어, 2014, 92쪽.

46 피터 노왁, 《섹스, 폭탄 그리고 햄버거》, 이은진 옮김, 문학동네, 2012, 33쪽.

47 AL Di Lauro and Gerald Rabkin, *Dirty Movies: An Illustrated History of the Stag Film 1915-1970*, New York, Chelsea House Publishers, 1976, p. 52.

48 피터 노왁, 같은 책, 262쪽.

49 "Analysis: Porn cheaper than ever online", Adult Video News, Apr. 21, 2009.

50 이 관점의 대표적인 학자 캐서린 매키넌은 포르노그래피를 이렇게 정의한다. (1) 여성이 성적 객체나 대상 또는 상품으로 비인간적으로 묘사된 경우 (2) 여성이 고통과 굴욕을 즐기는 성적 대상으로 묘사된 경우 (3) 여성이 강간을 당하며 성적 쾌락을 느끼는 성적 대상으로 묘사된 경우 (4) 여성이 묶여 있거나 옷이 찢기거나 신체에 상처를 입은 성적 대상으로 묘사된 경우 (5) 여성이 성적 복종과 노예의 모습 또는 전시 자세로 묘사되는 경우 (6) 여성의 신체 일부—꼭 성기, 가슴, 엉덩이에 국한되는 것은 아님—를 집중적으로 묘사하는 경우 (7) 여성이 본래 매춘부인 양 묘사되는 경우 (8) 여성이 동물이나 물건에 습격당하는 경우 (9) 여성이 모욕·상해·고문의 시나리오에 따라 음탕하거나 열등하고 멍들거나 상처 입은 것으로 묘사되며 이 모든 것이 성적 흥분 상태로 만드는 경우(캐서린 매키넌, 1984, 1987). 장필화, 〈사이버 포르노그라피와 성별 정치학〉, 《정보 매체의 지구화와 여성》, 이화여자대학교 출판부, 2001, 90쪽, 재인용.

51 장필화, 같은 책, 89쪽.

52 필립 짐바르도·개리 윌슨·니키타 쿨롬, 〈포르노가 남성을 파괴한다〉, 《한국 스켑틱》 vol. 7, 스켑틱 협회 편집부, 바다출판사, 2016, 186~188쪽.

53 한병철, 《타자의 추방》, 이재영 옮김, 문학과지성사, 2017, 7~8쪽.

3장 성접대는 어떻게 관행이 되었는가

1 이와 관련해서 최근 탐사보도 프로그램 중 연속적으로 관련 사건을 보도하고 있

는 다음 프로그램을 참조했다. jtbc 〈이규연의 스포트라이트〉 187회, "버닝썬 불타오르는 비밀!", 2019. 03. 07.; 189회, "강남 밤의 제국, 탄생의 전말!", 2019. 03. 21.; 191회, "김학의 진실게임 전말!", 2019, 04. 04.; 193회, "황금폰 단톡 성폭력 전말", 2019. 04. 18.; 195회, "스타게이트 '악의 고리'", 2019. 05. 02.

2 최태섭, 《한국, 남자》, 은행나무, 2018, 12쪽.

3 이 부분은 실비아 월비(Sylvia Walby)의 분류방식을 따르되, 일부 수정했다. 실비아 월비는 자유주의적 접근, 계급 분석, 급진적 페미니즘이라는 세 가지 차원에서 남성의 폭력을 분석하는 관점 차이를 유형화했다. 나는 실비아 월비의 설명틀은 유지하되, 앞 두 유형의 이름을 개인주의적 접근, 계급-인종 교차 분석으로 바꾸었다. 이와 관련해서는 실비아 월비, 《가부장제 이론》, 이화여자대학교 출판부, 1996, 200~201쪽 참고.

4 수전 브라운밀러, 《우리의 의지에 반하여》, 박소영 옮김, 오월의봄, 2018, 26쪽.

5 마리아 미즈, 《가부장제와 자본주의》, 최재인 옮김, 갈무리, 2014, 350쪽.

6 이와 관련해서는 김보명, 〈여성을 위해 난민을 추방하라?〉, 김선혜 외, 《경계 없는 페미니즘》, 와온, 2019, 66~67쪽.

7 피해자화의 문제에 대해서는 다음을 참고할 것. 권김현영, 〈성폭력 폭로 이후의 새로운 문제, 피해자화를 넘어〉, 《더 나은 논쟁을 할 권리》, 휴머니스트, 2018.

8 〈"동영상 속 인물 김학의" vs "강간 혐의 증거와 무관"〉, 《머니투데이》, 2019. 03. 17.

9 승리가 "응 여자는? 잘 주는 애들로"라고 주문하자 김씨는 "부르고 있는데 주겠나 싶다. 니들이 아닌데"라고 답한다. 그리고 확실성을 보장하기 위해 '싼마이'를 부르겠다고 하고, 또 다른 단톡방 참여자 유씨는 "내가 지금 창녀들을 준비하고 있다"고 한다.(〈'역사상 이런 아이돌은 없었다' 버닝썬 승리 성접대 의혹 카톡 경찰도 확보〉, 《한국경제》, 2019. 03. 05.)

10 R. W. 코넬, 《남성성/들》, 안상욱·현민 옮김, 이매진, 2013, 123~136쪽.

11 R. W. 코넬, 같은 책, 164쪽.

12 김주희, 〈응 여자는?: 테이블의 성경제〉, "교환되는 여성의 몸 디지털 시대의 성폭력, 성접대, 성매매", 한국여성학회, 2019, 59~62쪽.

13 김주희, 같은 글, 60쪽.

14 김주희, 같은 글, 59쪽.

15 이와 관련해서는 다음 책을 참조. 주원규, 《메이드 인 강남》, 네오픽션, 2019.; 강준만, 《룸살롱 공화국》, 인물과사상사, 2011.; 한연주, 《나는 취하지 않는다》, 다시, 2006.

16 2010. 04. 22. 참여연대.

17 2010. 04. 27. 한국여성단체연합.

18 "여자 접대도 하고 용돈도 주면 물론 금상첨화다. 판검사들, 특히 젊은 판검사들 가운데는 술과 여자에 굶주린 사람이 많다." 수사 검사로 8년 6개월간 검찰에 몸담았던 김용원 변호사의 《천당에 간 판검사가 있을까?》(서교출판사, 2011) 내용. 정용재·정희상·구영식, 《검사와 스폰서, 묻어버린 진실》, 책으로보는세상, 2011, 10쪽, 재인용.

19 정용재·정희상·구영식, 같은 책.

20 정용재·정희상·구영식, 같은 책, 44쪽.

21 〈김학의·장자연 사건 담당 일부 검사들, 성범죄 전력 구설수〉, 《한국경제》, 2019. 03. 21.

22 Debbie Ging, "Alphas, Betas, and Incels: Theorizing the Masculinities of the Manosphere", *Men and Masculinities*, vol. 22(4), 2019, p. 639.

23 Terry A. Kupers, "Toxic masculinity as a barrier to mental health treatment in prison", *Journal of Clinical Psychology*, vol. 61(6), 2005, pp. 713~724. 테리 쿠퍼스

에 따르면 유독한 남성성은 미국 교도소에 수감된 남성들의 특징이다. 이들은 폭력으로 다른 남성을 지배하고, 여성성은 철저하게 약점으로 취급한다.

24 Debbie Ging, ibid., p. 645.

25 주디스 루이스 허먼, 《트라우마》, 최현정 옮김, 열린책들, 2012, 400~401쪽.

26 https://cvg.org

27 이와 관련해서는 다음 글 참조. 류한소, 〈폭력을 질병으로 바라볼 때 놓치는 것들〉, 2019. 08. 29. 시민건강연구소. 〈http://health.re.kr/?p=5862〉; Kieran Mitton, "Public health and violence", *Critical Public Health* vol. 29(2), 2019, pp. 135~137.

28 마경희·조영주·문희영·이은아·이순미, 〈성불평등과 남성의 삶의 질〉, 한국여성정책연구원, 2018.; 마경희·문희영·조서연·김리나, 〈지배적 남성성의 균열과 변화하는 남성의 삶〉, 한국여성정책연구원, 2017.

29 〈이 시대의 약자는 2030 남, 여성우대 법 손볼 것〉, 《국민일보》, 2019. 01. 23.

4장 미투운동은 어떻게 가능했는가

1 당시의 여성운동사와 관련해서는 다음을 참조. 이승희, 《한국현대여성운동사》, 백산서당, 1994.

2 당시 나온 세 편의 논문은 다음과 같다. 이명선, 〈강간에 대한 여성학적 접근〉, 이화여대 여성학과 석사학위 청구논문, 1989.; 박선미, 〈강간에 대한 통념의 수용에 관한 연구〉, 이화여대 여성학과 석사학위 청구논문, 1989.; 김선영, 〈강간 범죄의 재판 과정에서 나타나는 성차별적 선택성에 관한 연구〉, 이화여대 여성학과 석사학위 청구논문, 1989.

3 이 사건은 김보은-김진관 사건으로 불리다가 이후 가해자의 이름을 따 김영오 근친성폭력 사건으로 부르자는 의견도 나왔다. '의부'라는 명칭도 여러 차례 논쟁이 되었는데, 당시 《여성신문》 또는 여성단체에서는 언론에서 굳이 김영오를 '의

붓'아버지라고 명명하는 것은 사건의 충격을 상쇄시키는 것이라고 보고, 의붓'아버지'(《여성신문》, 1992. 05. 08.)라는 표현을 일부러 사용하기도 한다.

4 수전 브라운밀러는 근친상간(incest)이라는 용어가 상호합의를 암시한다는 이유에서 아버지에 의한 강간(father-rape)이라는 단어를 쓰자고 제안한다. 수전 브라운밀러, 《우리의 의지에 반하여》, 박소영 옮김, 오월의 봄, 2018, 432쪽.

5 이미경 외, 《성폭력 뒤집기》, 이매진, 2011, 37쪽.

6 수전 브라운밀러, 앞의 책, 13쪽.

7 샹탈 무페, 《민주주의의 역설》, 이행 옮김, 인간사랑, 2006, 176쪽.

8 이 부분은 다음을 참조. 권김현영, "말하기의 의미투쟁", 〈성폭력생존자말하기대회10주년포럼 '들어라 세상아 나는 말한다, 이후 10년'〉 자료집, 미간행, 2013.

9 관련해서는 다음과 같은 논의가 있다. 변혜정, 〈성폭력 사건들이 '개인화'되는 것에 대한 우려: 연구자, 사건지원자, 여성운동가로서 성폭력 문제를 해결한다는 것〉, 《여/성이론》 제20호, 여이연, 2009.; 권인숙·이화연, 〈성폭력 두려움과 사회통제: 언론의 아동 성폭력 사건 대응을 중심으로〉, 《아시아여성연구》 제50권 2호, 숙명여자대학교 아시아여성연구원, 2011.; 권김현영, 〈화학적 거세, 아무것도 거세하지 못한다〉, 《르몽드 디플로마티크》 제24호, 2010. 09. 03.

10 미셸 보종, 〈섹슈얼리티 vs 섹시즘〉, 피에르 부르디외, 《페미니즘과 섹시즘》, 조은섭 옮김, 르몽드코리아, 2018, 28~29쪽.

11 한국여성의전화의 송란희 사무국장이 지부 회원단체 상근자에게 들은 이야기다. "미투 긴급토론회", 2018. 02. 26.

12 2016년 10월 22일 고양예고 실기교사였던 배용제 시인의 성추행을 고발하는 5명의 습작생이 함께 고발자5라는 트위터 계정으로 사건을 알렸다. 이후 고양예고 졸업생들은 '탈선'이라는 지지자 연대를 만들어 함께 활동했다. 이 사건은 1심과 2심 모두 유죄(징역 8년, 성폭력 치료 프로그램 200시간 이수) 판결을 받았다. 관련

기사 참고. 〈문단 내 성폭력 고발자 인터뷰 … "내가 너의 용기가 될게"〉, 《한겨레》, 2018. 01. 03.

13 피에르 부르디외, 《언어와 상징권력》, 김현경 옮김, 나남, 2014, 139쪽.

14 〈미투에 대한 농담이 가볍지 않은 이유〉, 《시사인》 제553호, 2018. 04. 26.

15 〈하일지, 재학생에 입맞춤 인정 … 나는 수도사처럼 살아〉, 《뉴시스》, 2018. 03. 16.; 〈"인민재판 용납 안 돼" 하일지 교수, 성추행 피해주장 학생 고소〉, 《중앙일보》, 2018. 04. 22.; 〈'하일지 성추행' 피해 주장 학생, 인권위에 진정서 접수〉, 《뉴스1》, 2018. 04. 27.

16 리베카 솔닛, 《어둠 속의 희망》, 설준규 옮김, 창비, 2017, 30쪽.

17 마사 누스바움, 《시적 정의》, 박용준 옮김, 궁리, 2013, 17쪽.

18 리베카 솔닛, 앞의 책, 140쪽.

5장 피해자중심주의는 여성주의적 원칙인가

1 박이대승은 말과 의미가 고정된 것을 개념언어로, 말과 의미의 유동적 관계를 활용하는 것을 정치언어로 구분하며, 공동체의 시민이 대화하기 위해서는 의미를 공유할 수 있는 개념언어가 사용되어야 한다고 주장한다. 박이대승, 《'개념' 없는 사회를 위한 강의》, 오월의 봄, 2017, 7쪽, 19쪽.

2 이선옥은 〈페미니즘, 지성의 무덤이 되다〉(《경향신문》, 2018. 07. 21.)라는 칼럼에서 페미니즘이 비판을 허용하지 않는 반지성주의로 흐르고 있다고 비판하며, 합리적 토론과 치열한 논쟁으로 합의점을 찾아가야 할 개념들이 일방적으로 규정되었다고 주장한다. 여성혐오 같은 낯선 개념에 의문을 제기하면 "모르면 공부하라"는 핀잔이 돌아왔다는 것이다. '여성혐오'는 번역과 활용의 문제부터 개념의 정의에 이르기까지 페미니즘 내에서 여러 논쟁을 촉발했다. 페미니스트들은 각자의 상황에 따라 미소지니를 규정하면서 개념형성에 참여하고 있다. 당연히 모두가

공부해야 할 개념인데, 여성혐오가 '있다/없다'는 단순 이분법의 질문만 반복하는 이들이 있다. 이들에게 논의를 따라가며 공부하라고 말하는 것을 반지성주의로 규정하는 것이야말로 반지성주의다.

3 권김현영, 〈성폭력 2차 가해와 피해자중심주의의 문제〉, 《피해와 가해의 페미니즘》, 교양인, 2018, 58쪽.

4 송신도, 〈나의 마음은 지지 않았다〉, 《끌려가다, 버려지다, 우리 앞에 서다》, 서울대 인권센터 정진성 연구팀, 푸른역사, 2018, 241쪽.

5 인터뷰는 2017년 8월 시행되었고, 연구목적이라고 사전에 알렸으며, 사건 발생 이후 3년 이상 지난 상태에서 이루어졌다.

6 스티븐 핑커, 《우리 본성의 선한 천사》, 김명남 옮김, 사이언스북스, 2014, 201쪽.

7 주디스 루이스 허먼, 《트라우마》, 최현정 옮김, 열린책들, 2012, 63쪽.

8 이화여자대학교 여성학과 대학원생, '94나15358 의견서', 〈서울대 조교 성희롱 사건 백서〉, 미간행, 2001, 1489쪽.

9 성적자기결정권이라는 개념은 여성주의 정치학이 먼저 사용한 것이 아니라 법률 개정 과정에서 여성주의적 요구를 사법부가 수용하고 협상한 결과였음을 기억해 둘 필요가 있다.

10 성적자기결정권이라는 말이 성폭력의 보호법익으로 성문화되어 있지는 않지만, 판례 등에서는 사용하고 있다.

11 2018고합75호, 안희정 전 충남도지사의 1심 판결문은 성적자기결정권을 개인에게 귀속된 사유물로 취급하고 정조와 동일한 형식으로 사용한 대표적인 사례다.

12 〈https://www.eeoc.gov/laws/guidance/national-origin-guidance.cfm〉 (검색일: 2018. 08. 08.)

13 EEOC 7조 703항 (b) 위반에 대한 지침.

14 여성가족부, 〈제1차 여성폭력방지정책 기본계획(2020-2024)〉, 2020년 2월 26일.

15 김지현 외 지음, 《우리들의 삶은 동사다》, 이매진, 2014, 213~216쪽.

16 최미진, 《성폭력 2차가해와 피해자 중심주의 논쟁》 1판, 책갈피, 2017, 63~68쪽.

17 E. S. Herold, D. Mantle and O. Zemitis, "A Study of Sexual Offences Against Females", *Adolescence* 53, 1979, pp. 65~72.

18 브랜 니콜, 《스토킹》, 우효경 옮김, 인간사랑, 2008, 17쪽.

19 Sara I. McClelland, "Intimate Justice", *Encyclopedia of Critical Psychology*, Thomas Teo ed., London: Springer Reference, 2014, pp. 1010~1013.

20 Carole Pateman, "Women and Consent", *Political Theory*, vol. 8, No. 2. (May, 1980), pp. 149~168.

21 박경신도 강간 관련법의 가장 큰 문제를 '최협의설'로 보고 있다. 박경신, 〈미투 운동이 극복해야 할 '피해자 중심주의'〉, 《문학동네》 95호, 문학동네, 2018, 363쪽.

22 대법원 2005. 07. 28. 선고 2005도3071 판결, 대법원 2012. 07. 12. 선고 2012도4031 판결, 대법원 2018. 02. 28. 선고 2017도21249 판결(장임다혜, 업무상 위력 간음에서 '위력' 해석, 〈위력에 의한 성폭력과 2차 피해〉 토론회 자료집, 2018. 07. 26., 34쪽 재인용)

23 박경신, 앞의 글, 359쪽.

24 운동사회 성폭력 뿌리뽑기 100인 위원회, 〈운동사회 성폭력 뿌리뽑기 100인 위원회 활동백서, 2000. 03.~2003. 10.〉, 미간행, 2003, 222쪽.

25 2018년 6월 16일에 열린 여성학회 미투 라운드테이블에서의 발언.

26 전희경은 실명 공개 폭로를 통해 공론화를 끌어내는 것이 100인위 운동의 목표였는데, 이후 가해자가 소속된 운동 단위에서 구체적인 문제해결을 향한 강력한 의지로 수용하면서 피해자중심주의가 운동의 언어에서 절차의 언어로 바뀌기 시작했다고 설명한다. 전희경, 〈2차 가해와 피해자중심주의 토론회 녹취록〉, 한국여성민우회 제공, 2017, 10쪽.

27 피해자중심주의에 대한 여성주의 '내부' 비판의 역사는 다음과 같다. 2004년 여성주의 인터넷 사이트 언니네에서 9월호 특집으로 〈"피해"라는 날개와 발톱〉이라는 제목 아래 정희진, 전희경, 권김현영, 우효경 등이 각각 비판적 글을 실었다. 2004년 '대학 내 반성폭력문화확산을 위한 워크샵'에서 한국성폭력상담소 부설연구소장 변혜정은 피해자중심주의를 새롭게 고민하자고 제안하며 피해자가 자신의 피해 경험을 성폭력이라고 규정하게 된 과정과 맥락에 주목할 필요가 있다고 주장했다. 2005년에는 한국성폭력상담소-한국여성의전화-한국여성민우회 내부집담회에서 피해자중심주의 대신 피해자 관점이라는 말을 쓰자고 제안된 바 있고, 2006년 정희진이 〈성적자기결정권을 넘어서〉라는 글에서 본격적으로 피해자중심주의가 여성주의가 아니라는 비판을 제기했다. 2012년 전희경은 "성폭력을 직면하고 다시 사는 법: 공생의 조건" 토론회에서 발표한 〈공동체 성폭력 이후, 새로운 관계를 상상하다〉라는 글에서 피해자중심주의가 얼마나 피상적으로 이해되고 있는지에 대해 쓰고 있다. 2017년에는 권김현영, 전희경, 오혜진이 한국여성민우회와 함께 "2차 가해와 피해자중심주의" 토론회를 조직하고 폭로 중심의 피해자 정치에 대한 비판과 반성을 이어갔다. 같은 해 웹툰작가 이자혜 씨가 가해자로 지목되어 하루 만에 관련 만화와 연관 작업물이 폐기된 사건에 대한 질문을 담은 책 《당신은 피해자입니까, 가해자입니까》가 출간되었다. 이 책에는 양효실, 박수연, 박연아, 이나라, 이미래, 이연숙, 이진실, 이춘식, 허성원 등이 참여하고 있다. 2018년에는 연구모임 도란스에서 권김현영, 루인, 정희진, 한채윤, 참고문헌없음팀이 단행본 《피해와 가해의 페미니즘》을 출간하고 피해/가해의 이분법을 비판하는 작업을 한 바 있다.

28 이와 관련해서는 다음 글을 참조할 것. 권김현영, 〈성폭력 2차 가해와 피해자중심주의의 문제〉.

29 정희진, 〈성적 자기결정권을 넘어서〉, 《섹슈얼리티 강의, 두 번째》, 동녘, 2006,

239~240쪽.

30 권김현영, 앞의 글, 51쪽.

31 전희경, 앞의 글, 14쪽.

32 송신도, 앞의 책, 226쪽.

33 오드리 로드, 《시스터 아웃사이더》, 박미선·주해연 옮김, 후마니타스, 2018, 51쪽.

34 사라 아메드, 〈우리에게 오드리 로드는〉, 오드리 로드, 《시스터 아웃사이더》, 15~16쪽.

35 Katheleen M. Dwyer, "Surviving What I Know-living is what I am learning", *Predatory Priests, Silences Victims*, Mary G. Frawley-O'Dea & Virginia Goldner eds., New York :Laurence Erlbaum, 2007, pp. 103, 108~109.

36 김영서는 2013년 은수연이라는 가명으로 책을 출간했다가 최근 본명인 김영서로 바꾸고 동명의 개정판을 출간했다. 김영서, 《눈물도 빛을 만나면 반짝인다》, 이매진, 2020.

37 주디스 버틀러·아테나 아타나시오우, 《박탈》, 김응산 옮김, 자음과모음, 2016, 144~145쪽.

38 "Emotion Affects Memory a Reliability", National Science Foundation, June 28, 2010. 〈https://www.nsf.gov/news/news_summ.jsp?cntn_id=117140〉(검색 일: 2018. 08. 08.)

39 도미니크 라카프라, 《치유의 역사학으로》, 육영수 엮음, 푸른역사, 2008, 41쪽.

6장 미투, 대중화된 페미니즘 정치의 새로운 가능성

1 〈페미니즘을 어떻게 생각하시나요〉, 《코스모폴리탄》, 2020년 3월호. 〈https://www.cosmopolitan.co.kr/article/45188〉

2 여기서 대중, 민중, 군중은 조금씩 다른 의미로 사용한다. 민중은 피지배계급에 속

한 사람들을, 대중은 특별하고 전문적인 집단과 대비되어 일반 시민과 유사한 집단이되 특별한 방식으로 자신의 취향 또는 신념을 드러낸 집단을, 군중은 이들이 모여 있는 모습 자체를 의미한다. 때로는 대중이 민중으로서 드러나거나 소환되기도 하며, 군중은 대중이 모여 있는 상황 자체를 지시하는 말이 되기도 한다.

3 미즈시마 지로, 《포퓰리즘이란 무엇인가》, 이종국 옮김, 연암서가, 2019, 5~16쪽.

4 김주호, 〈포퓰리즘과 민주주의: 양가적 관계 이해하기〉, 《시민과 세계》 제35호, 참여연대, 2019, 112쪽.

5 카스 무데·크리스토발 로비라 칼트바서, 《포퓰리즘》, 이재만 옮김, 교유서가, 2019, 26쪽.

6 미즈시마 지로, 앞의 책, 12쪽.

7 상탈 무페, 《좌파 포퓰리즘을 위하여》, 이승원 옮김, 문학세계사, 2019.

8 민가영, 〈신자유주의 질서의 확산에 따른 십대 여성의 성적 주체성 변화에 관한 연구〉, 《한국여성학》 제25권 2호, 한국여성학회, 2009, 19쪽.

9 1997년 구제금융 직후 3개월간의 통계를 보면 가정폭력 피해 상담은 예년보다 2배 이상 늘었다. 이와 관련해서는 다음의 글을 참고하라. 홍보연, 〈경제 위기와 여성에 대한 폭력—가정폭력·성폭력을 중심으로〉, 《한국여성신학》 제38호, 한국여신학자협의회, 1999, 40쪽.

10 이효민, 〈페미니즘 정치학의 급진적 재구성: 한국 'TERF'에 대한 비판적 분석을 중심으로〉, 《미디어, 젠더 & 문화》 제34권 제3호, 한국여성커뮤니케이션학회, 2019, 159~223쪽.

11 이 인터뷰는 연구목적으로 혜화역 시위 참가자 3명(기정, 리한, 한슬. 모두 가명)을 모집하여 2020년 1월 5일, 8일, 11일에 각각 실시했다. 본문 내용을 보충하는 인터뷰 내용은 다음과 같다. "생물학적 남성 배제라는 규칙을 내걸었지만, 만화나 홍보지 등에서 혐오의 대상으로 그려진 것은 트랜스젠더 여성이었어요. 집회 당

일에는 막상 경찰들이 탈코한 숏컷 여성들을 단속해서 스태프들이 항의하는 해프닝이 있었죠. 경찰은 어리둥절했고요. 실제로는 거의 단속 같은 건 없었어요."

12 이혜미, 〈불법촬영 편파수사 규탄 '혜화역 시위' 현장〉, 《관훈저널》 제148호, 관훈클럽, 2018, 205~212쪽.; 김해원·박동숙·이재원·정사강·강혜원·백지연, 〈5월 19일, 여성들은 혜화역에 어떻게 모였나?〉, 《언론과 사회》 제26권 제4호, 사단법인 언론과 사회, 2018, 85~139쪽.

13 군터 게바우어·스벤 뤼커, 《새로운 대중의 탄생》, 염정용 옮김, 21세기북스, 2020, 77쪽.

14 Nancy Whittier, "Emotional Strategies: The Collective Reconstruction and Display of Oppositional Emotions in the Movement against Child Sexual Abuse", *Passionate Politics: Emotions and Social Movements*, Chicago: University of Chicago Press, 2001, p. 234.

15 〈서지현 검사, 검찰 내부통신망에 올린 성폭력 피해 폭로글〉, 《경향신문》, 2018. 01. 30.

16 조남주, 《82년생 김지영》, 민음사, 2016. 이 소설은 출간 2년 만에 100만 부를 돌파했다. 이는 2009년 신경숙의 《엄마를 부탁해》 이후 9년 만의 기록이다. 2019년에는 소설이 동명의 영화로 만들어져 370여만 명의 관객을 동원했다. 2018년 3월부터 2019년 2월 사이 전국 대학도서관에서 가장 많이 대출된 책이기도 하다.

17 권김현영, 〈미투, 반성폭력운동의 윤리-정치적 전환〉, 《문학동네》 95호, 문학동네, 2018, 303쪽.

18 《KWDI Brief》 제43호. 한국여성정책연구원, 2018. 05. 15. 1년 후에 2,012명을 대상으로 한 조사에서도 70.5%(여성 80.7%, 남성 60.7%)가 미투운동을 지지한다고 응답하여 미투운동에 대해 높은 수준의 공감대를 유지하는 것으로 나타났다.(한국여성정책연구원, '미투운동 이후 사회변화에 대한 의견 조사결과', 2019. 03. 08.

〈https://www.kwdi.re.kr/plaza/bodoView.do?p=1&idx=123303〉)

19 권김현영, 〈피해자중심주의는 여성주의적 원칙인가〉, 《문학동네》 96호, 문학동네, 2018, 592쪽.

20 Stephen Poter & Leanne Ten Brinke, "Dangerous decisions: A theoretical framework for understanding how judges assess credibility in the courtroom", *Legal and Criminological Psychology*, vol. 14, Law and Criminological Psychology, 2009, p. 125.

21 이와 관련해서는 다음을 참고하라. 권김현영, 《피해와 가해의 페미니즘》, 교양인, 2018.

22 주디스 버틀러, 〈두려움 없는 발언과 저항〉, 《현대사상》 주디스버틀러특집 임시증간호, 김상운 옮김, 2019. 3., 85쪽.

23 상탈 무페, 앞의 책, 19쪽.

7장 '여성 대통령'은 어떻게 탄생했는가

1 더 자세한 논의는 다음 글을 참고. 권김현영, 〈성적 차이는 대표될 수 있는가〉, 권김현영 외, 《성의 정치 성의 권리》, 자음과모음, 2012.

2 김대호, 〈젊은 김대중과 말년의 노무현이 그립다〉, 《민주당 무엇을 반성하고 행동할 것인가 — 민주당 성찰과 모색 1차 토론회 자료집》, 강기정 의원실, 2013, 19쪽, 미간행.

3 〈'약한 여자' 팔아먹는 박근혜의 측근들〉, 《한국일보》, 2016. 12. 08.

8장 성적 차이는 대표될 수 있는가

1 가야트리 스피박, 《다른 세상에서》, 태혜숙 옮김, 여이연, 2003, 61쪽.

2 레나토 로살도, 《문화와 진리》, 권숙인 옮김, 아카넷, 2000, 10쪽.

3 Catalyst, *The Double-Bind Dilemma for Women in Leadership: Damned if You Do,*

Doomed if You Don't, Catalyst, 2007 July, p. 7.

4 디디 마이어스, 《우머노믹스》, 윤미나 옮김, 비즈니스맵, 2009, 68~73쪽.

5 〈현실에 안주 않는 새 시정 기대하세요〉, 《뉴스메이커》 679호, 2006. 06. 20.

6 수잔나 D. 월터스, 《이미지와 현실 사이의 여성들》, 김현미 외 옮김, 또하나의문화, 1999, 67쪽.

7 중앙선거관리위원회 선거통합시스템 참고. 〈http://nec.go.kr〉(검색일: 2020. 01. 31.)

8 〈여성 정치인 리더십, '남성형'에서 '엄마형'으로〉, 《한겨레》, 2006. 11. 22.

9 〈母性정치, 愛人정치〉, 《동아일보》, 2006. 03. 30.; 〈母性정치, 한명숙 책임총리 시험대〉, 《서울신문》, 2006. 03. 25.; 〈추미애의 'X칠 정치'〉, 《동아일보》, 2009. 07. 06.; 〈재보선 '0:23' 이후 박근혜 약진, '단호함+모성애' 强근혜 플랜 시동〉, 《문화일보》, 2005. 05. 04.

10 Judith Warner, "Momism as a Clever Political Strategy", *The Sunday Magazine*, October 29, 2010. p. MM11.

11 성평등할당제뿐만 아니라 무상 도서관, 무상 보육·교육, 무상에 가까운 공공임대주택 등 핀란드의 눈부신 복지 정책이 궁금하다면 다음 책의 일독을 권한다. 일까 따이팔레, 《핀란드 경쟁력 100》, 조정주 옮김, 비아북, 2010. 이 책은 2006년 유럽의회 의장국이 된 기념으로 핀란드가 발간한 '홍보 책자'이지만, 매우 흥미로운 사회 창안 아이디어가 가득하다.

12 Drude Dahlerup, "From a Small to a Large Minority: Theory of Critical Mass", *Scandinavian Political Studies*, vol. 11, No. 4., 1988, pp. 275~298.

13 조앤 월라치 스콧, 《페미니즘, 위대한 역설》, 공임순 외 옮김, 앨피, 2006, 52~57쪽.

14 조앤 월라치 스콧, 《성적 차이, 민주주의에 도전하다》, 오미영 외 옮김, 2009, 인간사랑, 144쪽.

15 실비안 아가생스키, 《성의 정치》, 유정애 옮김, 일신사, 2004, 10~11쪽.

16 실비아 아가생스키, 같은 책, 46쪽.

17 조앤 월라치 스콧, 앞의 책, 239쪽.

18 Judith Butler, "Gender Trouble, Feminist Theory and Psychoanalytic discourse", *Feminism/Postmodernism*, Linda J. Nicholson ed., New York: Routledge. 1990, pp. 324~340.

19 슬라보예 지젝 외, 《우연성, 헤게모니, 보편성》, 박미선 외 옮김, 도서출판b, 2009, 199쪽.

20 슬라보예 지젝 외, 같은 책, 255쪽.

21 니라 유발-데이비스, 《젠더와 민족》, 박혜란 옮김, 그린비, 2012, 54쪽.

22 여기에서 나는 '우리'라는 말을 전체주의나 일반화의 의미에서가 아니라 다양한 경험의 연쇄를 통해 나타나는 우연한 조합, 타인의 삶에 대한 상상력, 타자의 타자성에 대한 책임의 윤리와 환대의 정치 등을 이야기하는 스피박, 데리다, 레비나스 등이 공유하는 용법으로 사용하고자 한다.

23 〈홍대 청소노동자, 우릴 자꾸 할머니라고 부르지 마, 우린 청소노동자야〉, 《경향신문》, 2011. 01. 27.

9장 여성주의적 안보 기획은 가능한가

1 엘리자베스 그로츠, 《뫼비우스 띠로서 몸》, 임옥희 옮김, 여이연, 2001, 100쪽.

2 Carol Gilligan, *In a Different Voice: Psychological Theory and Women's Development*, Harvard University Press, 1982.; 캐롤 길리건, 《다른 목소리로》, 허란주 옮김, 동녘, 1997.

3 콜버그, 《콜버그의 도덕성 발달 이론》, 문용린 옮김, 아카넷, 2000.

4 Nancy J. Chodorow, *The Reproduction of Mothering*, University of California Press,

1978.; 낸시 초도로우, 《모성의 재생산》, 김민예숙·강문순 옮김, 한국심리치료연구소, 2008.

5 Annete Baier, "Hume, the Women's Moral Theorist?", *Women and Moral Theory*, Eva Feder Kittay and D. T. Meyer eds., Rowman & Littlefield, 1987.

6 Susan J. Hekman, "Back to the Rough Ground: Theorizing the Moral Subject", *Moral Voices, Moral Selves*, Polity, 1996.

7 Uma Narayan, "Colonialism and Its Others: Considerations on Rights and Care Discourse", *Hypatia* 10, 1995, pp. 135~140.

8 허라금, 〈돌봄의 사회화〉, 《가족에서 학교로 학교에서 마을로》, 또하나의문화, 2006.

9 Joan Tronto, *Moral Boundaries*, Routledge, 1993, chapter 2~3.

10 카를 폰 클라우제비츠, 《전쟁론》, 류제승 옮김, 책세상, 1998, 13~15쪽 재인용.

11 한나 아렌트, 《폭력의 세기》, 김정한 옮김, 이후, 2005, 26쪽.

12 Mary H. O'Brien, *Reproducing the World: Essays in Feminist Theory*, Westview Press. 1989, p. 13.

13 (권)김현영. 〈병역의무와 근대적 국민정체성의 성별정치학〉, 이화여자대학교 여성학 석사학위 논문, 2002, 40쪽.

14 사라 러딕, 《모성적 사유》, 이혜정 옮김, 철학과현실사, 2002, 42~53쪽.

15 Judith Butler, "Contingent Foundations: Feminism and the Question of 'Postmodernism'", *Feminists Theorize the Political*, Judith Butler and Joan W. Scott eds., New York: Routledge. 1992, p. 14.

16 김재엽은 한국군 69만 명에 비해 3~4만 명 규모인 주한미군의 재배치와 철수 여부를 두고 안보에 공백이 생기고 위기가 왔다는 식의 담론이 만연한 이유는 한국이 현재 국가안보를 위해 필요한 핵심 능력을 미국과의 동맹에 전적으로 의존하

고 있었기 때문이라고 본다. 김재엽, 《한국형 자력방위》, 북코리아, 2004.

17 닉슨독트린 또는 괌독트린이라고 불린 외교교서는 아시아 지역의 분쟁에 개입하지 않겠다는 내용이 핵심이었다. 이 교서를 계기로 미군 2만 명이 철수한다. 박정희는 일방적인 미군 철수에 항의하지만 실패하자, 이때부터 군사예산을 대폭 확충하고 방위산업을 육성한다. 닉슨독트린의 주요 내용은 다음과 같다. ① 미국은 앞으로 베트남전쟁 같은 군사적 개입을 피한다. ② 강대국의 핵에 의한 위협을 제외하고는 내란이나 침략에 대해 아시아 각국이 스스로 협력하여 대처해야 한다. ③ 미국은 직접적·군사적·정치적인 과잉개입은 하지 않으며, 스스로 해결할 뜻을 가진 아시아 여러 나라의 자주적 행동을 측면 지원한다. ④ 아시아 여러 나라에 대한 원조는 경제 중심으로 바꾸며, 다수국간 방식을 강화하여 미국의 지나친 부담을 피한다. ⑤ 아시아의 여러 나라가 몇 년 안에 상호안전보장을 위한 군사기구를 만들기를 기대한다.

18 물론 참여정부의 안보 정책이 박정희 시대와 똑같은 것은 아니다. 참여정부는 북한 핵 문제와 군사적 위협이라는 조건 속에서 주한미군 재배치와 한미동맹의 발전, 동북아지역 전략적 상호관계의 유동성, 세계화·정보화의 심화 및 지역협력 강화 등을 통해 안보위기를 해소하겠다는 태도를 보인다. 참여정부에서 가장 크게 달라진 점은 비군사적 위협에 대한 안전확보를 국가안보의 중심과제로 삼았다는 것이다. 비군사적 위협에는 경제와 환경 위기 등이 포함된다. 참여정부는 평화번영정책의 핵심기조로 어떠한 형태의 전쟁에도 반대하며, 모든 갈등과 현안은 대화를 통해 평화적으로 해결한다고 주장한다. 또한 상호신뢰 우선 원칙과 호혜주의를 추구하며, 한반도 문제는 당사자 원칙에 기초한 국제협력을 통해 해결한다고 밝히고 있다.("참여정부의 안보 정책 구상—평화번영과 국가안보", 국가안전보장회의, 2003) 그러나 이라크 파병 사례처럼 이 같은 원칙은 이상론으로 존재할 뿐, 실행되고 있다고 보기는 어렵다.

19 국익(National Interest)에는 사활적 이익, 핵심적 이익, 중요 이익, 지엽적 이익이 있다. 이 중 국가의 생존과 직결되는 사활적 이익을 가장 중요한 국익으로 본다. 사활적 이익은 국가의 대외적 주권 수호, 영토의 통합성을 보호하는 것, 국민 다수의 생명에 대한 안전을 달성하는 것, 국가 내부의 질서와 고유한 정치적·사회적 가치를 유지하는 것, 국가 존속에 반드시 필요한 유형적 역할과 제도적 장치를 지속시키는 것, 생존에 필수적인 물질 요소를 안정적으로 확보하는 것이다.(구영록, 〈대외정치의 핵심개념으로서의 국가이익〉, 《한국과국제정치(KWP)》 10권 1호, 1994, 1~14쪽)

20 국가 간의 적대적 관계를 해결하거나 억지하는 방법으로 군대를 두고 있는 국민국가 대부분에서는 인구를 병력으로 사고한다. 세계의 군사력 순위에서 성인 남성 인구는 중요한 위치를 차지한다. 성인 남성 인구는 국익과 개인의 이익을 동일시할 수 있는 자국 내의 조건이 되며, 이들의 이해관계가 자국 내의 보편적 이익으로 이해되는 사회일수록 안보의식이 높은 통합적인 국가로 인식된다. 한국의 자력방위 전략에서도 제반 국력 요소 중 하나로 성인 남성 인구를 중요하게 취급한다. 한국의 총인구는 2002년 기준 4,763만여 명, 실재 병력에 기여할 수 있는 20~39세 인구는 1,662만여 명으로 전체의 35%이며, 이 중 남성은 853만 명으로 총인구의 18%다. 이 중 병역에서 면제된 이를 빼면 총 15% 정도의 남성이 징집대상 인구다. 군사 전문가들은 한국의 인구 규모는 세계 26위이나 북한을 포함하면 세계 16위가 된다며, 통일해야 하는 이유로 평화의 정착이 아니라 군사적 확장을 염두에 두고 있기도 하다.

21 한용섭, 《자주냐 동맹이냐》, 오름, 2004.

22 Joan W. Scott, *Gender and the Politics of History*, Columbia University Press, 1998, p. 45.

23 권김현영, 〈민족주의 이념논쟁과 후기 식민 남성성〉, 《문화/과학》 제49호, 문화

과학사, 2007.

24 "성폭력을 당하지 않으려면 밤늦은 시간에 다니지 마라", "야한 옷을 입은 피해자가 잘못했다", "흔들리는 바늘에 실은 들어가지 못한다", "죽을 때까지 저항해라" 등의 말은 성폭력 피해자가 경찰서, 법정, 신문 등에서 종종 듣는 말이다.

25 Angela Raven-Roberts, *Gender, Conflict, and Peacekeeping*, Dyan Mazurana ed., Rowman & Littlefield press, 2005, p. 21.

26 당시 전쟁미망인의 성적 타락을 막기 위해 재혼이 권유되기도 했다. 이와 관련해서는 다음을 참고할 것. 이임하, 《여성, 전쟁을 넘어 일어서다》, 서해문집, 2004.

27 안연선, 《성노예와 병사 만들기》, 삼인, 2003.

28 Peggy McIntosh, "White privilege and male privilege: A personal account of coming to see correspondences through work in women's studies", *Working paper* No. 189, Wellesley, Massachusetts: Wellesley Center for Research on Women, 1988.

29 마가렛 어반 워커, 〈도덕인식론〉, 《여성주의 철학 2》, 아이리스 마리온 영·앨리슨 제거 엮음, 허라금 옮김, 서광사, 2005.

30 노무현 대통령, 〈한미동맹 50주년 기념 만찬 연설문〉, 2003. 09. 29.

31 안 티커너, 《여성과 국제정치》, 황영주 옮김, 부산외국어대학교출판부, 2001.

32 Adela Pankhurst. "I Didn't Raise My Son to Be a Soldier", *My Country is Whole World: An Anthology of Women's Work on Peace and War*, Cambridge Women's Peace Collective, Pandora Press, 1984.

33 해체적 기획으로서 모성적 사유를 전유하는 것은 사라 러딕의 본래 의도와는 다를지도 모른다. 러딕은 "모성적 사유와 그 일부라 할 수 있는 보살핌의 합리성은 인간 기획에 편재해 있고 핵심적인 관행에서 도출되었으며, 그러므로 모성적 사유는 지금까지는 가장자리와 주변부에 있었지만, 핵심적인 담론으로서 지배적인, 이른바 정상적 사유방식을 변형시킬 수 있는 혁명적인 담론"이라고 주장한다.(사

라 러딕, 같은 책, 216쪽) 이는 러딕이 기존의 사유방식을 해체하는 것뿐만 아니라 대체할 수 있도록 모성적 사유의 보편주의를 주장하는 구절이다. 러딕은 새로운 보편성 구성을 포기하지 않는다. 그러나 여기서 나는 러딕이 기존의 안보담론을 대체할 수 있는 개념으로서 모성적 사유를 주장하는 것이 본질주의로의 회귀로, 보편화하려는 욕구라기보다는 담론적 헤게모니에 대한 의지로 볼 것이다.

34 조앤 트론토는 보살핌의 주요 특징을 보살핌을 염려하고 주의하는 것(보살핌에 대한 필요를 인식하는 것), 돌보는 것(보살핌의 책임을 맡는 것), 보살핌을 실천하는 것(실제 노동으로서의 보살핌), 보살핌에 응답하는 것으로 묘사했다. 트론토는 보살핌의 네 가지 측면, 주의력(attentiveness), 책임 (responsibility), 능력(competence), 응답(responsiveness)을 통해 의무로서의 보살핌이 아니라 상호성과 책임성을 강조하려 했다.

35 Klaus Theweleit, *Male Fantasy – women floods bodies history*, vol. 1, 1988, p. 184.

36 사라 러딕, 앞의 책, 218쪽.

37 관련해서는 다음 책을 참고하라. Virginia Held, *Feminist Morality: Transforming Culture, Society, and Politics*, Chicago: University of Chicago Press. 1993.; Rosemarie Tong, "Nel Noddings's relational ethics", *Feminine and Feminist Ethics*, Belmost, Calif: Wadsworth, 1993.

38 사라 러딕, 앞의 책, 276~290쪽.

글 출처

※ 이 책에 실린 글은 아래 지면에 발표한 것을 수정·보완했다.

1장 **왜 김군은 페미니즘에 그토록 분노했을까** ◊ 〈불평등 감각의 젠더 차이: 성차별 현실에 대한 부정과 인정〉, 《창작과 비평》 185호, 창비, 2019.

2장 **디지털 성착취 연대기** ◊ 미발표

3장 **성접대는 어떻게 관행이 되었는가** ◊ 미발표

4장 **미투운동은 어떻게 가능했는가** ◊ 〈미투, 반성폭력 운동의 윤리-정치적 전환〉, 《문학동네》 95호, 문학동네, 2018.

5장 **피해자중심주의는 여성주의적 원칙인가** ◊ 〈피해자 중심주의는 여성주의적 원칙인가〉, 《문학동네》 96호, 문학동네, 2018.

6장 **미투, 대중화된 페미니즘 정치의 새로운 가능성** ◊ 미발표

7장 **'여성 대통령'은 어떻게 탄생했는가** 〈박근혜 시대에 여성 정치를 논하기〉, 《계간 시작》 44호, 천년의시작, 2013.

8장 **성적 차이는 대표될 수 있는가** 〈성적 차이는 대표될 수 있는가?〉, 《성의 정치, 성의 권리》, 자음과모음, 2012.

9장 **여성주의적 안보 기획은 가능한가** 〈평화의 정치학을 위한 모성적 사유: 남성 중심적 안보 개념에 대한 비판〉, 《한국여성철학》 제7권, 한국여성철학회, 2007.

늘 그랬듯이 길을 찾아낼 것이다

1판 1쇄 발행일 2020년 6월 8일
1판 2쇄 발행일 2020년 7월 27일

지은이 권김현영

발행인 김학원
발행처 (주)휴머니스트 출판그룹
출판등록 제313-2007-000007호(2007년 1월 5일)
주소 (03991) 서울시 마포구 동교로23길 76(연남동)
전화 02-335-4422 **팩스** 02-334-3427
저자·독자 서비스 humanist@humanistbooks.com
홈페이지 www.humanistbooks.com
유튜브 youtube.com/user/humanistma **포스트** post.naver.com/hmcv
페이스북 facebook.com/hmcv2001 **인스타그램** @humanist_insta

편집주간 황서현 **편집** 전두현 김선경 **디자인** 유주현
조판 이희수 com. **용지** 화인페이퍼 **인쇄** 청아디앤피 **제본** 정민문화사

ISBN 979-11-6080-329-7 03330